马英九外传

窦应泰 著

当代中国出版社
Contemporary China Publishing House
2018年·北京

图书在版编目(CIP)数据

马英九外传 / 窦应泰著 . -- 北京 :当代中国出版社, 2018. 1 (2018.11 重印)

ISBN 978-7-5154-0788-3

Ⅰ. ①马… Ⅱ. ①窦… Ⅲ. ①马英九—传记 Ⅳ. ①K827=7

中国版本图书馆 CIP 数据核字(2017)第 143683 号

出 版 人	曹宏举
责任编辑	姜楷杰
责任校对	康 莹
封面设计	古涧文化
出版发行	当代中国出版社
地 址	北京市地安门西大街旌勇里 8 号
网 址	http://www.ddzg.net 邮箱:ddzgcbs@sina.com
邮政编码	100009
编 辑 部	(010)66572264 66572154 66572132 66572180
市 场 部	(010)66572281 66572161 66572157 83221785
印 刷	北京润田金辉印刷有限公司
开 本	640 毫米×960 毫米 1/16
印 张	20 印张 5 插页 插图 12 幅 239 千字
版 次	2018 年 1 月第 1 版
印 次	2018 年 11 月第 2 次印刷
定 价	46.00 元

马英九

20 世纪 50 年代初，半岁左右的马英九与祖母在香港九龙

幼年马英九与姐姐们的合影

20 世纪 50 年代马英九 3 岁时的全家福。左二为马英九

大学时期的马英九是学校的风云人物，他的身旁经常簇拥着喜爱他的男女校友。上图中为马英九，下图左三为马英九

1975年，马英九与周美青在纽约市曼哈顿区华盛顿广场公园合影。两年后，二人结婚。2011年8月20日，马英九在其脸书贴出这张照片纪念结婚34周年

1990年马英九一家三代合影。左起：马鹤凌、秦厚修、马元中、周美青、马唯中、马英九

1986年10月7日，蒋经国（左）接受美国华盛顿邮报发行人凯瑟琳·格兰姆专访时，透露台湾将解除“戒严”。负责翻译的马英九写道，此举“正在改写历史”

马英九观看“50年代台湾实施白色恐怖”的主题展览。陪同者为龙应台

马英九同父亲马鹤凌一样酷爱运动，尤其喜欢慢跑，常着招牌短裤，表明他的理念——“一路跑来，始终如一”

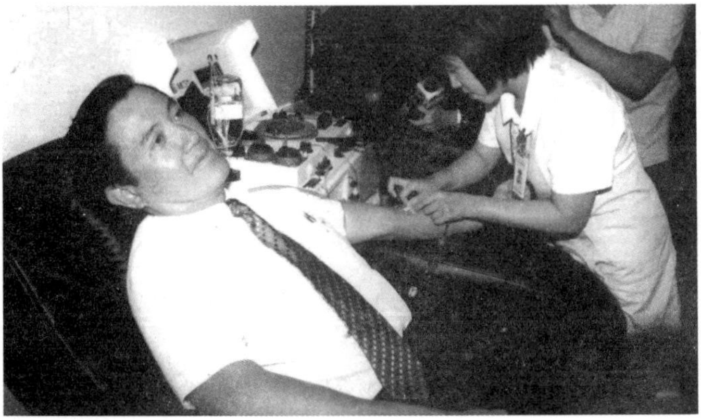

马英九从大学时起就坚持无偿献血，几十年如一日

目录

小 序

2015年11月7日，对于新加坡来说，是一个极其平常的日子，但是对海峡两岸的中国人而言，却是一个值得关注的日子。早在几天前，当国务院台湾事务办公室主任张志军公开对中外媒体宣布，经两岸有关方面协商，两岸领导人习近平、马英九将于11月7日在新加坡会面，就推进两岸关系和平发展交换意见时，此前较为岑寂的媒体忽然振奋起来。因为这是继1993年4月汪道涵和辜振甫在新加坡首度举行以“九二共识”为基础的会谈以后，又一次事关海峡两岸人民福祉的大事。

两岸领导人将要以互称“先生”的方式进行历史性的会面。诚如张志军所言：“这一重要会面将开启两岸领导人直接交流沟通的先河，有利于两岸双方增进互信，巩固共同政治基础，推进两岸关系和平发展，维护台海和平稳定，是两岸关系发展史上具有里程碑意义的大事。” 张志军还表示，“两岸双方共同迈出这一步非常不容易。当前两岸关系再度处于重要节点，面临向何处去的问题。两岸同胞期望台海保持和平稳定，两岸关系继续和平发展并结出更多惠民硕果。两岸领导人在这个时候举行会面，是两岸双方顺应两岸同胞心愿和时代潮流共同采取的一项重大举措。”

台湾地区的报刊也纷纷评论即将举行的“习马会”。中国国民党方面4日表示，将两岸沟通提升至双方领导人会面，对于促进两岸和平稳定和合作双赢有益。国民党文化传播委员会主委表示，在“九二共识”的基础上，两岸关系从化解对立乃至和平发展，两岸领导人会面应是进入合作双赢阶段的重大分水岭。台湾方面陆委会主委夏立言4日召开记者会称，两岸领导人的会面彰显双方维系两岸关系良性互动的决心，是共同维护台海和平的正面讯息，有助巩固两岸和平繁荣与促进区域安全稳定。时任国民党主席朱立伦当天也表示，两岸领导人会面对于两岸关系是非常重要的里程碑，在“九二共识”基础之上，两岸关系能进一步发展，更进一步奠定两岸互信机制。他说，会面对台湾、对两岸和平与合作绝对是正面的。两岸走到21世纪，不需要用意识形态或对抗的态度，绿营也不要“逢中必反”。

与祖国大陆息息相关的台商们，对于“习马会”的举行更为振奋和鼓舞。台商们格外期待继续分享两岸的“和平红利”。台湾新光海航人寿保险有限责任公司副董事长潘柏铮说：“我是早上刚刚知道这个消息的，有些意外但并不吃惊。两岸分隔这么久，两岸领导人能够会面，坐下来好好交换对两岸关系发展的意见和看法，是很大的突破。”台湾鹏景集团董事长王仲鹏说：“我很佩服两位领导人的智慧和胸襟！谋大事者不拘小节，两岸领导人会面的身份、地点、方式安排，体现了两岸中国人的共同政治智慧。期待会面能谈到两岸民众最关切、最有感的话题，也相信会面将切实巩固台海稳定大局，让老百姓过好日子，续享互利双赢的和平红利。”

外电也纷纷报道和评论即将在新加坡举行的“习马会”。有影响的《纽约时报》《华盛顿邮报》和路透社、时事社、法新社、俄罗斯新闻网和德新社等传媒，都认为习近平和马英九的会面来之不易。其中一篇发自新加坡的报道称：“自2008年至今，两岸两会会谈已经历11次，两岸双方事务主管部门负责人也已会面

6次，两岸关系已到了阶段性发展期。国台办和台湾方面陆委会在2014年建立联系沟通机制后，一直就两岸关系发展中的重大问题保持沟通，努力促进两岸各领域各层次人员的交流互动，期间曾提到两岸领导人会面问题。正如大陆国台办主任张志军所说，前不久，我和陆委会主委夏立言在广州会面时，再次谈到这个话题，就此进行了初步沟通。双方都认为，两岸领导人会面对于两岸关系长远发展具有重要积极意义。此后，双方经过密切协商，就举行两岸领导人会面达成一致。”

美国政府3日就台海两岸领导人会面发表谈话指出：美国欢迎台海两岸采取减少紧张和改善关系的举措。白宫发言人欧内斯特表示，台海两岸拥有稳定与和平的关系符合美国的根本利益。他重申，美国坚持“一个中国”政策。

狮城新加坡洋溢着一派喜事将临的节日气氛。位于新加坡市中心的香格里拉大酒店，从这一消息公开宣布时起，保安措施就已经渐次升级。有50位安保人员负责酒店内部的警戒和检查。酒店外则有大批警察在通往酒店的主要路口担任守卫和设置路障。军人也进入了警戒状态，新加坡方面对于中国海峡两岸这一重要的举措，持乐观其成的态度。因而新加坡警方出动大批警力维持大酒店内外的安全，以保证“习马会”的顺利举行。根据国共双方的预先安排，习近平和马英九的首次会面的地点，选定在这家著名大酒店富丽堂皇的“岛宴会厅”。而位于“岛宴会厅”核心区域的“东林厅”，则是他们的握手地点。偌大的厅堂内可以容纳千名中外记者，他们届时将在这里目击这一震动海峡两岸的历史性一幕。

马英九为准备前往新加坡会见习近平，进行了煞费苦心的准备。早在“习马会”确定具体的时间表后，马英九办公室就通知台北一家有名望的陶艺公司，要求他们在一周内完成一个最为杰出的精致艺术品，以在“习马会”时作为珍贵的礼物，送给大陆的领导人习近平。这家陶艺公司的全体技术人员，开始研究制作陶器方案和工艺，最后他们确定精制一只“台湾蓝鹊”送给习近平。因为这件长31厘米、宽28厘米、高53厘米的精致陶瓷艺术品，不仅代表台湾当今的陶瓷艺术水准，而且这种别名“长尾山娘”的美丽鸟儿，象征着“海峡两岸一家亲”。马英九为了赶赴新加坡的历史性盛会，为了在与习近平握手会面的当晚，双方以AA制举行的盛大晚宴，还特意准备了几瓶代表台湾地区特色的“马祖老酒”，以期届时在晚宴上与习近平等举杯共酌。

2015年11月7日下午2点59分，一个终将被历史记住的时刻到来了。习近平和马英九——海峡两岸的领导人，几乎同时由会见大厅的左右两侧向对方走来，然后，微笑着把双手紧紧地握在一起。顷刻围满大厅的中外记者手中的镁光灯频频闪亮，通过镜头记录下这历史性一刻。法新社以“习马‘惊天一握’将永铸历史”为题向西方国家发稿，称：“中国国家主席习近平和台湾领导人马英九今天在新加坡进行了具有里程碑意义的会面，习近平表示，双方是不能分开的一家人。”美联社记者的报道说：“此次会面是这两个曾经的冷战对手自66年前在内战中分裂以来的首次最高层接触。”德新社记者写道：“大陆国台办主任张志军在‘习马会’后的记者会上说，对两岸同胞来说，这一天已经等了66年，历史将会记住这一天。”

“习马会”的举行，让大陆读者更为近距离地认识了海峡对岸的马英九。然而，过去的认识仅仅局限于马英九果敢与大陆实现“三通”、坚持“九二共识”等执政动态。本书所揭示的是，马英九走上政治舞台前后的曲折人生经历。这些史实有利于大陆读者进一步了解马英九其人。

上卷　学生时代

高中时期的……马英九其实跟一般的高中生没有什么两样，跳舞、办活动、组乐团，参加台北一女校庆，追女朋友，年轻人做什么，马英九就做什么。不一样的是，马英九从这个时候开始，就照着父亲的期望走，尤其是马鹤凌的生涯规划，“有原则不乱，有计划不忙，有预算不穷”，这三有三不原则，深深影响着马英九。17岁升高三这年，可以说是马英九人生的转折点，他在这一年正式加入国民党，并从理组转到文组，而加入国民党的这一天，马英九还被迫取消与北一女的烤肉约会，留在家里听父亲马鹤凌大谈政治，从此开启了马英九的政治生涯。

——摘自曾一豪:《少年马英九》

第一章　香江雨，台岛情

降生在九龙半岛

香港是一个多雨的城市。

1950 年 7 月 13 日，在维多利亚海湾之畔的香港和九龙，从中午时就下起了入夏以来的最大一场暴雨。远方太平山被从天而降的特大雨幕全然笼罩，山顶蓊郁的树林已经全然不见，大雨形成的山岚宛若一团氤氲的白雾，浅水湾附近更是一片汪洋。就在这暴雨袭击香港的时候，一水之隔的九龙半岛也大雨如注。这时，在尖沙咀弥敦道 82 号的广华医院妇科产房里，有一个婴儿在雨中悄然降生了。他的哭声伴着窗外骤响的雷鸣。这个在大雨中降生在九龙半岛的孩子，就是马英九。

关于马英九出生在香港，最早的公开曝光，应是香港凤凰卫视著名节目主持人吴小莉 2004 年 12 月 30 日对马英九的一次采访。此前，马英九出生在香港虽然早就记载在他的履历表上，但却无人注意。这次马英九出生在香港引起风波，起因于陈水扁等“台独”分子公开攻击马英九是“香港脚走香港路”。马英九本人并不否认他出生在香港一事，不过，面对陈水扁“香港脚走香港路”的恶意攻击，马英九还是进行了巧妙的还击。有关马英九的这次还击，亦是源自吴小莉对马英九的采访。

50 年代初期在九龙广华医院产下乳婴的中年女子，名叫秦厚修。她人恰如其名，清纯而敦厚。她此前做梦也没有想到，自已会只身一人在九龙，在这风雨交加的中午产子。

海外传媒对马英九出生在香港九龙的原因，一直有种种说法。特别是马英九当选国民党主席以后，关于他 1950 年为什么在香港出生的说法更是五花八门。香港凤凰卫视吴小莉称马英九是“大陆制造，香港出土，台湾加工”。统而观之，大致可归为三种说法：

第一种：马鹤凌是 1946 年第一批随陈仪将军进入台湾的国民党军政人员，那时他的老母亲和三个在四川出生的女儿都在大陆。到了 1949 年，马鹤凌发现国民党去台已成定局，于是决定再次前往大陆，接回他的母亲和三个女儿，以便全家人生活在一起。而随行到台湾的妻子秦厚修决计随其一起返回大陆。不料秦厚修到了香港就因怀孕不能继续行走了，于是她就一人留在香港，九龙因此成了秦厚修的临时安身之地。

第二种：马鹤凌 1948 年随国民党军队进入台湾的同时，已经把妻子、三个女儿都带在身边，只有他的老母亲还在湖南老家。1949 年春天，马鹤凌奉命只身返回大陆，去湖南老家处理后事，然后再去四川运送军械去台湾，而妻子秦厚修由于有孕在身，马鹤凌不得不把她一个人留在了香港，待生产以后再返回台湾与家人团圆。

第三种：马鹤凌 1947 年先期到达台湾以后，于 1949 年奉命再返回大陆，主要的任务是去四川运输军械。与此同时，已经先期随夫一起去了台湾的秦厚修，奉命前往香港处理国民党的后勤人员和安排一批因战乱散失在香港的国民党军人家属，秦的工作地点就在九龙。不多时，马鹤凌从大陆返台时经过香港，准备带秦厚修同回台北，可是这时的秦厚修已经身孕负重，无法随行，再加上安置军人家属的工作没有结束，所以她只身一人滞留在九龙，就这样秦厚修才在这里产下了马英九。本书采信的是第三种说法。

事情又回到那个下着大雨的夏天。

守着床上那哭泣一阵复又睡去的乳婴，秦厚修眼泪莹莹。在雷雨中，她心里始终想着与马鹤凌这几年经历的动荡不安的战时生活。她永远也不会忘记，与马鹤凌的意外结识，正是在1940年动荡不安的山城重庆。那时的秦厚修还是一个含苞待放的湖南少女，刚从长沙周南中学毕业的她，为了寻求抗日救国的道路，千里迢迢奔赴抗战时期的“陪都”。

秦厚修从长沙逃出来的时候，正值日本飞机昼夜轰炸长沙。秦厚修与几个女学生一起从战火弥漫的长沙出发，一路上风餐露宿，时而搭车，时而徒步苦苦地行走，一口气走了几百里。来到嘉陵江和长江交汇处的重庆时，随她同行的几个姑娘都已不在身边了。有人中途返回长沙，有人在路上遭到日本飞机的轰炸死于非命，只有秦厚修一个人咬着牙走到了重庆。当秦厚修看到波涛滚滚的嘉陵江时，体力已经消耗殆尽。就在她将在泥泞马路上跌倒的时候，一辆军车疯也似的向她猛冲过来。在这千钧一发的关口，一个身穿白色上衣、蓝裤子的高个青年人竟从天而降一般的向她冲了过来。

这男青年为了救她，不顾一切地甩掉手中的皮箱，猛然扑上前来，将精疲力竭的秦厚修一把抱住，然后奋力把她拉到马路的边上。这时的秦厚修已经吓蒙了。而那辆向她冲来的军车则丝毫没有迟疑地从他们身边疾驰而过。秦厚修感到不忍的是，为了救她一命，那个穿白色衬衫的男青年浑身上下溅满了黑泥点子。

就这样，秦厚修结识了日后成为她夫君的马鹤凌。

马鹤凌事后告诉她，自己也是湖南人，他的故乡就是湘江之滨的湘潭县马家堰。马鹤凌从衡阳千里跋涉赶往重庆，是为着寻找一条抗日救国之路。这是当年热血青年的共同追求。经过一番交谈，马鹤凌了解到，从长沙的战后焦土中跋涉来到山城的秦厚修，原来和自己一样，有着同样的目标和理想。

秦厚修与马鹤凌从这极富戏剧性的相遇开始，在重庆开始了寻找国家民族出路的艰难奔波。在重庆谋职的过程中，艰难坎坷的人生遇际把两个有着共同理想和追求的热血青年紧紧地联系在一起了。这对于她与马鹤凌来说，既是战争的阴差阳错，也是天定的缘分。总之，她与他的心一天比一天紧贴在一起了。

“我父亲名叫马立安，他老人家一生都渴望安宁的生活，所以才取了这样一个立地安身的名号，他老人家没有更大的追求，只希望在家乡依靠耕种几亩薄田过日子。可是，老人家越想安宁，生活偏偏就越不允许他安宁。从前我从学校回到家，每当看到父亲为置办田产省吃俭用的时候，就感到非常痛心。我曾经多次劝告他老人家，不要这样清苦，不要这样为了田产而不惜一切。可是哪知道他还是那么苦苦地在田里挣扎着。没想到他死后竟然因为一场官司输掉了所有田产。唉唉，他老人家苦了一辈子，我们最后还是没有守住他靠俭省积存下的百亩薄田。这就是我逃出来的原因。”这是马鹤凌印象中的父亲。

那时候，战争的烽烟弥漫着重庆，日军飞机随时都可能来到山城的上空狂轰滥炸。秦厚修和马鹤凌在嘉陵江边最初只想寻找一个糊口的职业，然而那时正值战时，即便两人都才华横溢，也不能如愿找到适合的工作。后来，马鹤凌和秦厚修双双投考了重庆的中央政治学校。当时的校长是蒋介石，这所学校的前身是国民党中央的党务学校。虽是国民党政府办的学校，但因为战争，学习条件十分艰苦，有时日军飞机突袭重庆，两个人会在随时都有生命危险的狂轰滥炸中失去彼此的音讯，所幸的是他们都在战火中侥幸活了下来。

尽管战争带给这对年轻人的是重重苦难，可是秦厚修仍然感到有马鹤凌在自己身边，生活就有滋有味。特别是当马鹤凌在傍晚时分与她相约在沙坪坝附近的四川餐馆，他们面对一碟碟辣味十足的川菜，凝望着幽幽孤灯娓娓讲述彼此战前学生时代的种种往事时，这位生得敦厚质朴又善良美丽的宁乡姑娘已经渐渐从心底滋生了对对面这位衡山青年的好感。如果说当初泥泞马路上英雄救美式的邂逅仅仅是她与他坎坷人生的开端，那么在山城为生计奔波忙碌的日日夜夜则是他们两心相悦，并最终相依为命共结连理的全部感情基础。他们的大女儿就是在长江之滨那动荡的岁月里降生的。现在秦厚修之所以流落到香江边上的九龙半岛，就是因为战时的动荡和进入国民党政工系统供职以后，不得不受的颠连困苦。

秦厚修和马鹤凌在战火中结成了伉俪。本来二人都希望在这所学校多读一些书，然而战火已从南京蔓延到长江两岸，不多时马鹤凌就在蒋介石“一寸山河一寸血，十万青年十万军”的号召下，离开了新婚不久的妻子，参加了蒋介石创建的“青年军”。从那天开始，马鹤凌与秦厚修这对新婚的夫妻，一个是青年军的战士，一个成了国民党青年政工人员。严酷而无情的战争就这样将一对本来和美的夫妻两地相隔，变得天各一方了。

秦厚修记得就在她和马鹤凌分手不久，抗战胜利的喜讯就传到了山城。这一喜讯曾让这对经历战乱的夫妻一度欣喜若狂，然而在狂欢中他们一家人乘船沿长江驶往南京不久，内战不期而至了。当年为谋求抗战救国而在重庆结为伉俪的一对青年学生，做梦也不曾想到如今竟然为着生计，不得不流落到香港。本来他们计划回湖南老家，可是此时都身不由己奉命南迁。正如台湾媒体所说的那样：“马鹤凌不是为功利而追随国民党，而是终生信奉三民主义的理想而成为一名称职党工。”1947年，马鹤凌携家人到了台湾。

尽管秦厚修和马鹤凌都是国民党政治机构的工作人员，可是，他们到达台湾以后始终处于奔波之中。秦厚修和马鹤凌带着孩子从大陆来台湾不久，一天，马鹤凌突然接到一个上司的命令，要他马上返回四川去，负责运送一批军械到台湾来。马鹤凌从四川回到台湾以后，原想一家人在这里过安生日子，不料，1949 年秋天随着大批国民党败军从大陆逃往台湾，秦厚修作为国民党的文职人员，居然奉命前去香港。这时的秦厚修已经身怀六甲，即便走路也有些困难了，然而上司仍然无情地告诉她："秦厚修，让你去香港这是党国的重任，你能去也要去，不能去还是要去的。"

秦厚修左右为难，毫无办法，最后还是马鹤凌安慰妻子说："厚修，既然让你去香港，你就去好了。只要你感到身子不便了，就打电话过来，到你快临产的时候，我说什么也要请假过去照顾你的。"

就这样秦厚修只身来到了陌生又畸形繁华的香港。她在九龙执行的只是一般文职人员的工作，所幸工作并不繁忙。她那时一个人生活在九龙，心里难免有些孤苦，因为远离丈夫和女儿们的日子是难熬的。在九龙的生活纵然凄苦，却让秦厚修见不到那些让她烦躁愤慨的官场黑暗一角。她没有想到来到香港就难以返回台湾了，更没想到自己会因战争滞留在九龙，竟然把唯一的儿子生在这香江之畔了！

大雨一连下了三天三夜。第四天早上，雨霁天晴，维多利亚海面上那弥漫了数日的阴霾雨云终于廓清了，一轮淡淡的红日从远方铅灰色的阴云背后露出了一抹光霞。这时马鹤凌终于闻讯从台北渡海来到了九龙半岛这家医院的产房里。当他见妻子为自己产下的再不是从前的千金小姐，而是个可以让马家传宗接代的宝贝儿子的时候，马鹤凌高兴得几乎有些忘乎所以了。

“鹤凌，你给孩子取个名字吧，一个有点意义的名字。”妻子躺在雪白产房的床榻上，把那个醒来就要哭泣的儿子送到马鹤凌面前，她希望这足以让马家发生根本改变的子嗣，从此因一个吉利的名号而彻底走出始终屈居人下的困境。

“咱们马家是该走出不吉不祥的阴影了。这么多年，你我虽然都受过高等教育，可是工作求职始终不得志。你我今生最大的希望恐怕都要寄托在这孩子的身上了。期待他能‘英才继起’！”

接着，马鹤凌又陷入了沉思。他搜索枯肠地在妻子床前想了许久，忽然双眼一亮，对妻子说：“厚修，你可还记得早年读过的《曾国藩家书》吗？”

“曾国藩？”妻子困惑地凝视着马鹤凌那双充满希冀的眼睛，一时猜不透他的心思。

马鹤凌如数家珍地说：“曾国藩说：惟天下之至诚，能胜天下之至伪；惟天下之至拙，能胜天下之至巧。所以我就想，这孩子长大以后理应是一个至诚至巧的人。”

“哦，那么，就叫他至诚或是至巧吗？”妻子似懂非懂地点了一下头。

“当然不是至诚，也不是至巧，这样的意思可以用，却不能直呼诚巧为名号啊。”在国民党党务部门任职的马鹤凌，始终保持着他惯有的文绉绉学者气质。接下来的几天，马鹤凌每天都在为儿子的名字而思考，却始终想不出一个理想的名字来。忽然有一天，马鹤凌茅塞顿开，惊喜地来到秦厚修面前，指着睡熟的儿子说：“厚修，你可知道古人有九思之说吗？”

“九思？什么九思？”她仍然不得要领。

马鹤凌告诉她：“所谓九思，就是指视思明、听思聪、色思温、貌思恭、言思忠、事思敬、疑思问、忿思难、见得思义。这九思，恰好就是人之成败的根本啊。厚修，我想，咱们的儿子，索性就叫‘英九’吧？”

“马英九？”

“对呀。前次我不是说过，咱们马家到了儿子这里期待他‘英才继起’吗？所以儿子名字里要有个‘英’字；至于‘九’字，就是我刚才对你说起的古代哲人所信奉的‘九思’之说。你想，咱们的孩子如果既是英才，又善于做事九思而后行，那么他长大以后，还怕不成为大智大勇的人才吗？”

秦厚修听完丈夫的一席话，面现欣慰之色，频频点头说：“好好，就叫他马英九好了！”

祖籍与家事

香港九龙虽是马英九的出生地，但是，这里并不是他的祖籍。

他的祖籍究竟在什么地方？马英九 6 岁的时候，曾经问过他的父亲：“爸爸，咱们的老家究竟在哪里？”马鹤凌对刚懂事的马英九笑着示意性地指了指，说：“在很远很远的地方，那里是有名的湘江之地。”马英九长到 9 岁的时候，再次向父亲询问故乡的景况，马鹤凌想了许久，当时并未作答。有一天，他忽然把一幅写满草书诗词的雪白条幅举在儿子的面前，说：“英儿，你如果有一天能读懂我写的这幅字，也就等于见到你的故乡了！”那时的马英九还不懂诗文，他只是个小学生，不过他还是用了几天反复诵读，最后读懂了父亲笔走龙蛇的条幅。在马英九的眼前仿佛出现了波光涟漪的湘江。马鹤凌写的是：

家门前在湘江边，湘水涟漪，碧波荡漾，下望朱亭，上望石湾，空间辽阔。我家在这湘江岸畔，就像一只匍匐的大鹏，展翅欲飞。

马英九在读这幅字时，发现父亲的眼泪沿着他那张国字脸庞扑簌簌地滚落。不知为什么，9 岁的马英九在旁见了眼睛也变得湿润起来了。

多年来一直无人关注马英九的故里，自从马英九步入台湾政治舞台以后，有关马家祖籍的议论与报道就开始多了起来。尤其马英九就任台北市市长，香港凤凰卫视主持人吴小莉对他进行长达三小时的电视采访公开播映以后，关于马氏祖籍的这一说法就更加引人注目了。

吴小莉提到马英九的祖籍系湖南省衡山县。台湾传媒则语气肯定地认为马英九的家乡应在湖南省的湘潭县。当然，还有人认为他是湖南省衡东县人氏。祖国大陆史学界人士对于马英九的祖籍也有多种说法，其中较有权威性的说法，当属湖南省湘潭县政协文史委员会主任鄢光润先生，他于 2003 年 12 月在厦门召开的“中华之根——海峡两岸谱牒学术研讨会”上发表的论文《〈中湘湖田马氏五修族谱〉述略暨马英九祖籍考订》中所列举的大量事实，基本说清了马氏家族祖籍及与此相关的演变。

该文称：“关于马英九的祖籍问题，现存两说，一为湖南衡山，一为湖南湘潭。……我认为，《中湘湖田马氏五修族谱》及笔者在湘潭县白石乡马家堰等地调查的所见所闻事实，作了很好的回答。其一，马氏‘自吴迁楚’在湘潭。明成祖永乐八年（1410 年），马氏始迁长沙之祖马成中的儿子马光佑奉其母罗孺人及其妻子，由长沙溯流而上，泊石州岸，由港口进，见杨溪埠及湖田一带，山环水抱，遂筑室以为基址’。‘发迹于湖田者，光佑公也，而以晚益为第一派者，以自吴迁楚记事也。’其《领谱歌》亦云：‘骤见杨溪里，山水妙无穷。原野天生就，湖田万顷丰。毅然迁厥土，奉母衍斯螽。’杨溪及湖田都是今湘潭县白石乡马家堰的两个自然村落，这就说明，马氏‘自吴迁楚’，‘基址’在‘湘潭’而不是‘衡山’。……综上所述，马英九的祖籍在湖南湘潭确信无疑。所谓‘湖南衡山’纯属误传。据说，当年马鹤凌在衡山岳云中学读书时所撰写的诗词文稿多有署款为‘衡山马鹤凌’；上世纪30年代末，日寇犯湘时，为避难，马鹤凌也确实随母亲向氏在衡山县城南门外萧家祠堂居住过一两年时间。这些，应是造成马英九祖籍误传的重要原因之一。”

2005年夏天，当马英九在国民党大选中以高票胜出，成为新任党主席的消息传到祖国大陆的时候，两位刻意寻访马英九家世与诸多相关谜团的新华社记者，千里迢迢地赶到湖南，乘着一艘乌篷船横渡湘江。记者寻踪来到南岳衡山的脚下，看到这里群峦葱葱，碧水泱泱。沿着古老的河道向前方望去，在山水朦胧之间坐落着一个小村。这里便是马英九祖辈的生息之地。

两位不辞劳苦的记者弃舟登岸，来到这个叫马家堰的村子。让两位记者意外惊喜的是，马鹤凌离开祖籍时留在这里的一栋房子，居然在历经数十载的风雨沧桑之后还留有一段旧屋的基墙。一位与马家相熟的85岁老人，手拄拐杖，颤巍巍地把远方来此的记者引到距河边码头南面不远的一片荒草地上。老人用双手拨开脚下一丛蓬乱的荒草，说：“这就是马家的旧宅房基！”记者们看到的是一堵破败而生着苔藓的墙基，虽然青砖已经腐朽，不过巨石为底的房基还依然十分坚固。

“这就是马鹤凌家老房子的院墙。”老人手指着另一处埋在土里的砖石，告诉前来寻访马英九家世的记者们：“按照《扶风马氏五修族谱》的记载，马家的祖屋就理当称之为‘扶风堂’，因为自从我记事起，这里就一直供奉着‘扶风马氏祖先’的神位。”

嗣后，两位记者详细地记述了这次非同寻常的专访的经历，他们写道：

村民口碑相传，谈得绘声绘色的是马英九的爷爷马立安。“马家的铸锅厂当年就转手给了我父亲。”60岁的马兵莲告诉记者，马立安当年不仅经营锅厂，还拥有米厂和南货杂品店，是这一带有名的“工商业家”。依靠资本积累，殷实的马家置有300多亩地，马立安去世后，就安葬在自己田地的中间。

在马家堰，马氏族人经常络绎于途。而现居湘潭城里的老中医刘肇礼副教授，是马英九的嫡亲表兄。记者在小巷深处的“刘肇礼医寓”见到他时，这位63岁的老人正在给一位街坊看病。医寓墙上，马鹤凌苍劲有力的书法撰写的四幅条幅很引人注目。“这是舅舅为了怀念我的母亲含泪写下来的。”刘肇礼说。如今靠着长年不断的书信和电话与马家沟通的刘肇礼，1990年曾前往台湾探亲，这期间在马家一住就是三个月。“马英九的母亲是长沙人，舅舅、舅妈、英九表弟居家生活，讲的都是地道的长沙话。”刘肇礼说，“舅舅多次说，英九表弟属于中西合璧——美国生活方式＋中华民族的传统美德。”刘认为，马英九性格中的中华文化内涵，深得马鹤凌的真传。而对马鹤凌成长影响最深的莫过于岳云中学。在南岳衡山脚下，由著名教育家何炳麟先生创办于1909年的岳云中学曾经培养出丁玲、贺绿汀等名人。1928年马立安辞世后，为了躲避族中一些恶少无休止的纠缠和敲诈，马鹤凌的母亲扶老携幼，举家搬迁到衡山县城。

在岳云中学里，对于马鹤凌这位校友，学校有关人士如数家珍："马鹤凌先生1935年至1940年在我校就读，体育、物理、历史和国文是他的强项。"岳云中学校友会负责人向记者出示了当年的成绩单。原岳云中学校长、现年81岁的教育家余为骐老先生对马鹤凌一枝独秀的体育成绩特别赞赏："马鹤凌考入岳云中学时，还是一个私塾出来的文弱书生。在当时的体育主任杨一南老师的培养下，他很快成了一名国家级运动健将。"马鹤凌初中二年级夺得湖南省运动会万米冠军。其后又在湖南省运动会中夺得400米等四个冠军。在万米长跑比赛中，当时的湖南省政府主席薛岳陪同他跑完最后一圈。……

以上就是马英九的家世。显而易见，当年在湖南衡山一汪碧水间的马家，也绝非一个普通的平民百姓之家。诗礼传家的曾祖与苦苦经营田地商产的复杂家族，构成了马氏家族有别于普通农民的特殊渊源。

马英九成为新闻人物以后，不仅其祖籍引人注意，他的家人也成了新闻的焦点。其中有两个特别重要的人物，一是马英九的祖父马立安，一是马英九的父亲马鹤凌。

马立安有人说他是湖南衡山脚下马家堰村的富户，也有人说他是当地的小地主。其实马立安并不是农民，他少小虽然家境清贫，也不曾进过私塾，可是他自学能力很强，很小的时候就读过《百家姓》和四书五经。而且，此人还具有一般人所不具备的经济头脑，善于经营商业。农闲的时候，经常往返于湘潭和省城长沙之间，做一些小本生意，诸如经营铁器和几间手工业作坊，收入因此渐渐丰厚。民国年间，马立安还开办了一家规模不大的制锅厂，专门在乡间加工和生产农家使用的铁锅。这样，他就逐渐摆脱了以田产和耕作为主的农耕生活，走上一个亦农亦商的富裕之路。

也就是在这一时期，马立安购买的田产已多达百余亩，成了当地的首富，致富发家的马立安还经常资助那些贫困的农民熬过凄苦的冬天和春天。因此，他在当地素有“善人”之名。

1928 年，马立安英年早逝，这时候马鹤凌刚刚 8 岁。

关于马立安的死因，在事过多年，详情已经难于廓清。当事人和知情人也大多不在人世，所幸存有一些文字资料。马立安在世的时候虽然过着与人无争的生活，但是他在一个偏僻的山村里一下子获取了三百多亩的田产，肯定会遭人妒忌。不过他在世的时候，因善名与人缘，无人敢打马家的主意。马立安死后，只剩下了妻子和年幼的儿女，当然会给那些早就在暗处打着马家主意的人提供了可乘之机。特别让马鹤凌和母亲向氏大为震惊的是，那些从前经常周旋在马立安身边的所谓朋友们，这时也露出了贪夺马家财产的狰狞嘴脸。他们为了讹诈马立安的田产和家业，不惜编造各种证据，企图通过打官司来达到吞占马家田产的目的。

这样一来，无边的诉讼就伴着家道中落的困境纠缠起马家的孤儿寡母。所幸马鹤凌的老母亲有主见也有胆量，她聘请讼师与那些企图贪占马家田地的马立安的“朋友们”打起了官司。但是，人心难测，那些恶棍们为了谋得马立安生前留下的土地，竟然不惜重金买通了马家聘用的讼师。结果可想而知，到了公堂上，马家的讼师站到了那伙恶人一方，本来有理有凭的马家，最后反而输了官司。

马立安生前苦苦挣得的这三百多亩田产，最后都归入一伙不义之人之手。马老夫人一怒之下带着刚刚懂事的儿女们离开了马家堰，来到陌生的衡东。几年以后，马鹤凌的妹妹马元英嫁人，夫婿家正是湖南省财政厅长刘岳峙。马老太太因有刘岳峙这门权重一时的亲家，又把家从衡东迁回到湘潭。这就是后来马鹤凌到台湾后公开在档案和履历表籍贯栏上填写湖南湘潭的来由。

至于马鹤凌，家道中落以后，正在就读的私学也不得不中止了。后来他的母亲考虑到生活出路，把他送到湘潭县城的一家店铺当学徒。他当了学徒以后，心思仍然还在学业上，只要有时间就在店铺的柜台上读一些诸如《大学》《中庸》《唐诗三百首》之类的旧书。店铺的老板见他的心思不在经商上，便托人向马夫人委婉地转达了最好让孩子继续求学的意思。

不久，马鹤凌再一次入学，这次他进的是位于南岳衡山脚下的国立岳云中学。刚进国立中学的马鹤凌，在同学们的眼里，像一个刚从私塾出来的文弱书生，他的身上没有丝毫曾投身商家店铺里的印记。马鹤凌虽然知道父亲也是经商出身，但是他从小就讨厌经商，总是认为经商的人在当时的中国社会风险太大。父亲去世后家庭的剧变，给他心里留下的都是恐怖的阴影。

1935 年至 1940 年马鹤凌始终在岳云中学读书。他不仅国文、地理和历史三门课成绩优秀，而且还是学校里的体育明星。他喜欢长跑的特点在数十年后，则遗传给了他唯一的爱子马英九。

马鹤凌在重庆参加国民党军队后，曾担任过蒋介石的外围侍卫。不过马鹤凌并不习惯在国民党高层人物身边工作，抗战胜利以后他和秦厚修及其家人从重庆去了南京，不久就主动要求调离了总裁官邸，重新回到国民党政工体系，做了一名默默无闻的文职人员。

棚户区与长安东路

香港，维多利亚海湾永远是舟船穿梭的繁华之地。

马英九在九龙降生后，香江之水潺潺流过了 365 天。时光不知不觉到了 1951 年的春夏之交，马英九 1 岁了，他已经开始熟悉面前这个五彩缤纷的世界了。

关于马英九在香港出生后马家生活的真实情况，坊间各有说法。不过，马英九的大姐马以南在事过几十年后回忆当时的情景时是这样说的："谋生真是很难，英九出生前，父亲已经有了我们三个姐妹，为了养育四个孩子，还有祖母、外公等一大家子人，父亲在九龙的采石场打零工，每天把大石头砸碎做建材。他一辈子都没做过这种苦工，每天回家，经常满手是伤。后来又去洗衣店当店员，烫得满手水泡。母亲在九龙荔园游乐场卖门票，补贴家用。父亲也曾在那里的茶楼当过茶房。"

一幢幢高耸云天的巨厦和街上那状如游蚁的行人车辆，尽显香港的浮华喧嚣。但在这背后狭窄拥挤的九龙到处是鳞次栉比的贫民居所，有人甚至还把屋宇建在雾气笼罩的半山坡间。马英九最初就是在这令人生厌的环境中生长的。就在他渐渐习惯这种环境的时候，有一天，马鹤凌风尘仆仆地回到家里，抱起尚未懂事的儿子英九，亲昵地在额上吻了一口，然而告诉妻子说："厚修，我们全家可以离开香港了，经我多次向台湾要求，他们终于答应我们可以回台北去了。"

"这是真的吗？"在香港度日如年的秦厚修听了，顿时欣喜若狂。她终于可以带着刚刚断奶的儿子，还有三个女儿和两位老人回台北去了。

"当然都是真的，"马鹤凌看着受秦厚修感染，神情也有些欣喜的儿子，高兴地点着马英九鼻子说，"英九，回到台湾以后，我要让你读书，读小学和中学，甚至可以读大学！我要让看不起咱马家的人都知道，你马英九这三个字，很可能就是咱马家人出人头地的起点。你老祖母最喜欢我为你取的名字，她老人家说，咱们马家有了你，从此就要‘英才继起’了！”

关于马英九在香港曾经生活的一年多，五十多年以后，当马英九已是台北市市长的时候，他接受《亚洲周刊》记者的采访谈到了自己在九龙生活时的家庭状况。马英九颇有感情地回忆说：“我在香港出生就是因为父母逃难，以香港作为栖身之地。我父亲那时在一家洗衣公司当会计，母亲在九龙荔枝角的荔园游乐区当售票员，在非常艰苦的情况下，度过了一年多的时间，后来拿到入境证才来到台湾的。所以我对香港确实有一份感情……”

在得到台湾当局颁发的“入境证”两天后，一艘客轮在黎明的时候缓缓靠近了一片泱泱碧水中的台湾岛。这时候台北就在眼前，马英九忽然从母亲的怀里挣脱出来，他睁大明亮的大眼睛，惊愕地望着面前这陌生的岛屿，他不明白九龙那繁华的街景为什么忽然变成一座陌生的孤岛。

2002 年夏天，当马英九在台北政坛已经崭露头角的时候，年至耄耋的马鹤凌这样对采访他的香港记者谈到儿子马英九的少年和青年。老人说：“马英九 17 岁时我已经告诉过他，人生的终极目标就是竞选‘总统’。”马鹤凌的话确实让读到这一报道的读者大为惊愕，当一个人 17 岁的时候，还只是读中学的孩子。可是作为父亲的马鹤凌居然向儿子提出如此高不可及的要求，实在有些不可思议。

关于马英九其人，有人据此评论说：虽然马鹤凌给他的儿子施以压力，“但是当时还在读建中的马英九是不是就已经在做准备了呢？我们从许多记述马英九生平的文章中发现，马英九的高一和高二，跳舞、追女友，和一般高中生没有不同。……根据马英九竞选市长时出版的《少年马英九》书中记载，这个时候的马英九其实跟一般的高中生没有什么两样，跳舞、办活动、组乐团，参加北一女校庆，追女朋友，年轻人做什么，马英九就做什么。不一样的是，马英九从这个时候开始，就照着父亲的期望走，尤其是马鹤凌的生涯规划，‘有原则不乱，有计划不忙，有预算不穷’，这三有三不原则，深深影响着马英九。17 岁升高三这年，可以说是马英九人生的转折点，他在这一年正式加入国民党，并从理组转到文组，而加入国民党的这一天，马英九还被迫取消与北一女的烤肉约会，留在家里听父亲马鹤凌大谈政治，从此开启了马英九的政治生涯。只是马英九没提到，他的父亲马鹤凌已经帮他定下了人生的目标，参选‘总统’……”

马英九的童年是在台北度过的。

最初，他的一家人生活在万华区一片棚户区中。那时候的他并不知晓父母都有着较高的学历，又都在台湾当局的重要部门任职。马英九周围常见的人多为一些贫困潦倒、生计无着的市井平民。

然而，当马英九被母亲送进幼儿园的时候，所有幼儿教师都没有因为他的家境与贫民相似而轻视这个衣饰朴素的英俊幼童。此时，马英九的才华已开始有所显现。毕业那年，幼儿园举行了一次隆重的幼儿毕业典礼，幼儿教师们公推在有头面人物参加的结业典礼上代表所有幼儿登台致辞的孩子，选中了讲话流利、敢于当众表露自己想法的马英九。他在典礼上以流利的湖南家乡话代表幼儿们发表的致辞，由于声情并茂而感动了在场的所有与会者，甚至让前来参加这次典礼的许多国民党高官和军人们都为之落泪。因为这脆声脆气的小孩，居然讲了一口让他们人人感到亲切的家乡话。特别是一些湖南籍的官长和军人们都泪流满面地拼命鼓掌。

小学时代的马英九搬出了贫困的万华居民区，住进一套陈旧的筒子楼。这座楼是马鹤凌所在机关的宿舍，尽管楼房破旧而拥挤，但与此前住的棚户区有了一种天壤之别。这座破旧的筒子楼地处台北市的长安东路一段 8 号，马英九的家就在这幢旧楼的四层。他站在家里的阳台上，就可以望见稍远处有一座颇为神秘的大院。初时，他根本不知那院落是什么人居住着，只是看到几乎每天清早或傍晚，都会有几辆黑色的轿车从那个院落的大门里经过。后来，他留意那院落的大门前，原来还有穿军衣的哨兵在守卫，门牌号则是长安东路 18 号。马英九猜测距他家只有 200 米的大院里肯定住着个特殊的人物。一次，他好奇地问爸爸："长安东路 18 号住着什么人？为什么还有士兵在那里守卫着，连我们小孩子也不得近前呢？"

马鹤凌听了马上变了脸色，嘘了一声说："小孩子，不许你打听！"

这样一来，马英九更加感到疑惑了。他感到那座院落里肯定住着一个至关重要的大人物。爸爸的神情越神秘，他就越感到那里高深莫测。后来，还是秦厚修偷偷地对他说出了真情："孩子，那里是蒋先生的住地，你可千万不要到那里去呀，更不许对任何学生说起那里住着蒋先生。"

"哪一个蒋先生？"

"还有哪一个？"秦厚修向着墙上悬挂着的蒋介石画像努了努嘴，说，"他的儿子和孙子们嘛！"

"啊，原来就是他们呀！"从那天开始，马英九更加小心地向那座大院里张望了。他那时很希望在自己家的阳台上能望得见 18 号院落里的人，可在他们家与那近在咫尺的大院中间，还隔着几栋民宅，而民宅的屋顶往往遮住了他翘望的视线，根本就看不到他所希望见到的身影。

久而久之，马英九对那座神秘的院落已经习以为常了。后来不知过了多久，他忽然发现那座曾经戒备森严的大院竟人去宅空了。蒋经国和他的一家人究竟搬到哪里去了，这个谜一直到 20 年后马英九从美国返回台湾进入政界以后，才渐渐了解。原来蒋经国一家考虑到安全问题，已经从长安东路 18 号搬到大直地区的七海官邸去了。从马英九搬到长安东路，一直到后来他们再次搬家，在这条街上始终没有见到蒋家的任何一个人。

马英九的心思当然还在功课上。

在女师附小读三年级时，马英九的天资就渐渐显露出来。他的成绩十分优秀，尤其是写得一手好字，得到许多老师的好评。他对国文课的理解与见识，开始初见其聪颖智慧的端倪。《唐诗三百首》和《古诗源》中的许多名篇佳句，都让他心驰神往，大多能够背诵如流。

马英九在粗通文墨之后，才逐渐感受到台湾岛的闭塞与战争过后经济衰败、民不聊生的现状。他一辈子都不会淡忘铭刻在他脑际深处的那幢巨大天主教堂的黑褐色塔楼。塔楼顶上的十字架对马英九来说，就是一个生活窘迫与经济拮据的标志。这是因为他每天必须在课余时间，替父母去这里领取家庭生活的必需品。尽管那些黑米面数量不多，质量不好，然而在当时的台湾，马英九一家能吃上这些作为“救济品”下发的食物，还要多多感谢他父母在国民党政治机关里供职，否则就会和附近许多贫民子弟一样，连这种仅有的黑米黑面也难得吃上。

第二章　骚动的青春

中学，人生最美的时光

1962年，马英九考上了大安第一中学。这是当时台湾的重点初级中学。进入初中无疑是对他小学成绩的一次检验。国民党逃台初期的台北教育也如凋零的经济状况同样，不但学校数量有限而且师资严重不足。这样一来，小学毕业后投考初中就是孩子们的一大难关，只有成绩优秀的少数小学生才可能实现这看起来很普通的愿望。

这一时期的马英九，学习非常刻苦，因为他知道能考入大安初中读书十分不易。他入学以后更加深刻地体会到，这所学校教学的严谨和师资力量的雄厚。就在这所学校里，马英九开始听说蒋经国之子蒋孝勇的名字，还有一些国民党高官的子弟。不过，马英九不喜欢与这些有来头的要人子弟往来，也不清楚蒋孝勇等人在哪一个年级读书。那时，马英九心里的蒋孝勇是一个非议较多的人物。

马英九在大安中学读书的时候，正赶上梁羽生的武侠小说风靡台湾。跟很多同龄人一样，他成了一个“武侠迷”。喜欢梁羽生的作品，是马英九喜欢武侠小说的前期。那时候，梁羽生的《龙虎斗京华》从香港流传到台北，马英九发现《联合报》上连载的这部小说以后，几乎每天都在下课时到校门前去抢买这份报纸，然后一回到教室里就读起来，甚至在上算术课的时候会把报纸夹在课本里读。这引起了老师的注意，也很快传到马鹤凌的耳朵里。马鹤凌并没有大发雷霆，而是叮嘱马英九不要顾此失彼，还说："如果你真想读梁羽生的书，我将来会给你买来合订本，何必一定要每天读报纸上的连载呢？"

此后，马英九不敢在课堂上读了。可是，他回到家里，只要有时间，马上就会找来刊载梁羽生小说的报纸，如饥似渴地读。这样当然会影响他的功课，可是父亲和母亲都没有办法。因为他们都知道马英九对武侠小说的酷爱，认为这是一种心理的需要，如果过分地制止，反而会让他产生逆反心理。不久，当局发现很多中学生因为追捧梁羽生武侠小说影响学业，于是教育部门下发了一份禁止中学生读武侠小说的文件，同时台湾当局也给报社和出版机构下达了禁止出版发行武侠小说的命令。这才让"武侠迷"马英九从"迷途"中暂时收回了心。

马英九在大安中学就读时值得称道的是英语成绩。实际上早在小学的时候，马英九就展示了他的语言天赋。尽管台湾当局注重英语教育，在小学四年级就开了英语课，但是很多小学生对英语感到陌生，而马英九却情有独钟，他的地道的英语发音就是从那时开始的。许多老师都感到马英九在语言类的课程中有他特殊的天赋。

譬如说，他是小学生中唯一喜欢以湖南家乡话与同学交流的孩子，他那娴熟的长沙方言，在当时的小学校里几乎人人惊异。马英九对语言的特殊才能，不仅表现在他对陌生英语的一学就会上，而且也表现在其他方面。例如，他还能讲一口纯正的闽南话，这也许与他小时候生活在贫民区里不无关系。据秦厚修说：在马英九 3 岁的时候，他们家对门住着一位福建省籍的国民党老兵，他一口难懂的闽南话，平时很让周围的人讨厌。只是马英九很喜欢听，而那个老兵又经常以这种古怪难懂的语言给马英九讲故事，久而久之，马英九对闽南话产生了浓厚的兴趣。

马英九对国文课的特殊兴趣，也许与他从小就喜欢听别人讲故事有着某种关系。从初一到初三，他因作文每每被老师当成范文而闻名。只是尽管他写的作文常常被当成范文，老师给他评的分数却少得可怜，这是因为马英九的作文尽管语汇丰富，对景物和人物的描写也极具特色，但是国文老师却认为马英九的作文："有一种武侠小说的味道，而小说并不是我们中学生所必修的课程。"马英九对国文老师的批评很不以为然，有时他甚至还故意把一些课余时间写的武侠小说，夹在作文本里，一齐交上去，弄得老师们哭笑不得。

1965 年夏天，马英九以优秀的成绩考上了当时在台北市相当有名气的高中——建国中学。这所高中是当时全台湾升学率最高的重点中学之一，也是当时初中考入高中难度最大的学校，学生入学的考试难度很大且非常严格。许多高官的子弟想进入建国中学，也难以开后门。马英九考入建国中学，许多人都感到羡慕，因为只要进入建国中学，就等于已经拿到了一张大学文凭。这时的马英九已经 15 岁，家庭的状况也初步摆脱了困窘的处境，他开始如鱼得水地游弋在知识的海洋之中。

高中时代的马英九，不仅学习成绩优秀，而且他性格中的许多特点都开始展露出来。台湾传媒对马英九的高中生活有过十分生动的介绍："他有他的调皮和不驯，也有青春期的青涩萌动，譬如会偷偷尝试吸烟的滋味，会在高中的时候偷偷参加家庭舞会学跳交谊舞，也会组织自己的社交小圈子'YC 社'找女生出游，顺便显示自己的那手好吉他。甚至会和很多小男生一样，开始撰写鸿篇巨制的武侠小说……只是他的调皮和蛊惑有限，没有超过家庭教养可以允许的界限。他的家庭出身以及父亲的言传身教，让他对自己所处的体制真心诚意地深信不疑，而免于加入 70 年代激愤抗争、颠沛流离的一群……”

上面这段话已经给我们描绘出一个既有个性又有才气的高中生真实而生动的各个侧面。不过上面这些概括性的描写，尚不能让我们了解中学时代马英九的全部生活。毋庸置疑，任何一个严肃的政治人物，青年时期的私生活都难免打上性格的烙印，马英九的青年时代也并不是一个呆板而没有血肉的“书生”。

马英九在建国中学读书期间，对国文课的追求和渴望远比在大安中学时期强烈。他已经从对武侠小说的偏爱渐渐转移到对纯文学的苦读中。这时候的马英九喜欢读青少年读物《幼狮文艺》，这里面发表的都是描写青年学生的小说、小品文和一些抒情散文诗。马英九喜欢和崇拜的是青年作家季季、洛夫等人的作品。著名小说家司马中原的《荒原》和《狂风沙》，都是他读之入迷的佳作，而诗人杨牧所写的白话抒情诗，常常会让骨子里充满浪漫的马英九如饮甘霖。他甚至还把杨的诗抄成大字报，贴在他家的书房里，只要抬起头来就会诵读：

沉闷啊，没有幸福和自由，
漫长的黑夜没的尽头。
暴风雨快来吧，难道不来吗？
痛苦的酒快漫出杯子了！

那时候，马英九非常想见到他心中的偶像——诗人杨牧。他几次提笔给杨牧写信，可是一直都不敢寄出去。因为他担心杨牧是一个高傲的诗人，对于他这样一个中学生的来信，会不屑一顾的。后来，他还是忍不住壮着胆子把信寄给了杨牧。杨牧发现马英九的信写得很工整，态度也相当诚恳，就给马英九写了一封回信。杨牧真诚地告诉这个希望成为诗人和作家的中学生：“请你最好不要盲目崇拜像我这样的诗人和作家，其实写诗和作小说的人，绝大多数都是社会的落伍者。而你现在本来可以从其他几门学科中寻找到比诗人和作家更为光明的前途，譬如你可以用心地学物理，将来可以成为科学家；譬如你可以努力学习国语和英语，将来有可能成为政治家和外交家。在所有的职业中，只有作家和诗人是最为艰苦的职业。而科学家和政治家尽管也要吃许多辛苦，但是他们相对于作家和诗人，生活条件要优越许多。所以，我劝你不要走我们已经走过的路，世界上看重美丽文字的人其实并不多，只有你们这些尚未了解社会的孩子们！”

杨牧的复信让马英九大吃一惊，他做梦也没有想到，一个在中学生眼里头上笼罩着光环的诗人，心里竟然是一片黑暗和失意。也就是从那时开始，一直视作家和诗人为人类崇高工程师的马英九，忽然变得清醒起来。尽管如此，但他在心里仍然对作家和诗人充满无限的敬仰。这体现在他对建国中学那些老师，特别是国文老师们的虔诚态度上。多年以后，马英九曾经这样评价教过他的那些老师们：“建国中学的老师都非常有料。学生来听老师讲课，不是为了准备联考。如果只是准备联考，建中的学生自己回家看书就够了。”

学业优秀的青年，往往也是过早萌发初恋的人。因为智商与情商会同时体现在一个早熟的青年身上。20 世纪 60 年代，就在马英九的学业步步跃升，跻身于优秀学生的行列时，他的初恋也出现了。

在他读高二那年的秋天，台北各中学举行了一次远足夏令营，各中学都推选出成绩最优秀的同学前往参加。在马英九就读的建国中学里，所有男女学生都面临着是否能参加这次夏令营的竞争。在想要参加夏令营的同学眼里，能否被大家推选出来参加夏令营，不仅仅是有无大开眼界的绝好机会，同时也意味着今后在学校和班级是否被人看重。马英九和那些争先恐后的学友们一样积极报名。当选票发下来再投进票箱以后，绝大多数同学都为担心票数过少而神情沮丧，唯有马英九胸有成竹，因为他自知学习成绩与在学友中的威信，会让他在众多竞争者中占据优势。

压倒多数的选票决定了马英九肯定会当选。更重要的是，选票最后还要集中到老师那里，由学校最后选定为数不多的几名学生前往日月潭参加夏令营。学校不仅要看当选者的票数多少，当然还要权衡当选学生的学业成绩。在诸种因素相互比较权衡过后，马英九终于名列榜首。马英九在近百名优秀学生中颖脱而出，他已经感受到那些向他投来羡慕目光的女孩们的仰慕之情。他知道虽然这只是一次看似普通的夏令营活动，但是能够在众多竞争者中胜出，就已经证明自己的学识人品获得了校方与同学的承认。

初恋往往有花无果

日月潭水碧波如镜。

青葱如黛的远山在这泓碧绿澄澈的湖波中投下了让人神往的倒影，马英九默默伫立在幽静的潭畔。平生第一次到这里的马英九，欢悦的心情溢于言表。也就是在游览日月潭涵碧楼的时候，马英九忽然发现一个穿着雪白连衣裙的女孩，坐在楼下的青石台阶上喝着矿泉水。当时的台湾矿泉水尚属少见，一个漂亮女学生独自坐在青石阶上喝水，确实引人注目。马英九本来只是无意中瞥她一眼，不料这一眼却让他心脏一阵狂跳，因为那陌生女孩儿的侧影实在太美了。雪白的衣裙再配上她那白里透红的椭圆形脸孔，越发显得清秀俊逸。尤其是她那双深幽幽的大眼睛，此时正目不转睛地盯着日月潭对岸的古刹发呆，让马英九见了情不自禁地收住了脚步。

他很想上前搭话，询问她究竟是哪一所学校的，姓甚名谁？然而男生的自尊和那女孩的高傲又使马英九望而却步了。他只能离开了，凝望那娴静秀美的少女背影，依恋不舍地倒退着向山岩间雕梁画栋、飞檐翘角的涵碧楼爬去了。到了楼顶，马英九仍然没有忘记楼下石阶上的女学生，这时那女孩已经起身，手拿着那瓶矿泉水也沿着马英九刚才走过的路向涵碧楼走过来了。

“马英九，莫非你不认识她吗？”马英九正伫立在涵碧楼前的廊庑里，俯瞰下面的青石坡道，盯着那位苗条婀娜的姑娘一步步向楼上攀登而来，忽然，身后有位学友发现了马英九痴迷的神情，于是上前在他肩膀上拍了一下，吓得马英九急忙收回目光。想入非非的他顿时变得庄重起来，他困惑地对学友说：“我怎么会认识她？”

“她可是复兴中学的女秀才，名叫小S！”那位好心学友继续说，“别看女孩孤傲得不可接近，其实她是一个满腹文采的女子，据说她在复兴中学已经接连拿了三个状元了。第一是文科状元，第二是几何的状元，第三是物理的状元。所以一般男生是休想接近她的。莫非你小马哥也看中她了吗？你可千万小心，她可是一朵带刺的玫瑰啊！”

“你胡说些什么！”这时马英九发现那位名叫小S的少女已经爬上楼来，而且已经听到他和学友的对话。马英九有些尴尬，回头一看，刚好发现小S向他投来的目光，那是一种倨傲而又十分厌恶戒备的眼神。小S警觉地把身材颀长、英俊潇洒的马英九打量一下，有些欲言又止的样子。但是马英九的心冷了，他从姑娘冷漠的眼神里不难发现，这名叫小S的复兴中学高才生，浑身有一股与生俱来的高傲雍容之气。马英九无法了解她的身世与家庭，不过他已从小S骄矜的气质上看出她至少也是上流社会的高官子女，不然她绝不会以居高临下的眼神打量他，更不能在日月潭漫不经心地手里把玩着一瓶当时尚属昂贵的矿泉水。

“我是说，你小马哥也不是一般人物，既然看中了她，为什么不敢大胆上前和她搭话呢？”那个想借机搞恶作剧的学友忽然高声叫喊起来，弄得马英九和近在咫尺的陌生女孩都十分尴尬。马英九见小S那姣好的面庞现出一抹淡淡的冷笑，顺手把那喝空了的矿泉水瓶子一丢，瞪了马英九一眼，头也不回地向涵碧楼顶层攀登而去了。

马英九呆然凝望沿着曲折石阶向上继续攀爬的女学生背影，小S对于情窦初开的马英九，仍然是一个猜不透的谜。他很想快走几步，抢上前去主动和小S搭话，但是强烈的自尊迫使马英九收住了脚。夏令营结束以后，马英九对此次日月潭之行做过一次认真的总结，他感到参加日月潭的中学夏令营最大的精神收获，就是在心如止水的平静学习生活中，第一次对异性产生了暗恋。

事实上，在马英九看来，所有智商较高的青年男女，同时也都是感情丰富、对异性易于产生爱慕的人。他记得自己读过的外国政要的传记中，许多成功的战将和政治家，例如美国总统华盛顿、英国首相丘吉尔等人，大多都是青年时期就在感情上早熟，并且产生了对异性的追求。而马英九在跻身政坛以后也有人评价他“在少儿时期就是一个早熟的人”。

马英九早在读台北静心小学幼儿园的时候，就开始了一个男孩最早的“恋情”。尽管那时马英九在老师们眼中还只是个少不更事的毛孩子，然而有人发现他从那时起就开始了“早恋”。台湾知情者在介绍马英九儿时生活的时候，曾经这样写道：“马英九的初恋，是一场单恋。当时他读静心小学幼儿园大班，班上有位杨姓小女生，长得非常清秀，每次秀秀气气的浅笑，流露出迷人的稚气可爱，小女生梳了个小马尾辫，每天马尾辫轻轻摇晃，吸引了马英九偷偷的目光。马英九沉醉在回忆中说：'有次参加一项活动后，小女生的脸庞微微渗汗，她轻轻扇着，表情美极了！'毕业典礼那天，马妈妈去幼儿园参加典礼，马英九向母亲吐露了心事：'妈！我有个女朋友。'并偷偷指给妈妈看。毕业典礼后，杨姓小女生'渐行渐远渐无书，水阔鱼沉何处问'；马英九'夜深风竹敲秋韵，万叶千声皆是君。故欹单枕梦中寻，梦又不成灯又烬'。欧阳修的原句本为'万叶千声皆是恨'，但在马英九的心中，哪有恨，只有迷迷蒙蒙的一些思念，思念那清秀的颦笑，这种情愫，淡淡的纯纯的，很快就流逝过去。马英九这次的情窦初开，是不是单恋？是疑案一桩。因为杨姓小女生知不知道他的'情意'，有没有回恋他，已无从考证。问马英九是否愿再见一面？马英九说：'千万不要，四十多年来心中一直留有童年美好的印象与回忆，记得她小时候的模样，不是很好吗？凡事留有想象的空间，相见不如不见，不是吗？'……"

马英九读女师附小的时候，由于他生得帅气英俊，颇得身边许多女孩子的青睐。在读小学三年级的时候，身边总有些不知名的漂亮女学生围着人称"小马哥"的他转。但马英九绝不是那种见了姑娘就走不动的男孩。他在小学和中学读书的时候，都非常注重仪表和品行。这得益于父亲马鹤凌对他的时时开导。马鹤凌对自己唯一的爱子说："英九，你要记住，一个人如果想在社会上受到大家的尊重，如果想在事业上有所造就，最重要的一件事，是你必须尊重自己。也就是说，你如果想获得别人的尊重，那么你首先就要自己尊重自己。特别是对那些情窦初开的女孩子，你更不能过早地产生爱慕之心，因为过早产生爱情对一个正在发育成长的孩子，绝对不是一件什么好事！”

虽然马英九对父亲的指点和教育并无疑义，然而一个有志者在从少年成为青年的过程中，不仅需要如饥似渴地汲取知识的营养，同时也不可避免地产生青春的萌动。这就是对异性学生感情的追求。马英九不得不从心里承认，早在女师附小读三年级的时候，他就喜欢上一个与他隔桌而坐的女孩。他感到那女孩的笑容非常姣好，因为他知道那笑容就是女孩美好心灵的外在体现。虽然马英九喜欢她，然而他又以极大的毅力克制着自己感情的冲动，他知道自己当前最重要的事情就是钻研功课。父亲的话起到了约束的作用，马英九虽然从心里深爱着那位娴静的小姑娘，但他们在一起读了三年书，彼此甚至连对话的机会也少得可怜。尽管这个女孩后来投考高中，并且进入政治大学读书，马英九却始终不敢把心里对她的爱倾吐出来。

当时，马英九暗恋这位女学生的微妙神情和举止，已被班主任老师李荣萱看在眼里。不过这位善解人意的老师始终没有公开制止和当众批评他。她知道马英九并不是一个放纵感情、胡作非为的少年。更重要的是，马英九也并没有因此而影响学习成绩，所以李荣萱老师默许了这事。李老师甚至认为马英九对一位女学生产生的这种暗恋，是纯洁的情怀和青春期都可能出现的感情幻觉。而这种感情如果处理得体，就不会产生什么危害。不过，心里有了爱意而不敢面对，也不敢对那位后来与自己失之交臂的女孩子倾吐，却成了马英九一生的遗憾。数十年后，在马英九总结人生的时候，他只能认为自己青年时期先后与三位后来都进了政治大学读书的女生发生感情，只能说明他与读政大的女生有缘分。与三位政大女学生接连相遇，其中两位与他匆匆擦肩而过，都成为马英九值得回忆的美好往事。

禁书和“金庸迷”

马英九在中学时代是一个思想比较活跃、向往并希望探索知识领域的“神秘人物”。在建国中学读书的时候，他不满足阅读市面上公开出售的各种文学读本，包括那些描写蒋家父子的政治书刊、歌功颂德的文章，根本引不起他的丝毫兴趣。林语堂、梁实秋、林海音等一批作家的散文，纵然写得优美深沉、余韵感人，然而在马英九眼里，这个天地太小了。于是，他便把眼睛瞄向了建国中学那座封闭多年的图书馆。

他知道这家图书馆里有许多不容他涉足的“禁区”。因为一些珍藏而不能露面的书刊大多是 1949 年国民党逃台前夕，远从祖国大陆的上海、北京、南京等地图书馆运过来的。由于其中珍藏着鲁迅的大量杂文、巴金所著的《激流三部曲》和老舍先生在国外用英文书写作并出版的一部分文学作品，台湾当局对此讳莫如深，所以学校图书馆便奉命严加封锁，禁止中学生阅读。当局越是对学生们采取封闭的政策，越发引起了马英九渴望读到这些珍藏书刊的强烈兴趣。

可是，马英九当时只是一个中学生，纵然每天徘徊在那座红砖楼房的门前，也不能凭自己的一厢情愿逾越那道有人日夜看守的大门。后来，他暗中串联几个与他有着同样读书渴望的学生，企图利用傍晚学校教职员工下班的机会，设法破窗而入，偷偷潜入楼上的图书室。但是马英九的企图很快就变成了泡影，校工们开始对这座当局明令禁止学生进入的图书馆日夜值守。很长一段时间里，马英九都为无法读到那些宝贵的图书而心神不宁。后来母亲秦厚修听说了儿子的这一愿望，她理解马英九，便设法成全了儿子的读书愿望。那时她正在“国防部”做文员，认识建国中学的女校长。女校长见秦厚修主动求上门来，不敢不开小灶。

于是，女校长暗中知会看管这批禁书的女管理员，破例允许马英九阅读学校图书馆珍藏的老舍的英文小说《四世同堂》《二马》和巴金所著的《家》《春》《秋》。至于马英九希望读到的鲁迅杂文，女校长根本不敢答应，因为那是绝对禁止台湾学生阅读的。后来随着时间的推移，马英九颇得看管这批禁书的女管理员的好感，她最终冒着风险多次把一些诸如《呐喊》《彷徨》和张恨水的《八十一梦》等禁书，偷偷借给马英九并允许他带出学校去阅读。

马英九正是从这些禁书中了解到他未曾涉足的祖国大陆。在此之前，对他而言大陆俨然一个神秘的领域，而他在台湾只能隔海相望，心里有一种可望而不可即的感觉。如今他通过阅读这些大家笔下的小说，才第一次认识了陌生的大陆。例如巴金笔下的四川大家族和老舍用英文描述的北平风俗图景，这所有一切遥远而陌生的人物和景致，对于这个涉世未深的中学生而言，是一个神秘莫测的世界。

最具强烈戏剧性的情节是，马英九的高中时代正值祖国大陆的“文革”时期。那时的台湾当局对大陆进行各种诋毁宣传，而马英九的与众不同在于，他并不十分相信当局传媒上那些偏激的宣传，而喜欢对大陆正在发生的运动进行独立思考。这样他就必须设法搞到来自大陆的真实资料，特别是像当时在大陆人手一册，而在台湾被当局视若洪水猛兽的《毛主席语录》。对于求知欲甚强的马英九来说，如果能看到《毛主席语录》，无疑就是最大的心愿。后来，马鹤凌从当局某要害部门设法搞到了一些辗转从香港入境的查禁图书，其中就有一册《毛主席语录》。

马英九对毛泽东的印象，从前只是来自当局的宣传，有人甚至把毛泽东说成了可怕的“共匪”。越是这样，马英九就渴望一阅“共匪首脑”的言论。不料他一读才惊愕地发现，原来毛泽东的讲话并不像当局宣传机构所说的那么可怕，而是每一句都有他的道理。马英九特别喜欢的毛泽东语录是：“凡是要推翻一个政权，总要先造成舆论，总要先做意识形态方面的工作。革命的阶级是这样，反革命的阶级也是这样。”

须知那个年代的台湾，《毛主席语录》和有关祖国大陆正在开展的“文化大革命”，虽然允许公开报道，但马英九发现这些报道多为攻击性质的片面报道。特别对毛泽东的讲话和语录，简直就视若洪水猛兽。马英九不仅喜欢读毛泽东“文革”中的小红书，而且甚至敢在作文中公开引用在大陆风靡一时的毛泽东“最高指示”，例如毛泽东对学习哲学的论断，对于《矛盾论》和《实践论》的许多语录，都曾经为思想活跃、不受束缚的马英九所津津乐道。所幸当时的班主任老师是马鹤凌多年的挚友，他发现了马英九在作文上出现的“政治问题”以后，马上小心地将作文本收了起来，然后悄悄在一个晚上把马英九的“杰作”交给马鹤凌自己处理。

“莫非你不要命了吗？你怎么敢把毛泽东的话写进作文里面呢？你就不懂得写这些话要犯下杀头之罪吗？”多年在国民党政治机关任职的马鹤凌见到儿子的作文以后，吓得浑身发抖。他暗自庆幸马英九的老师是自己人，不然这篇作文一旦落到国民党的情治机关手上，后果就不堪设想了。

马英九虽然受到了批评，但他并不认为自己犯下了什么错误，只是在此后的读书和作文中变得小心一些而已。从思想的理念中，马英九自认为他很认同毛泽东在《矛盾论》和《实践论》中的某些观点。当然，所有一切都是马英九早期思想的反映。

青年时期的马英九也像许多同龄人一样富于幻想。他对文学与艺术的追求，可谓是多方面的。读中学的时候，有一天父亲问他："你这样喜欢文学书刊和喜欢歌曲电影，可是要耽搁学业的呀，你长大以后究竟想做什么职业？"

马英九说："我的理想是当一个作家。"

马鹤凌有些惊讶地望着面前这个虎虎生生的小伙子，摇了摇头说："不行不行，英九，你怎么会有这种念头呢？你知道作家是什么人才能做的吗？据我所知，当作家首先要有一个善于思考的头脑，同时也要富于形象思维。可是我观察你的学习成绩和课余的爱好，还有你写的作文，好像偏重于逻辑性的思维。这样的思维素质，又怎么可能当一个作家呢？"

可是，马英九那时的心早已经被那些巴金和老舍的著作所占据了。特别是《家》《春》《秋》中巴金笔下出现的那些让他心灵震撼的悲剧形象，已经在影响他正在形成的世界观了。高觉新这一善于反抗旧礼教的新派人物，让马英九万分敬佩，有时候他甚至想动笔也写一部像巴金的"爱情三部曲"那样的作品，然而他几经努力，苦苦构思，最终还是没有动笔。

20 世纪 60 年代后期，考入建国中学以后，马英九开始接触香港武侠小说作家金庸的作品。那时的金庸作品已经开始越过这个浅浅的海峡，一本接一本地在台湾广泛传播。马英九最喜欢的是《书剑恩仇录》和《碧血剑》，特别当《天龙八部》和《射雕英雄传》在台湾大量流行的时候，马英九几乎沉迷在那些金庸营造的武侠剑客除暴安良的传奇氛围之中了。与此同时，在台湾畅销的琼瑶那些软绵绵的爱情小说，与金庸气势惊人、故事曲折的小说相比，并未引起马英九的兴趣。金庸笔下那一个个有血有肉、生动活泼的艺术形象，让马英九读罢产生无穷的联想。

"妈，我也要写小说了。"此时的马英九脑中会不断浮现出一个个鲜活的人物。如果再不动笔把这些脑中构思的人物一一捕捉到纸面上，恐怕他会连觉也睡不成了。于是他开始了一段有始无终的写作。马英九知道父亲反对他从事写作，只能把自己的这一冲动告诉给母亲秦厚修。

母亲有些惊讶地望着想入非非的马英九，说："你现在还是一个孩子，怎么敢想这些连大人也不敢想的事呢？写小说是你这样一个孩子能做到的事吗？写小说的人一般都要有丰富的生活阅历，而且还要有一定的文学修养，你怎么敢如此异想天开呀？"

马英九却固执己见，一定要做成这件在他看来必须要做的大事，他恳切地对母亲说："妈妈，中国历史上许许多多成就大事的人，都是从他们很小的时候开始的。自古英雄出少年，就是这个道理。我喜欢金庸的作品，就是喜欢他小说里那些英雄豪杰们仗义疏财、杀富济贫的凛然正气。同时我也喜欢金庸小说中描写的那些爱情故事，他写的爱情故事与琼瑶那种男欢女爱根本就不是一回事。金庸笔下的爱情，有一种让人读了，就深感为爱而死的大义大情，特别是他写的《神雕侠侣》更是感人，郭靖和黄蓉的爱情，让我读了以后久久不能忘怀，我也希望在自己的人生中有那种'直教人生死相许'的真爱真恨。妈妈，您就让我写吧。因为如果我不写，心里就好像翻江倒海一般的难过呀！"

秦厚修为儿子的至诚至爱所感动了，她点头应允说："那好，你就写好了，只是不能影响功课，因为任何事情对你来说都没有功课更重要了，如果你真想从事写作，那也是将来的事。"

马英九得到母亲的同意后，心里万分高兴，连说："妈妈，只是你千万不要把我写小说的事告诉给爸爸，他知道以后，我的小说肯定就写不成了。"

秦厚修虽然点头同意了，可她还是把儿子这大胆的举动悄悄告诉了马鹤凌。马鹤凌虽然从心里不赞成儿子的做法，不过他理解一个少年对事业和人生的追求，索性也就没有多管。不过，马英九纵然有如此强烈的写作热情，然而毕竟他年龄太小，经历与阅历都无法让他在十几岁就实现这写作的梦想。最后，马英九的小说梦无疾而终了。

马英九虽然当作家的梦想最终没能实现，然而他是一个地地道道的“金庸迷”是毋庸置疑的。事过若干年以后，马英九已经成为哈佛大学毕业的博士研究生，并且回到台湾跻身政界，隔海而居的作家金庸才听说有一个小时候就喜欢他和崇敬他的“金庸迷”，已经当选了台北市市长。

2005 年春天，金庸决定亲自赠送马英九一套刚刚由祖国大陆出版的《倚天屠龙记》，作为对他当年喜欢自己武侠作品的一种褒奖。台湾《联合报》为此发出专讯《金庸赠马英九〈倚天屠龙记〉题字为两岸谋久安》。

该报道称：

> 著名武侠小说大师金庸，最近隔海送给台北市长马英九一部《倚天屠龙记》，上面还题字：“英雄创业九千年，长为两岸谋久安”。由于马英九正在参选国民党主席，有人形容马英九像书中的明教教主张无忌，但是马英九说，他比较喜欢郭靖这个角色。据悉，马英九还对报界表示，金大师送给的书他还没看，先该回封信谢谢人家，不过他对《倚天屠龙记》内容倒蛮清楚的。
>
> 据了解，马英九说，自己喜欢郭靖这角色，是因为可以让媒体有许多解读机会。马英九表示，喜欢郭靖是因为他武功高强、身体健壮、为人诚恳，而且郭靖在困守襄阳的时候为国殉职，感觉上是蛮悲壮的……

第三章　跻身台湾高等学府

法律系的“尖子生”

马英九的青春充满着五彩缤纷的浪漫。

一个政治人物在从小到大的成长过程中，也同样具有七情六欲。马英九进入高中时起，就学会了跳舞。那时的台湾由于受西方文化的影响，拉丁舞已经是各社会层面司空见惯的群众性娱乐方式。这些跳起来难度较大的恰恰、伦巴、探戈，早已经替代了国民党在大陆时期流行的普通交谊舞。马英九的拉丁舞跳得十分出色，这样一来他往往会成为舞池中最引人注目的佼佼者。那些漂亮女学生往往都把“小马哥”视若心中念念不忘的“白马王子”。一些女孩子甚至会以与马英九一起翩翩起舞为至幸之事。也就是从高中时代开始，学业斐然又精通英语的马英九，成为高中学校里女学生们竞相追逐的目标。

尽管马英九风流倜傥、才华横溢，本身具备与女学生谈情说爱的资本，但他很早就练就一种普通人所不具备的克制力。这种克制力体现在他收到数不清飞来“情书”之后又能不露声色地悄悄处理掉。有些女孩贸然投来的“情信”，马英九甚至连看一眼也不敢。因为他深信自己不该在这个时候坠入爱河。爱河对于一个感情丰富的青年而言，无疑具有深深的诱惑力，然而马英九也深知，一旦轻易放纵自己，过早地与异性缔结感情的纽带，很可能会毁掉他从少年时起就发誓一定要变为现实的从政前景。他知道一个成功的男子，如果心里失去了可以控制自身行迹的信心和毅力，那么将来纵然可以怀抱美女丽人，然而永远失去的将是他赖以成才与事业腾达的基础。马英九就是在这种不断受到女孩子追逐与诱惑的情势下完成了繁重的高中学业，并且顺利考进台湾大学法律系的。

马英九在台大读书的初期，又有人传出一位名叫马健君的女大学生是马英九初恋的说法。但无论马英九还是马健君本人，对此事都持否认的态度。马英九在台大和同年不同系的马健君都是当时台湾大学的新生，又都喜欢出席和主持各种学生集会、座谈和联谊活动，所以难免接触较多。

马健君和马英九都姓马，又都是学生会干部，所以她与他见了面就开玩笑，称马英九为“小马哥”，而马英九则称她为“小师妹”。在学校里组织合唱团的时候，他们俩是合唱团的领诵，这样一来，两人就必须要在一起对台词，有时候他们会很晚了还要在一起，因此就难免遭到一些人的猜疑。

如果仅仅如此，“二马”相恋的传闻，后来也不至于传遍整个台湾大学一年级。因为就在这个合唱团里，又出现了一个更漂亮的姑娘，她叫小A。小A早就暗恋着马英九，只是始终没有机会接触。小A也与马英九同年不同系，是中文系的高才生，又是文娱委员。当她发现马英九与马健君关系较为密切的时候，忽然冒出一个大胆的设想，在这次学生们组织的合唱演唱会上，应该有一个人担任领唱。这个任务自然就落在既有歌唱天赋又有威信的小A身上。因此，马英九、马健君和小A三个人便有了在一起对台词和研究演出的机会。

这样一来，有关马英九的传闻，便由从前的“二马”变成了“三角恋”。事过多年以后，三位当事人都觉得哄传这子虚乌有的“绯闻”者，只是一种恶作剧而已。当事的三个人，最后都有各自的感情归宿，根本不知道他们在大学里正常的合唱团组织工作，会引起他人如此不切实际的猜测。

对于大学时代的传闻，马英九事过多年以后以平和的心态回答了记者的提问。他说：大学时期他与马健君以及小 A 的关系都不错，彼此相熟，但从来就不是恋人。这一点，所有同学都清楚。马英九说，可以认为这种好朋友关系就是红颜知己，但绝对不是恋爱关系。2005 年台湾一家传媒称："不久前台北市政府办英文演讲比赛，马英九作为市政府的官员，又非常重视演讲，自然要出席，非常巧合的是，马健君被聘为这次比赛的评审，他们因此意外重逢。相隔三十多年后再见，自然是唏嘘一番，也显得格外亲切，不知是不是这个缘故，引起了某些媒体朋友的怀疑和猜测。"

法律系是当时台湾大学最受考生青睐的学科。而马英九所以放弃政治系而直接投考了法律系，起因于父亲马鹤凌的一次谈话。马鹤凌告诉心爱的儿子说："当年我之所以从湖南湘潭的老家逃出来，一个重要的原因是咱们家与人争讼失败。因为你祖父好不容易靠辛苦挣得来的薄田，等他刚刚死后，居然就遭了几个恶霸的强占。你祖母她老人家哪里肯咽下这口气？于是她就和那几个十恶不赦的恶棍打起了官司。本来理在咱们一方，可是那几个地主靠着手里有钱，买通了当地一个有名的讼棍。这场官司一直打了两年，最后不但被人强占的那些土地没有收回来，还让那些刀笔邪神般的讼棍折腾得家道中落。所以，我早就在想，如果我的儿子将来考上大学，一定要让他做一个律师！"

"律师？律师不就是您从前经常对我骂起的湖南讼棍吗？"马英九当时是以困惑茫然的目光面对父亲。他不明白自己在高中加入国民党时，总是对他谈起政治和前途的父亲，为什么在自己人生的关键时刻给他指明一条从没有想过的路——当律师！

“是的，英九，律师在民国早间就被人称为讼棍。咱们家的老一辈也就是吃了讼棍的亏。你祖母当年就因为有讼棍的作恶，最后才眼看着一场有理的官司败诉了。唉，所以说讼棍是最最可恶的。”马鹤凌见儿子对投考台湾大学法律系毫无兴趣，又郑重地指点说，“我让你将来当律师，当然不希望你也成为一个讼棍，甚至成为不讲信义、只图金钱的讼棍，我是希望你成为一个为社会弱者和平民百姓仗义执言的律师。在台湾目前这种社会现状里，与其让你进入官场从政，不如做一个为民主持正义的律师。律师在我眼里就像医生一样，他可以救人。因为平民所要争得的正义和真理，有时就因为有律师的帮助才会失而复得。所以，我劝你放弃政治系，将来学成以后挂牌当律师吧！”

马英九在少年和青年时，始终都以其父马鹤凌的言行为楷模。他知道出身苦而学识渊博的父亲所以在战争年代从大陆来到台湾，是由于战争和他对湖南湘潭老家土地官司败诉后万念俱灰的抗争；而来到台湾当局机关供职却始终不曾得到飞黄腾达的机会，都因为父亲对政治的麻木与对官场的陌生。在这种情况下他理解并接受了父亲的指点，报考了台湾大学法律系。

1970年夏天，马英九在台湾大学法律系读书时，虽然他早已对将来毕业从政没有任何奢念，不过他做梦也不会想到，就在这里他意外结识一个后来在他从政生涯中起到至关重要作用的人。他就是蒋经国的三儿子蒋孝勇。

那是一个星期六的午后，整个台大校园里静悄悄的，大部分学生在这一天都离开学校返回家中与家人共度周末了。马英九因为要写一篇专业论文，一人来到位于台大湖畔的图书馆，他想在那里查阅一些相关资料。平时人满为患的偌大阅览室里，此时没有几个借书的学生。马英九把一本厚厚的《国际期货贸易纠纷案辩护词》拿到桌前，准备利用这恬静的下午，把所有需要参考的资料都抄录下来。那时的台湾大学尚无影印设备，学生们需要资料只能自己动手抄录。就在他埋头抄录英文文件的时候，忽听有人对他说："看来你的英文十分娴熟，不知能不能帮我把这几个单词翻译过来？"

马英九抬头一看，原来说话的是早就坐在对面的一个穿咖啡色西装的年轻人，看其年龄，似乎比自己年长一点。清癯而瘦削的面颊、高高的鼻梁和一双含着微微笑意的眼睛，是马英九对他的第一印象。马英九当时并不知道这个青年是哪个系的，只是觉得他肯定是新来台大不久的学生。他有些疑惑：一个年龄比自己稍长几岁的人，为什么比他考进这所大学还要晚些？他也不便多打听，只是感到对面那张微笑的面庞有一种亲昵感。于是马英九笑了笑，说："其实我的英文刚刚起步，许多单词都要翻英语词典才能正确地译出来。不过，我可以试试看，如果我译错了，请你千万不要怪罪才好。"

那人也友好地笑了笑，然后把一张写着几行英文的纸条推到马英九的面前。他接过一看，原来都是一些极为普通的常用词汇，这令他更加疑惑。尽管心存疑虑，马英九还是信笔在纸条上一一译成了汉语，然后他再把纸条递给了对面那个始终注视自己的青年人，谦逊地笑笑说："我也不知译得对不对，让你见笑了！"

那人接过一看，眼睛顿时一亮。他说："谢谢你，你译得真好！不但译出了英文的准确语义，而且你的英文写得流利得体，真是让人佩服了！"

马英九仍然埋头抄录自己需要的英文文件，并没有十分在意对面那张清癯的脸孔。在一阵沉默过后，对面那人又提出了新问题："英语实在是一种难以学懂的语言，其实中国的语言是语汇最为丰富的，然而我始终也不明白，为什么我们的国语就不能成为世界通用的语言？而英语竟然到了任何人都必须要会读会用的地步了？真是天大的怪事！我想，如果英国人和美国人能到咱们中国来读国语，我相信他们也会像我现在一样，一时无法摸得到门径的！”

马英九再次抬起头来，重新打量面前这个有些古怪和神秘的新学生。那时马英九的英语水平已经称得上法律系中的佼佼者了，因为早在他读女师附小的时候，母亲秦厚修就已经叮嘱过他的班主任老师：“英九将来要到美国去留学，他的英语是一定要学好的。我希望您能够把他对英语的学习当成主要必修的课程，如果英九在课堂上偷懒，您就一定告诉我们，我们要配合学校。无论如何也要让他把这门课程搞好。”同时，父亲马鹤凌也在家里不断叮嘱儿子：“英九，英语是当今所有中学生都必须读懂会用的必修课了，你将来如果想寻求发展，想实现你小时候就有的出国留学之梦，必须从现在起就刻苦地学习英语，不但能读，而且要学会笔译和口译。不然，你将来即便学好了其他功课，在这岛上也是一无成就的。”

现在当马英九发现坐在自己面前的新学生竟然对英语发出如此让人疑惑的感叹时，心里微微一怔。他知道在这所台湾最著名的高等学府里，几乎所有能考进来的学生，英语都要达到一定的水准，而此人竟然对较为简单的英语单词也没有掌握，惊异之间，他心里的疑团正在加大，忽然意识到面前这个人肯定有着非同寻常的特殊背景。但他不喜欢与这样行迹神秘的学生多交流，便笑了笑说：“是啊，英语确实已经成了当今世界通用的语种，至于我们的国语，当然要比英语更有内涵。正如你所说，如果英国人到我们中国来学国语的话，也同样无法顺利地进入我们的语言程序。不过我想，只要下一点点功夫，英语其实并没有什么难学的地方。它毕竟只是几个固定的符号组合罢了，不像我们那些方块字五花八门，使用起来也是英文比汉语简易得多。”

“这么说，你肯定是西语系的吧？”

“不，我学的是法律。”

“请问可不可以和你交个朋友？我是政治系的插班生！”

马英九听了他的话，心里的疑惑更加平添了几分。他知道政治系是台湾大学重要的系科，一般学生需要考取高分才可以入学，而一个连普通英语单词也感到陌生的人，究竟是如何走进这所高等院校，又是如何顺利到政治系里当插班生的呢？想到这里，马英九再也不想继续坐在图书馆里与对面的陌生学生对话了，只礼貌地笑着对那个人说：“我是大一五班的，马英九。”然后就起身告辞了，他准备把那部刚刚借来的书，带回宿舍里去阅读和抄录，而不想在这里与素不相识的神秘学生对话。

几天以后，马英九已经把那个自称政治系插班生的学友淡忘了。

“喂，英九，这不是马英九吗？”当早秋的微风吹遍台大美丽的校园时，满园的枫树叶片都在一夜之间变得绛红一片。此时正在苦读的马英九，把每天的功课都安排得满满当当。法律课对于一个从小就生活在低阶职员家庭里的马英九而言，学习的每一门功课都有着特殊的意义，因为他直到进入法学这一学科以后，才真正意识到父亲当年对自己的提醒无疑可以终身受用。尤其是联想起祖上在湖南老家的凄惨经历，马英九更加发奋，他希望自己有一天在法学上有所造诣。虽然学业艰难而紧张，然而那时已经住在台大宿舍的马英九，把课余的分分秒秒时间都充分利用起来，长跑和打篮球等体育活动就是他在台湾大学读书时形成的习惯。

马英九在台湾大学求学期间喜欢体育，他所在班级的同学们无人不晓。事过多年以后，甚至还有人为马英九搞了一个所谓的“青年时期的活力档案”，其中就有这样的记载：大学时期的马英九，他的长跑年资为：27 年；长跑时数：超过 4000 小时；里程数：超过 1.8 万公里；最快纪录：3 公里 /11 分 46 秒；单程最长距离：42.195 公里（田径场 105 圈）；每天睡前 200 个仰卧起坐；每周游泳 4000 米，下水前 80 个伏地挺身，横渡日月潭 1 次……

马英九的好动与喜欢体育，由此可见一斑。他自从进入这所大学以后，几乎每天凌晨都要起来长跑，这是因为小时候听了父亲马鹤凌的忠告：“如果你真想有一天做一番大的事业，首先必须要把身体搞好。没有好的身体，你纵然有天大的抱负也是没有用的。”马英九入学以后，果然不负其父所望，不但以优异的成绩成为台大学生团体“健言社”负责人，而且还当选了台大校代联会的秘书长，一夜之间俨然成了“学生领袖”。

当初秋凌晨的凉风掠过枫林的树梢，发出一阵阵沙沙轻响的时候，正在晨跑中的马英九忽听有人在身后叫他。他回头一看，发现枫树林下伫立着一个瘦削的青年身影，他不由一惊，原来就是前段时间在台大图书馆里相遇的那个新学员。

“哦，原来是你呀！”马英九不知那人的名姓，也不好深问，他停下脚步，发现那个神秘学员手里拿着一本《台湾实用英语》。他见这位气质不凡的学友大清早就一个人躲在树林里读英语，心里忽然萌生了一种敬意，向他打招呼说：“真没想到，你会这样勤奋。那天我在图书馆和你见面时，还以为你对英语毫无兴趣呢，没想到你这么用功。”

那人苦笑说：“那天我见你的英语那么娴熟，真是从心里羡慕不已。现在，我在抓紧时间学习英语，我的老祖母已经给我一个指令，两年之内必须要把英语学到可以笔译和对话的熟练水平，不然我是绝对不会这样刻苦的。”

“你的老祖母，不用说也是一位有素养的老人啊。”马英九这才想起应该问一下他的名字，“我倒忘了，不知该如何称呼你呀？”

结识蒋孝勇和连战

“我姓蒋，叫蒋孝勇！”

“啊？——”马英九听到这个特殊的姓氏，心里不觉一惊。之前虽然感觉到在图书馆里遇到的新生有些与众不同，但做梦也没有想到他竟然就是蒋介石的孙子、现在台湾当局当政的蒋经国之子。

此前，早在读中学的时候，马英九就知道民间对蒋孝勇等三弟兄的口碑不佳，他也因此认为他们很可能是放荡不羁、自恃特殊政治家族在台湾到处横行的人物。可是，马英九绝没有想到，自己刚进台湾大学第一年就意外邂逅了这位蒋家“三太子”，而且颇让他吃惊的是，民间传闻中的蒋孝勇，与他亲眼见到的其人截然不同。眼前的蒋孝勇非但没有丝毫纨绔子弟的嚣张，而且还有着让他难以置信的谦逊温和。

蒋孝勇微笑着望着有几分惊呆的马英九，说：“怎么，莫非你有些不相信吗？如果我没猜错的话，在你的耳朵里我的名声肯定不好，不然你是绝对不会这样态度的。”

“不不，蒋先生，不是这个意思。”马英九解释说，“我是说，没有想到蒋家的人也能像我们这些平民子弟一样勤奋苦读啊。这么早就起来到校园里读英语，可不是一般人能做得到的。”

蒋孝勇说：“其实我和平民家庭的子弟没有太大的区别。至于说祖父祖母那些前辈，与普通民众有一定距离，这是难以避免的现实。而我呢，自从小学毕业以后，就一直在普通的中学里读书。在我的身边始终都是一些平民子弟。这次如果不是因为我在凤山陆军军校里受训受了腿伤，转学到了台大政治系，也肯定不会在这里结识你的。”

马英九此前确曾听说过蒋介石几个孙子都进入凤山军官学校受训的传闻。现在他从蒋孝勇的谈话中终于得到了证实，在他的想象中，能够进入凤山军官学校受训的蒋孝勇，将来肯定会在台湾军界有超乎想象的发展。而今，此人竟鬼使神差地来到了台湾大学。马英九难免感到有些意外，说：“你在军校受伤了，为什么不去医治？”

蒋孝勇故意将他受过重伤的左腿用力地抬了一抬，然后嘿嘿地冲着马英九笑了，说：“这不是已经医好了吗？只是这种腿伤即便医好了，恐怕也难以继续承受军事训练。所以，祖父和祖母都一致要我改行。我想，既然这辈子再也当不了我所喜欢的军人，索性就来这里学学政治好了。”

马英九没想到与蒋孝勇这样身份特殊的人初识不久，他竟然肯在自己面前坦率直言，心里与蒋孝勇的距离突然间拉近了。马英九说：“对对，政治和军事其实早就是一门学科，蒋先生在政治系里学业有成，将来也一定会有所造就的。”

“英九，请你不要再这样称呼我蒋先生，索性就喊我孝勇好了。”蒋孝勇和马英九沿着枫树林间的一条羊肠小路一边闲聊着一边向前方走去，他对新结识的马英九说，“其实凡是了解我的人都知道，我这个人根本就不喜欢政治。我当年投考军校是因为我希望彻底改变一下家庭出身给我带来的许多懒惰和浮躁，真正亲历一番军人艰苦的生活历练，并非想当什么将军。可是没有想到，我刚进军校不多时，就在野外训练的时候把腿弄伤了，而且治起来竟然无论如何也不见好转。唉唉，最后祖父祖母见我的腿再也不适应在军队生活了，这才决定让我进台大政治系的。”

马英九见蒋孝勇说得如此坦诚，对他的印象开始发生根本性的改变，于是他建议说：“其实政治也是军事，而军事则是政治的进一步延伸。孝勇，我相信只要你在政治系把所学的课程搞深搞透，将来也肯定是一个杰出的政治家的。”

蒋孝勇却真诚地否认说：“不，英九，我刚才已经对你说过了，我到政治系里学习，主要是学习政治理论课，多懂一些与政治经济学有关的知识和理论就是了，我的志向可绝对不在政治方面，因为我不喜欢做官。我想如果还像我父亲他们那样做官就有一种世袭的味道了，最好的选择，当然还是经商啊，所以我才选了政治经济学这门课程来专修嘛。现在我结识了你，真是好事。英九，我倒希望将来有机会，我们多聊一聊，特别是希望你多从英语方面给我以帮助。”

“这没有问题，孝勇，既然你待我这样诚恳，我肯定会全力支持你学英语的。”那个秋天的清晨，两人在台大校园树林里谈得十分融洽。也就是从那天早上开始，马英九在大学里多了一位可以通天的特殊朋友。这也是他日后逐步进入政坛的一种媒介。

马英九读大三那年，一个上午，忽然接到蒋孝勇打来的一个电话，告诉他说：“明天晚上如果你有时间的话，我想给你介绍一位很了不起的人，他就是我们政治系的主任连战教授！”

马英九听了他的话，心里当然高兴。此前蒋孝勇已经多次向他介绍过这位在台大主持政治系的“连老师”。马英九记得几个月前他和蒋孝勇去阳明山郊游的时候，蒋孝勇就对他提起过连战：“连战是一个很有风度的人，同时也是一个非常有学问的人。

英九，如果说祖母让我到台大政治系读书的最大收获，莫过于在这里结识了连战这个人啊！”

“是吗？”马英九在中学的时候就听说一些有关连战的传闻。当时在台湾有一个政治舞台“四公子”的说法，这四人是陈诚的儿子陈履安、连震东的儿子连战、宋达的儿子宋楚瑜、钱思亮的儿子钱复。其中，连战的父亲连震东时任国民党的“内政部长”。在与蒋孝勇交往之前，所谓“四公子”都是马英九可闻而不可即的人物，而如今他居然有机会结识连战，这是他以前从没想到过的。不过，从小生活在台湾平民圈里的马英九，对连战其人还所知甚少，只是当他听蒋孝勇以赞许的语气评价时，才忽然感到连战在台湾大学教授群中的分量，显而易见非一般人可以相比。

“这个人很了不起。”蒋孝勇和马英九攀登阳明山的时候，把一本刚刚出版的《中外杂志》送给了他，叮嘱说，“上面刊载连教授最近写的一篇文稿，如果你读了，就对此人睿智敏锐的政治头脑不能不产生佩服之意了。”马英九注意到那本杂志上刊载一篇署名连战的文稿《我所走过的路》。他忽然想起前几年在台湾举行的一次规模盛大的婚礼，那就是连战与当时在台湾选美中以优雅仪表胜出的方小姐的婚礼。蒋孝勇那次在登山过程中还告诉马英九：“连战虽然出生在大陆，可是他的家族却始终在台湾。因此他是一位台湾籍政治教授，才华则是一般教授所无法相比的。来台大读书以前，祖母只告诉我连教授是美国芝加哥大学国际公法和外交硕士。等我真正和连教授接触以后才发现，连教授的学位远比老祖母知道的多得多呢。英九,一个人在年轻时能在美国一口气得到几个文凭可不是简单的事，就是这位连教授，他不仅是硕士，而且还有政治博士的学位。之后他又从芝加哥去了威斯康星大学和康涅狄格大学执教，回到台湾后，他只是同意先在台大出任客座教授，后来还是祖母亲自出面挽留，连教授才同意就任政治系的主任一职。所以我感到我们青年人能和连战这样的教授在一起学习，会有很多收获的。”

如今，马英九没有想到蒋孝勇竟是一个有心的人，他说过的事情肯定会兑现的。接到那个电话以后，马英九高兴得无法让自己的心神得到安定，因为在台湾大学能结识诸如蒋孝勇和连战这样的人物，将来对于他的学业发展以及毕业后的前途，无疑都会产生至关重要的作用。次日傍晚，马英九准时前往士林一家中餐馆。

这里是台湾高层政要和大商贾们的居住地。而湖底路的尽头则是蒋氏家族有名的士林官邸，这在台北市普通平民眼里始终是一个禁区。而今晚作为一个普通大学生居然能走进这路边不时会出现巡警身影的士林地区，对于涉世不深的马英九而言，无疑是一次特殊的经历。

幽幽的灯影里一间恬静的雅座，出现在马英九面前的除了熟悉并引为挚友的蒋孝勇之外，还有一位身材适中、面容清癯的中年学者。他的头发显然打过蜡，所以在幽暗的灯影里闪着淡淡的光亮。他就是大名鼎鼎的连战。早从 1961 年起就在美国留学和任教的连战，显得容光焕发。

马英九与连战是初次谋面，连战的谈吐让他耳目一新。连战与其他教授不同，他在大学的课堂上是几乎所有的课程都以英语贯穿始终，然而在他与蒋孝勇及马英九的私下聚餐过程中，却一直以带有西北口音的国语进行交谈。这让马英九感到几分亲切，因为连战纵然是老师，在学生辈的蒋孝勇和马英九面前却没有任何架子。

“英九，人年轻的时候都是要吃苦的，吃苦越多的人财富也就越多，这是一个连西方人都承认的真理。”连战不愧是有名的“公子”，讲起话来很喜欢以过来人的姿态反思自我。他在讲了当年如何从西安来到台湾，如何在台北承德园国小六年级读书，一直谈到他对学习的理念和体会。这些话对于读大学三年级的马英九来说，无疑很容易引起他心里的共鸣。连战说：“我小时刚开始求学的时候，母亲很怕我学习紧张累坏了脑子，所以就让我学点钢琴。记得最初请来一位张彩湘老师教弹琴，要求相当严格，简直就是以造就音乐家的水准训练我，每周一次，每次两小时，对我来说简直就是受苦刑。不过也正是张老师这种严格的训练，才奠定了我扎实的音乐基础。后来母亲又为我换了一位肖老师，这个人可亲可爱，激发出我对钢琴由衷的兴趣，愿意主动去学。母亲当年借钢琴来调整安定我心性的用心肯定是好的，然而学习一定要自愿才能学好。”

连战虽然在对酒闲聊，然而马英九却感到这位年长自己许多的老师的每句话都对他有着强烈的启迪。他问道：“教授的意思是在告诉我和孝勇，青年时期的学习不可以强求，是吗？”

连战说：“英九，你和孝勇不同，你有很适于学习的家庭条件。因为舒适的生活条件反而不利于苦求功课，越是严格的家教越是艰苦的家境，越有利于青年人的成长。在这方面我举母亲当年安排我必须弹钢琴这件小事为例，就是要说明一个道理，千万不要荒废青年时代宝贵的求学时光。母亲对我的严教，让我体会到知识对一个人一生的重要性。就以课余学钢琴为例，直到现在我仍然喜欢古典音乐，一旦得到片刻的小憩，能有肖邦、莫扎特或者巴赫、贝多芬的旋律伴我入眠，真乃是我人生恬然自得的享受啊！……”

偶像蒋经国

那天晚上与蒋孝勇、连战在士林地区小餐馆里的聚餐，在青年马英九的心里留下一片温馨而友爱的记忆。这也是马英九从学生时代开始的课外活动的一个起点。他通过与蒋孝勇的接触，结识了知名教授连战，也正是这些与法律课看起来全然无关的人际交往开阔了马英九的视野。尽管学的是法律，将来毕业以后所从事的职业也可能是专为别人评理和参讼的律师，但是，马英九却从由此而起步的各种社会交往与活动中，渐次地开始接触社会上形形色色的人，其中既有像蒋孝勇这样寻常百姓无法接近的特殊人物，也有一些来自于社会中下层人士的子弟。

数十年后，当马英九作为国民党的新生代后继人成为国民党的副主席时，就是时任党主席的连战亲自提名，然后得到绝大多数人的投票而当选的。也可以说，马英九与连战的结识，同他以后舍弃青年时一度倾心的律师而改入政界，有着非同一般的关联。

在与连战结识不久，这位台大法律系成绩优异的“小马哥”，成了学生群里引人注目的活跃人物。也是在大三这一年，马英九当选为台湾大学学生联谊会的秘书长。马英九在学校里组织各种学友的交谊活动，举办大学生周末舞会和每年夏季的话剧汇演。年轻而精力旺盛的“小马哥”既有组织才能又有人缘，在 1970 年春天，他参与了台大学生组织的社会服务团，以他特有的才能博得了服务团上下一致的好评。

其实，早在结识蒋孝勇之前，马英九就已见到了他心仪多年的蒋经国。那是他刚刚考进台湾大学不久，大学要按惯例进行大学生的军训。马英九有幸被台大法律系选派参加台湾大学生在成功岭的培训。这样，马英九早年在台北长安东路上居住时，只能在他家四楼阳台上远远眺望的那座神秘大院里的主人，就真切地出现在眼前了。

深秋的阳光灿烂而柔和。那是台中县郊区乌日乡的成功岭，这里山清水秀，万木葱茏。在偌大一片茂盛的杉树林的环绕中，有一座占地面积数万平方米的大操场，四周有着状如炮台的岗哨亭。此地便是时任台湾当局“国防部长”的蒋经国所掌管的大学生军训基地，也是台湾大学生集训的固定地点。那是马英九第一次进入蒋经国的管辖基地，心里有些兴奋。他知道成功岭之所以被蒋经国一眼看中，并且成为每一届大学生必须进行集训的基地，其中的含义很像抗战前期蒋经国在江西赣州创办的那类学训班，这套做法大多是蒋经国从苏联学到的。

“同学们，新一届大学生军训班又开始了，下面，请大学生的宣誓代表讲话。”马英九站在台下黑压压的学生群里，翘望着从前经常在电视和报纸上见到的一批国民党高级军政官员，其中特别引人注目的就是走在高官们最前面的蒋经国。马英九今天的装束也很特别，他头戴一顶士兵的闪亮钢盔，脚穿黑亮的军靴，脸上现出了从没有过的紧张和肃穆的神情。这时候，他忽然看见台上的蒋经国在那里笑望着他们。

马英九感到自己与蒋经国有着特殊的因缘。早年他在台北就曾经多次听过蒋经国对青年学生的讲话，不过那些讲话多是录音和讲稿，而今天他在成功岭的军训大操场上，近距离地面对坐在主席台上的蒋经国。马英九不但在台大法律系是一位杰出的学生，即便在近千名参加集训的大学生里他也是鹤立鸡群的佼佼者。因此，当军训组织者们要在大学生中选一位登台宣誓的代表时，一眼就看中了身材魁梧、面容斯文清秀的马英九。如今，当他正在台下翘望着台上的蒋经国时，突然听到主持者高叫他的名字。马英九顿时紧张起来，他不知道自己究竟是怎样离开了黑压压的学生队伍，又是如何登上主席台的。

“我们大学生是民族的希望，站在成功岭我们都会想起当年经国先生在江西赣南举办的新赣南公仆学校和赣州干部讲习会。”马英九作为学生代表，英姿挺拔地出现在主席台的麦克风前面，身穿军装的他把那早已经准备好的宣誓稿郑重地捧在手里。马英九俯瞰台下攒动的人头，心里忽然产生了一种从没有过的冲动。他激动地继续带领台下近千名学生宣誓：“继承和发扬赣南精神，勤学苦读，发奋向上，任劳任怨，争做时代楷模！……”

台上台下的宣誓声形成了一片震撼群山的巨大声浪。特别是马英九的洪亮声音，很让坐在他身后的蒋经国感动。集体宣誓结束以后，依照开班典礼的仪程，马英九跑步上台把誓词呈送给蒋经国。蒋经国微笑注视着他，接下誓词，握住他的手说：“谢谢你！”蒋经国再一次专注地打量一眼近在咫尺的马英九。这位青年学生不仅相貌堂堂，而且头脑聪明。他对马英九很满意。也许这就是蒋经国日后决定起用马英九做自己英文秘书的最早的感情基础。在成功岭军训班领读誓词以后，马英九在台湾大学变得更加引人注目。这个在蒋经国头脑中留下深刻印象的青年人，因为成功岭上的崭露头角，开始在他同年的大学生中声名鹊起。

台湾媒体在 30 年后这样评价马英九与蒋经国的这次因缘，称：蒋经国在担任“国防部长”“行政院副部长”“行政院长”期间，每年都会赴台中成功岭大专学生军训集训班举行授枪仪式。蒋很注意宣誓代表的仪容，并记下他们的名字，甚至在事隔多年后指示部属探询宣誓代表的课业及出路。显然马英九日后能在蒋经国身边工作，“宣誓仪式”必然会成为马英九晋升的催化剂。因为早从那时起，蒋经国就开始在他所控制下的系统里不时选择自己看中的青年菁英，进入要害部门……

从台中市郊的成功岭面见蒋经国以后，马英九始终把这件事当成发自内心值得炫耀的事情。只要有时间，就会对身边的人谈起那日面见蒋经国的情景。因此，马英九在大学读书的几年里，始终希望再次见到心中的偶像。

1970 年 4 月 25 日，已经回到台北台湾大学法律系上课的马英九突然听到了一个让他大为震惊的消息："蒋经国在美国遇刺！"

"什么，有人胆敢行刺经国先生？！"那天夜里，马英九在梦里突然惊醒，有人来到他住的宿舍床前，把一个小道传播的消息告诉他：正在美国访问的蒋经国在纽约突然遭遇到不明身份暴徒的行刺。

震惊不已的马英九急忙追问那个同学："经国先生在美国当真罹难了吗？"

"现在还不清楚！"同学惊恐地摇头说，"我只是听说蒋经国先生的车队，从他下榻的庇尔酒店向隔着几条街的布拉萨酒店行进，就在酒店门口，突然遭到不明身份刺客的开枪射击！真实情况现在还不太清楚，据说是一批'台独'分子干的……"

"可恶的'台独'！"马英九悲愤交加，隐隐感到无形的恐怖正向自己袭来，他忽然意识到蒋经国的重要性，如果当真遇到不测，真不知台湾这个风雨飘摇的小岛，究竟会发生怎样的动荡。马英九见有同学双手掩面恸哭起来，也激动地大喊："一定要把那些暗杀经国先生的罪魁都送上绞刑架！"

"大家不要乱！事情目前还不十分清楚！……"马英九正欲下床召集学友们，却见一位教官从门外进来，对半夜惊起的学生们喊道，"肃静！现在美国的情况还不清楚，但是我可以告诉你们，经国先生还活着！"

"蒋先生还活着？"马英九听了这个消息，心里顿时兴奋起来，同学们也都欢呼起来："蒋先生没有死！"

不久，蒋经国在美国纽约布拉萨酒店前遇刺、大难不死的消息得到了证实。马英九得知后兴奋地冲进了宿舍，挥舞着双手向大家报告说："经国先生安然无恙，这是吉人天相！现在已经有了可靠的消息，经国先生他确实大难不死！哈哈，他大难不死呀！凶手叫黄文雄，这起案子果然是'台独'分子干的！……"

原来，蒋经国是以"行政院副院长"的身份飞往美国进行访问的，当时正是尼克松总统入主白宫不久，台湾当局已经从尼克松的公开讲话里嗅出美国有意改善与中华人民共和国关系的趋向，蒋介石因此授意儿子飞赴美国向白宫摸底。蒋经国飞到华盛顿以后，先后两次会见尼克松总统和国务卿罗杰斯，但是尼克松并没有改变想与红色中国改善关系的初衷，而外电则称美国邀请蒋经国访美"完全是一种礼节性的告别"。

蒋经国在匆匆结束华盛顿的所有访问程序以后，4 月 24 日这天清早，他先在华盛顿与一些报界记者共进早餐，然后飞赴访美的第二站纽约。这时候已经是中午 12 点。按照事前的安排，蒋经国一行乘坐汽车从机场驶往纽约城区的庇尔旅社。稍事休息以后，再乘车前往布拉萨酒店，出席远东工商协会在那里为蒋举办的酒会。

不料一批"台独"分子听说蒋经国来访的消息以后，预先派出几个刺客埋伏在布拉萨酒店内外，伺机对蒋经国行刺。虽然美方事前早已经在酒店前布控，设下三道警戒圈，可是就在蒋经国的车队到达酒店的时候，一群事前准备好的刺客，突然在警戒线外高呼"台独"口号。蒋经国未加理睬就径直进入酒店，没想到几个刺客突然从台阶上的一根大理石柱子背后冲了出来，举枪向他射击。几个担任护卫的美国便衣发现事情不妙，马上冲向刺客，一边护住了蒋经国向大厅里面跑去，一边向刺客还击。枪声顿时震撼着整个布拉萨酒店的前厅。所幸的是一群担任护卫的警察很快制服了刺客，蒋经国趁乱逃过这一劫，大难不死！

马英九心里的反“台独”情结，就是从这时开始形成的。敬重蒋经国与仇视“台独”成了青年马英九爱憎分明的感情基础，也就是从“蒋经国遇刺事件”中，他才真正认识到“台独”势力的可怕。此事发生之后，马英九开始关注“台独”势力与暗杀活动在美国的结局。行刺蒋经国的是所谓“台独联盟”的首恶分子黄文雄和郑自才。20 世纪 70 年代，由于国际恐怖活动的猖獗，一小撮“台独”分子也开始在美国加紧活动，时刻企图寻找一个制造恐怖事件的机会。这次蒋经国的访美，成了他们的一个突破口。事件发生后，美国联邦调查局奉命搜捕行刺蒋经国的在逃凶手，不久，凶手黄文雄落网，潜逃的郑自才也落入警方手中。1971 年，纽约地方法院开始公开审理黄文雄和郑自才行刺蒋经国案件，马英九在台湾每天都观看庭审的电视转播和报纸上刊载的相关报道。让马英九愤怒的是，就在纽约法院审理并宣判黄文雄和郑自才两犯有罪并处以徒刑之后，两犯竟然从美国监狱里潜逃。这在马英九看来简直是不可思议的怪事。因为美国监狱那种监管囚犯的条件，一般情况下犯人逃走几乎是不可能的。几年以后，当马英九来到美国以后，才听说逃走的郑自才后来在瑞典再次遭到逮捕，而黄文雄这个行刺蒋经国的首恶，竟然从此亡命天涯，不知下落了。

第四章　别了，台湾大学！

首赴大洋彼岸

1971 年 1 月，马英九兴冲冲地登上了一架飞往美国的班机。

当波音飞机从台北桃园国际机场上一跃飞上云空的时候，马英九的心里忽然滚过一股从没体验过的兴奋和激动。他是作为台湾大学公推选举产生的“学生领袖”，参加了第一届“亚太地区大学生领袖赴美访问团”而飞赴美国的。21 岁的他第一次飞出台湾，而前往陌生的美国，对于刚及弱冠之年的马英九来说，无疑具有极大的诱惑。

这是美国政府为了当时的政治需要，特别在台湾精心设计的一次“精神统战活动”。而台湾当局对于美国人抛来的橄榄枝也竭力逢迎。为了在台湾各大学中搞好这次赴美参观的普选，早在一年前就进行了一系列的舆论宣传，国民党在各大学的党部积极活动，他们要在有限的指标中优选出杰出的学生。这些将要去美国进行为期两个月巡回访问的大学生们，首先必须要在他所在的大学里有崇高的威望，而且还要有广泛的学生群众的基础。

马英九是在台湾大学大学生党部经过三次竞赛之后，从数十名来自政治、经济、西语、法律、中文等系公推的优秀大学生中脱颖而出的。

在当时台湾严格控制学生出境的政治形势下，作为一个没有深厚家庭背景的普通大学生，马英九能获此殊荣，使很多闻知此事的人都感到不可思议。马英九能够进入这个为数只有十几人的赴美访问团，无疑让他成为当时台湾大学生中的明星，为他此后在台湾大学的学习与将来步入政坛都起到了铺垫的作用。

“哦，又见到了你！”马英九在飞机上的心情是万分愉悦的，因为他又想起了蒋经国。临行之前，国民党相关部门为了给这些青年菁英们送行，特别在台北圆山大饭店 12 楼昆仑厅里举行隆重的欢送酒宴，让马英九振奋的是他又见到了蒋经国。

蒋经国依次接见即将出行的青年代表，当与马英九握手的时候，马英九情不自禁地叫了一声：“经国先生！”而蒋经国也同时认出了马英九，亲切地拍了拍他的肩膀。这是马英九与他心中偶像的第二次见面。这一刹那，马英九又想起了他小时候在长安东路 8 号那幢旧楼居住时，经常从四楼阳台上向 18 号院翘首的往事。而今他忽然意识到，他与蒋经国之间的距离渐渐拉近了。

马英九坐在飞往大洋彼岸的飞机上，眼前飞掠过无数状如起伏山峦般的云朵。

“如果我没记错的话，你就是当年在建国中学读书的马英九吧？”马英九坐在椭圆形机窗前俯瞰着大地，忽然听到身边传来一个女孩子的轻声询问。正是刚才登机的时候，曾经悄悄打量他的一位女大学生。

当时发现这位女大学生在打量自己时，马英九并没有在意。这些年来，由于他是学生中有名的“小帅哥”，参加社会活动时，经常会看到姑娘注目的眼波，他已习以为常了。而现在他吃惊的是，坐在自己身边的这位穿着雪白色无袖短衫的女孩子，居然能叫出他的名字来，而且还知道他曾经在建国中学读书。这究竟是怎么回事呢？马英九知道，今天同行的这些学生来自台湾的几所大学，他们都和自己一样，是经过全校大学生从上至下的反复筛选，然后再由各大学统一集中确定的人选。来自不同大学的学生领袖们，此前大多不可能彼此认识，当然更不可能知道马英九早年曾经在台北的建国中学读书。可是这位漂亮的女大学生为什么了解自己从前的经历呢？莫非与她在什么地方见过？也许是在组织某一社会活动时与她意外相遇？这种情况马英九当然不能排除。于是马英九点了点头，说："是的，我在建国中学读过高中，可是，我却记不起在什么地方与你见过了？……"

"看来，你真是贵人多忘事。"女大学生莞尔一笑，说，"三年前你可曾去过日月潭吗？"

马英九愕然地睁大了眼睛，定定地打量着这个姑娘。蓦然间他忆起三年前的那个盛夏，他确实在水天一色的日月潭畔，与身边这位姑娘有过一面之缘。她就是在日月潭边，穿着雪白连衣裙手拿着一瓶矿泉水，神情高傲而有些忧郁地沿着青石台阶向涵碧楼上攀登的那位女学生。

马英九没有想到，在飞往美国的客机上竟然会与当年在日月潭边邂逅的女孩子重逢。他高兴地说："如果我没记错，你就是复兴中学的小S吧？真没想到你也在这次赴美访问的队伍中！"

小S高兴地点了一下头，依然还是当年的高傲神情，只是如今成了"学生领袖"，态度不再像当年那样拒人于千里之外了。她说："我也没有想到，你会在这支队伍里，听说你考上了台大的法律系？莫非将来的志趣是当一名大律师吗？"

马英九笑答："大律师可不敢当，不过我想，当一名小律师还是有可能的。小S，不知你中学毕业后考进了哪一所大学？"

"政治大学。"小S的气质骄矜，她特别喜欢在像马英九这样的帅哥面前显现出与众不同的超然神气。这也许与她出身于国民党高级将领之门大有关系。

马英九也感受到面前这位少女的高深莫测。但是，他心里仍然对她有着良好的印象，并没有因为小S的高傲而敬而远之。这是因为多年来在马英九身边簇拥的女孩子虽多，然而真正被他看中的却凤毛麟角。在马英九的青年时期，如果他在幼儿园大班里对那位小姑娘忽然萌发的感情称为人生的初恋，那么后来他在日月潭偶遇的女学生小S，则可称得上他青春骚动期发自内心的暗恋。

虽然直到现在他仍然无法得知小S的身世背景，不过精明的马英九已经从她能够在政治大学读书，并且得到赴美参访的机会上，可以感受到她的家境一定也非同一般。尽管马英九与小S在一起的时候，彼此之间好像总有一条横亘在中间的鸿沟，但两人仍然有许多共同语言。小S说："其实你学法律也是为着政治服务的，从表面上看你是为着要当律师才学法律的，可是，法律有时又是为政治服务的。不说法律是否真能对政治起到左右的作用，就以美国已经卸任的三十多位总统而言，我粗略计算了一下，在当选总统之前当过律师的人就占了总数的二分之一。例如大名鼎鼎的现任美国总统理查德·尼克松，他在就任总统之前，1937年在旧金山考取了律师资格，当了律师。至于他的几个前任，如罗斯福、杜鲁门、威尔逊等人，都曾经当过律师或研究过法律呀！"

"谢谢你对我的理解。"马英九是第一次与小S近距离接触并倾听她的智慧之谈。他发现小S绝不是一个外表漂亮标致，而心底空无城府的女孩，更不是他当初在日月潭结识时所想象的依靠家世而傲视一切的阔小姐。如果说当初在日月潭偶遇时他只是对小S的气质容貌产生好感，那么如今马英九从心底对她拥有渊博学识感到倾慕。

不过，他在她面前的谈话始终保持着惯有的深沉与谨慎。他告诉她说："不过，我可不敢有将来当'总统'的奢想。坦率地说，我现在苦学法律是与我的家庭有关。当一个家庭曾经受到旧时代讼棍的迫害以后，他们会把复仇与奋起的希望寄托在律师的身上，这就像有些家庭由于有人死于疾病，便把医生和护士看得无比神圣一样。所以，我只想现在把法律系统地学好，将来老老实实地把学到的知识用到律师的职业中去。然后再用这些法律知识为那些真正需要法律为自己求得生存的中下层百姓争得一点理应属于他们的权利！”

“是吗？”小 S 眨动着她那双幽深而美丽的眼睛，打量着出语不俗的马英九。也许她从马英九的谈话中感受到了一种来自异性的震撼，也许她在一刹那间对面前这位帅哥也产生了少女从来不曾萌发的好感，然而当姑娘冷静下来，仔细品味一下自己所处的社会地位时，她就感到在自己与出身于台湾普通中政职员家庭的马英九之间，终究存在着一条无法逾越的鸿沟。

“是的，我说的都是实话，因为我喜欢在我喜欢的人面前讲真话。”马英九眉毛一扬，脸上露出了一抹淡淡的微笑。他也在与小 S 的对话中体察到了他们之间尽管有许多共鸣，然而他只凭眼前自己当上了“学生领袖”这点资本就希冀在短时间拉近与她的心灵距离，显然是不现实的。他继续谈他对律师职业的认识，他说：“美国为什么会有那么多律师后来成为总统，并且入主了白宫呢？这显然与中国的国情不能同日而语。国民党执政多年来，律师中尽管有许多旷世的菁英，例如沈钧儒、章士钊等等，但他们都不可能进入政界。台湾目前虽然还没有杰出的律师，不过我想即便有一天真出现了大律师，他也只能老老实实地开律师事务所，绝对不会成为问鼎政坛的大人物的。”

小 S 静静地凝视着面前这位谈起话来头头是道的青年，看得出她的芳心已经为之所动，但她也清楚自己虽然几年前就在日月潭记下了马英九这个风流倜傥的潇洒学子，然而更深一层的关系，她却连想也不敢想。

波音客机降落在大洋彼岸的第一站——美国东部城市纽约。在曼哈顿中城的哥伦比亚大学，马英九和小S等一批从中国台湾飞来的大学生，出席了一次座谈会，马英九再次被公推为代表即席讲话。他在纵谈台湾大学现状的时候，发现坐在椭圆形会议桌旁的小S是以那种欣赏与挑剔交织的复杂神情望着自己，而当其他与会者对他的讲话报以热烈掌声的时候，唯有她一人不肯动容。她既不鼓掌也不喝彩，仿佛在观看一个与她毫无关系的演讲者在进行一次徒劳的表演。

接下来为期70天的巡回访问过程中，马英九始终想努力地接近她，却也感觉到，小S虽然近在咫尺，却是他可望而不可即的。

在马萨诸塞州那条碧波清冽的查理河边，马英九终于见识了他久闻大名的麻省理工学院。这虽然是一所私立大学，然而在马英九的眼里，这所学院几乎可以与纽约大学和哥伦比亚大学等相媲美。因为这里的工业试验室与教学大楼，甚至比不久前他和小S等一起到过的波士顿附近的哈佛大学校园还要宏大。

“小S，我不明白你为什么总是在躲着我。”有一次，马英九在美国西部的加利福尼亚州的斯坦福大学进行座谈的时候，发现小S对他的讲话竟然破例地拍了几下手。她的这一举止在别人眼里可能不以为意，然而却引起了马英九的注意。高傲而从不把任何人放在眼里的小S能对他的讲话报以这样的态度，说明他在访美期间的言行已经打动了这位不露声色的冷美人。

“不，我并不是有意躲避你，而是你的敏感造成了我们之间根本不存在的距离。”小S的心里显然也充满着无法言喻的矛盾。她既从心里敬佩与欣赏才华横溢的马英九，然而一种无形的精神枷锁与双方出身、学识、经历的截然不同，又在她的心灵深处筑起了一条坚固的防线。

“既然如此我们为什么不可以利用这次出访的机会，多进行一些交流呢？”马英九那时多么希望就此对她展开爱情攻势，因为他不希望与深藏在心底的爱情偶像失之交臂。

不料姑娘却对他嫣然一笑：“我们交流的机会很多，为什么一定要在美国呢？”

这次不和谐的对话以后，马英九再也没有机会与她交谈了。他觉得，其实小 S 的心里也很痛苦。他知道，痛苦的本身就是爱的体现，没有爱，她的痛苦又从何而来？然而，马英九却无论如何也想不出这美丽的姑娘心灵深处究竟为什么会有那么坚固的防线，以至于他们在美国从东到西，再从北至南所进行的参访与游览过程中，许多本来有利于他们接触的机会，大都因为小 S 对他的刻意回避而失去了。当他们飞到此次访问的最后一站——美国东部沿河城市新泽西州的普林斯顿，在普林斯顿大学进行最后一轮的师生座谈会结束后，他与这位可望而不可即的女大学生最终带着无限的留恋飞返台北。

这时候马英九的心里充斥着无边的痛楚。那时他虽然还不理解这种痛苦的来由，不过事过多年以后，马英九终于在心里理清了这种无名之苦的原因。那是他在暗恋一位清纯少女之后所得到的报偿。自从这次美国之行结束以后，直到后来马英九再次飞往美国求学的几年时间里，他与小 S 虽然同住在台北这座三面环水的城市里，可是他再也没有见过她，甚至连一次电话也没有通过。

在马英九的理念里，这种萍水相逢而发生的短暂感情波澜，在他的漫漫人生中是可遇而不可求的。也正是因为大学时代遭遇了这次感情上的磨砺，马英九对自己的感情生活控制得更为严谨。有时候他甚至认为，人与人之间的感情发展，有时是注定的，这就是所谓的缘分。而缘分有时是来之匆匆，去之匆匆，甚至连留给他的思考也如过往云烟一般转瞬即逝。

马英九的这段感情经历，恰如他当选国民党主席后网络上曾经出现的评论所说的那样：“大三那年，马英九参加一个校外活动，旁边坐着位政大女生，两人攀谈起来，引燃了马英九生命中第一次爱的火花，也让马英九深尝第一次失恋的苦楚。当时马英九很惆怅，也会痛，如今蓦然回首，回忆中残存年少轻狂的青涩，而痛楚早已结成小小的疤了！”这篇网上评论又说：“马英九的感情，柔美而高尚，他本应成为浪漫主义的堡垒，因为他具备深情的灵犀，艺术的感性，加上深厚中国古典文学的抒情素养，但是他太理性，太有法律人的坚守，终究无法成为浪漫主义者，反而成为理性主义的标杆，所以他永远是‘发乎情、止乎礼’……”马英九在事过多年以后，回忆起青年时代的感情经历时这样表示：“当时谈恋爱很健康，很美丽。中国人讲究缘分，要有缘也有分，有缘相遇却无分相守，又何必强求。好聚好散，缘尽却变成真挚的友情，不也很好吗？”

“保钓斗争”急先锋

马英九又回到了台湾大学校园。

5 月的台北已经开始出现了盛夏的炎热。去美国两个多月所耽搁的学习任务，都需要他发奋读书才可以弥补。把在美国各州走访所学到的知识加以消化，马英九这才发现自己从前所学到的法学知识竟然如此肤浅。他每天清早仍然还要绕校园的林带进行长跑，喜欢体育运动几乎成了青年马英九每天紧张功课之余不可缺少的内容。在长跑中他的脑际会浮现出在美国加州和小 S 分手前的最后一面，这位台湾政治大学的高才生的亭亭玉立的倩影一旦出现在小马哥的眼前，他就会品尝到一股失恋后的苦涩。马英九从前误以为与异性之间的感情只会给他的精神带来激励与兴奋，而此刻才体会到爱情原来竟是痛苦的代名词。与小S的最后分手并没有说一句道别的话，更不曾出现电影中的那种场景。他和她仅仅是远远地以目光凝视。他恨不得上前去与她握别，哪怕是说上一句珍重的话，也不枉彼此相识相交了一场。然而他所希望的一切都没有发生，小S是那样矜持和冷漠地抢先登上了飞机，在飞机舱口庄重地回眸，看了仍然还站在停机坪前的马英九一眼，就头也不回地走进了舱门。从此他与她就再也不曾有接触的机会了。回到台北以后，马英九还尝试着与她通电话，然而让人失望的是每每她都不接。即便接了也很冷漠，直到后来有人告诉他："小马哥，千万不要再做美梦了，小S可是名花有主的人了！"这时，马英九才如梦方醒，他与她之间隔着的重重障碍，原来并不是彼此家庭的地位悬殊，而是因为小S心中早有了她崇拜的偶像。也就是从那时开始，马英九似乎一下子变得更冷静、更理智和更现实了。

他知道此时任何非非之想都只能给自己带来无边的痛苦与失望，只有踏踏实实地把全部精力都倾注在学业里，才是他唯一该做的事情。法学，只有法学才是他得以自由驰骋的广阔天地。

不过虽然有上述的不如意，马英九毕竟还是通过为期70天的访美活动，走遍了美国的20多个州，有幸接触到美国各政治层面和学生界的人士、华侨组织和一些参政两院的各类政治人物，甚至连华盛顿白宫首脑也接见了他们。所以，这次美国之行对于马英九认识美国和了解国际政治形势都大有益处，开阔了他的眼界，甚至对他在十几年后步入政界都起到了相当重要的作用。马英九很快从初恋的失意中解脱出来，他认为自己应该把全部注意力都集中在学业上，他对自己说："现在不是谈恋爱的时候，只要学好了本事，机会还有很多呢！"

6 月的台湾岛阴霾而多雨。

天空就俨然是个不定性的顽童，说变就变，忽然一阵雷鸣声起，马上就会从天边涌来一团团浓黑的雨云，大雨如同瓢泼一般从天而降。然而，让马英九感到憋闷和难以忍受的并不是自然界的疾风暴雨，而是步步逼近的政治风雨。

那是因为他刚刚访问过的美国在兴风作浪。马英九纵然向往美国和羡慕美国，但是他在重大的原则性问题上又义不容辞地反对美国。5 月下旬他刚从美国归台不久，台湾的传媒上便开始报道有关钓鱼列岛事件。当年 3 月，马英九正在芝加哥访问的时候，第一次接触到“钓鱼岛问题”，此前在美国的华侨和学生们早已因为美国和日本企图把所谓“钓鱼岛领土问题”搞成“国际合法化”，开始举行示威和抗议了。然而马英九却没有想到如此重大的事情，台湾当局居然封锁传媒，尽量不让更多的台湾大学生知道真相。

“你们这些从台湾来的大学生，莫非对如此重大的国土问题都视而不见吗？”那天，马英九正在出席一个官方安排的酒会，突然见几个中国留学生冲了进来。他们手举着“钓鱼岛是中国的领土，美日不得侵犯”的纸牌，义愤填膺地冲到正在举杯祝酒的青年学生们面前，有一个从祖国大陆来的青年学生激动地当众讲演起来，马英九当时坐在席间，几乎惊呆了。那位大陆留学生的讲演震撼着他的心，使他了解了“钓鱼岛国土问题”的真相。

钓鱼列岛古来就是中国的领土。这在中国的版图中是可以寻找到历史依据的，并且在抗日战争胜利前夕有罗斯福参加的开罗会议上，美国就明确表示战后钓鱼列岛将归还给中国。这本来就是无可非议的事情，可是，让马英九和在座的台湾大学生们都感到惊讶的是，不知什么原因，美国驻日使馆公使竟然出于不可告人的目的，抢在 1970 年 8 月 15 日之前单方面公布一项所谓“美国正考虑将琉球群岛交还日本”的声明，而且还公然表示“钓鱼列岛是琉球群岛的一部分”！这就把自古就属于中国的钓鱼岛领土拱手让给了日本。让在美所有华侨和大学生激愤的是，就在美国公布这一有害于中国领土主权的声明不久，日本外相爱知揆也附和地叫嚷：“钓鱼列岛属于日本，日本政府不准备同任何国家和政府讨论其领土主权问题。”此言一出，美国国内掀起了一场风起云涌的抗议浪潮。而马英九等人到美国访问的时候，刚好接触并亲眼看到了芝加哥一群正在为中国领土不受侵害而到处游行的中国学生。

可是，让马英九和所有在场的大学生惊讶和愤慨的是，还没等那个中国留学生讲演完毕，就冲进一群全副武装的美国警察，他们不容分说地把那些手举标语牌的中国学生赶出了宴会大厅。从那时开始，马英九的心里就积郁着一团怒火。

回到台湾以后，马英九发现“钓鱼岛事件”已经从美国波及到台湾来了。

幽静的台大校园里，一群群激愤不已的学生开始集会。马英九深切地意识到，他如果两耳不闻窗外事，一心只在教学楼里追补那些荒疏的功课，简直就有愧于他素有的“运动健将”的威名。他自然明白学友们对他的提醒是善意的，也知道大家称他为“运动健将”并非单指体育运动，而是希望他在学生们兴起的“保卫钓鱼岛运动”中勇敢地站出来，继续成为大学生中的领头雁。

马英九看到校园里出现了各种指责台湾当局和美国政府的小字报，各种墙报上也不断发表“保卫国家领土主权”的檄文。

“同学们，钓鱼岛虽然只是一个小岛，可它的归属直接关系到国家的主权，因此我们大学生对于美国和日本的扩张行径一定不能坐视。”马英九终于走出了封闭的教室，像从前一样出现在学生集会的现场。他的出现使同学们精神为之一振，所有的目光都向马英九投了过来。他们原以为去了一次美国的马英九，会对此事保持沉默，可是让大家感到意外的是，马英九竟然在同学们发起声讨日美浪潮最关键的时刻挺身而出了。在一阵欢呼和掌声中，马英九跳到了一个小台子上，慷慨激昂地当众发表演说：“我要告诉诸位同学们的是，只要翻开我们中国的历史，就会发现，不仅钓鱼列岛古来就是我们中国的领土，而且现在被美国人和日本人称之为古来就属于他们的琉球群岛，历史上也在我们中国的版图之内。可是，日本人为什么偏偏不顾这白纸黑字的历史，而胡说这些岛屿都是他们的呢？就是因为中国的历史上有一个中日甲午战争，日本人靠着他们的坚船利炮，在那场战争中从我们中国人的手里夺去了上述岛屿，同时把我们台湾省也抢夺到他们的手中。而在抗战胜利以后，日本迫于国际形势，他们不得不把包括我们台湾在内的岛屿归还中国。可是美国人出于种种目的将钓鱼列岛和琉球岛暂时地接管了过去，但是这并不等于说这些列岛就永远属于美国人了。可是，现在美国出于自身利益的考虑，悍然地将本来就属于我们中国的钓鱼岛也同琉球岛一起交给日本，这是公开对我们中国主权的粗暴干涉，我们大学生对这一严重侵害我们中国主权的行为能够坐视吗？”

“不能，我们不能坐视！”“美国必须无条件把钓鱼岛主权交还给我们！”在场的台大师生员工们，听到了马英九条理清楚、义正辞严的讲演，才明白了“钓鱼岛事件”的真相。此前虽然台湾各地已经群起示威，可是台湾当局出于种种“外交”上的考虑，始终控制媒体，不敢公开报道和宣传有关“钓鱼岛事件”的来龙去脉，而今马英九在台大操场上的一番讲话，揭开了始终被台湾当局有意掩盖的事实真相。顷刻间大操场上群情激愤，人人振臂高呼口号：“打倒日本军国主义者！”“反对美国干涉中国的内政！”“钓鱼岛古来就是中国的领土，任何人也不得染指！”

很快，台湾大学各系都成立了“反对日美示威小组”，台大的学生会也推举出一批在学潮中的激进分子，组成了一个旨在领导全校学生进行示威游行的“大示威领导小组”，马英九就是这个领导小组的主要成员。

在6月中旬最炎热的几天里，马英九几乎夜以继日地在学校宿舍区操持即将开始的全市学生大游行。台湾当局听到了学生们将要到介寿路“总统府”前静坐示威的情报以后，火速给全台北的各所大学都下达了一道“禁止学生上街”的命令。台大的校委会当然也不敢轻视当局的这道禁令，连夜召集各系学生代表开会，把当局禁止学生上街的禁令当众公布了。并且声威逼人地宣布：“如果在座的学生代表不听学校的话，擅自上街游行示威，后果自负。必要时将要把首要分子开除！”

校方的这一决定让马英九心中十分苦恼。他既想积极参与组织这次规模盛大的游行示威活动，又不愿违反校方的命令。因为马英九毕竟和那些普通学生不同，自从他考进这所大学以来，就处处受到校方的重视。特别是不久前能够前往美国参观访问，与校方的栽培密不可分。如果他因参与组织学生游行而遭到校方的处理，如何面对自己的父母双亲呢？

愁肠百结、左右为难的马英九回到家里，当他把自己和同学们上街游行的义举遭到当局威胁而徘徊不定的思想暴露出来的时候，母亲秦厚修虽然同情理解却不肯轻易表态支持。没想到平时较为沉默的父亲马鹤凌此刻却开口说话了，他支持儿子说：“英九，在这大是大非面前，计较个人的得失就不是一个真正的好学生了。如果你在这种时候明哲保身，大家就会看不起你，甚至有人还会说你去了一趟美国就把自己的国家和领土给忘了。所以这样的示威活动你不能不去。至于校方的除名，我想不会的。因为古来就有法不责众的说法，那么多学生都自愿为保卫钓鱼岛而不惜一切，莫非我们就为了私利裹足不前吗？”

“谢谢您，我的好爸爸！”马英九做梦也没有想到当时正在知青党部任书记长的父亲，居然能以国事和大局为重，义无反顾地支持他上街示威游行。马英九在这关键时刻有父亲做精神支柱，感动得两眼泪水潸然，抱住马鹤凌，哽咽地说：“放心吧，爸，儿子绝对不会给您丢脸的！”

从那天起，马英九就吃住在台大里，每天偷偷参与策划和组织各系学生即将开始的示威活动。在马英九的积极奔走之下，刚从美国访问归来的“亚太地区学生领袖访美团”的大部分成员，都参加了示威游行，就连那位漂亮的女大学生小S，听说马英九给她打过电话，也义无反顾地决定参加游行。由于马英九敢于在这场斗争中挺身而出，所以他当选为台大学生代联会的秘书长，也就是从这时起，马英九才成了名副其实的“学生领袖”。

6月17日，一个骄阳似火的日子。根据全台北市各大专院校“保钓运动”组委会共同发起的示威游行的安排，从当天一大早马英九就开始组织台湾大学全校学生走上街头游行。浩浩荡荡的游行示威队伍在仁爱路口汇集成一股强大的洪流，冲过由军警设置的重重障碍，然后经过中正北路，向介寿路进发。一路上马英九率领学生唱歌呼口号，他们根本无视台湾当局颁发的“戒严法”，向“行政院”和“总统府”方向拥来。可是，在学生队伍接近介寿路的时候，遭到了由军警组成的人墙的阻挠，最后无奈的学生们只好前往美、日在台湾的代表“使领馆”门前抗议，霎时间激烈的口号声、叫骂声和惊天动地的吼声响彻云霄。

马英九在这次大示威中作为各校公推出来的学生代表，手里拿着一份表达学生们爱国心情的《抗议书》，冲过日本驻日代表门前的士兵组成的封锁线，走了进去。他的这一举动在当时无疑是冒着很大风险的，因为曾经作为学生领袖身份出访美国刚刚归来的马英九，如今再以抗议者的姿态手举着措辞激烈的《抗议书》走进美日驻台代表驻地义正辞严地提出抗议，无疑是对美国政府的一个极大讽刺！

但是，马英九此举并不是作秀，而是全然出于他的爱国热情。事过多年以后，马英九在美国哈佛大学读博士，论文题目即为《从海洋法论钓鱼台列岛与东海划界问题》，这是他对钓鱼岛刻骨铭心的感情与对当年台湾学生“保钓运动”的生动见证。

“6·17 大示威”发生后，台湾当局大为震怒。但由于是学生们自发的行动，参加游行的人又是数以万计，所以也就法不责众，无可奈何。但是，国民党当局最后却把怨火发泄在马英九的父亲身上，下令免去了马鹤凌的职务。国民党当局重治马鹤凌的理由是，就在其子马英九不顾校方三令五申在台湾大学里组织各系学生参加“6·17 大示威”的同时，马鹤凌还利用他在知青党部任书记长的权力，接连在知青党总部召开了几次学生座谈会。马鹤凌为了给学生们提供支持，甚至还亲自出面聘请几位国民党内有影响的大佬出席他在知青党部组织的座谈会。在这些座谈会上，马英九等学生慷慨激昂的发言，都被情治机关录了音，这样当局就把这些有违禁令的过激行为都记在了马鹤凌的账上。

马鹤凌因此遭到当局的解职以后，马英九心里万分难过。他没有想到由于自己而连累了一生谨小慎微的父亲。马英九那些日子都不敢回家，只要他回到家里就会看到父亲那无端遭到解职而在家赋闲的孤寂身影。

暮云收尽溢清寒，
银汉无声转玉盘。
此生此夜不长好，
明月明年何处看。

马英九从没见过父亲这样消沉。他把一首杜牧晚年的诗抄写下来，挂在墙上。一个多年来始终在官场奔波的人，如今因为支持儿子突然遭到了解职，闲在家里的那种苦味，让马英九见了心里愁苦万分。

“爸爸，您老人家现在的处境，都是我造成的。我对不起您老人家啊！”一天，马英九见父亲又在家里的小院面对月影苦苦徘徊，便走上前去吐出了心里的苦楚。他的用意是想安慰父亲，不料马鹤凌听了一怔，马上正色地对儿子说：“不，你做得没有错，你是为着保卫国家的领土才上街游行，才参加各种座谈会的。这何错之有啊？我也没有什么错误，英九，我支持你是因为你爱国家，爱自己的国土有什么错误呢？至于免了我的职，那没有什么，无官一身轻嘛。再说，我也早就不想再做这些无聊的工作了。既然他们不让我继续做下去，索性就在家里享享清福，有什么不好呢？”

马英九默默地凝望着满面冷峻的父亲，他知道父亲虽然表面上泰然自若，但是心里却十分惆怅和痛楚。不过性格坚韧的老父却从来不肯在儿子的面前流露出丝毫悲凉和愤懑。马鹤凌的这种宽大胸襟，尤其让马英九感动。他知道父亲今天的落魄，全然因为他。自从马英九记事以来，父亲就是他人生的楷模，父亲的话对马英九的成长产生了重要的影响。马英九步入政坛以后，曾经对采访他的记者这样说：“父亲就像是理论家，母亲就像是实践家。”

而了解马英九青年时代经历的一位台湾撰稿人在评论马英九与父亲的关系时，这样写道：马英九“虽然在母亲的支持和爱护下成长，每天还督促他读古文、念唐诗，但是严厉的父亲对他的影响更为深远。马鹤凌一路指点着独子的仕途，但毕竟两人个性相差太多，经常意见相左。”

马英九在如水的月光下，想到父亲代他受过以及少年时对他的许多批评和教育，心里越发感动。忽然他背过身去，悄悄拭去了脸上的一滴清泪……

有人事后这样评价马英九当年在台大参与组织的“保卫钓鱼岛大示威”：“每个人的原始本能中都充满了毁灭性的欲望，弗洛伊德所谓的‘死本能’是也。恪守君子风范的父命使得马英九的死本能被严密压制在潜意识里。但是它不会消亡，而是时时寻找时机爆发。保钓行为给了这种本能爆发的绝佳良机。既爱了国，又宣泄了本能，两全其美！”

在事过多年以后，一些敏感的人士才透露出一个秘密。在“保钓事件”中许多学生中的激进分子，遭到了被捕入狱的处分，一些支持学生示威的国民党中下级官员，其中包括本属蒋经国派系的马鹤凌也受到了处理。但是在多人倒霉的情况下，为什么挺身而出站在示威组织者行列的马英九非但没有受到处分，反而后来又得到中山奖学金前往美国留学呢？其真正的内幕是鲜为人知的。

据台湾情治机关的人士多年后解密说，台湾大学生们掀起的“保钓斗争”，从开始就是得到蒋经国首肯并暗中支持的。在这一国土归属的大是大非上，马英九与蒋经国站在同一立场上，这是事过多年以后，蒋经国破格起用正在美国留学的马英九的原因之一。有人这样认为：“这项运动是蒋经国在幕后暗中支持的，所以，运动中表现突出的学生，在他的那个备选名册中，自然又增加了几分。有消息说，蒋经国正是此时第一次注意到了马英九。”

连战指点迷津：出国留学

1972 年 7 月，马英九大学毕业了。

当他就要离开台湾大学的时候，心里忽然有一种怅然若失之感。几年的大学生活让这位风流才子感到万分留恋。如果说从前他在台大读书的时光，大多都是在梯形教室与图书馆里度过的，并没有真正感受到这所校园有什么特殊之处，那么如今当他真要离开这里，才突然感到这座高等学府里的一草一木，都是那么亲切可爱。他依恋地沿着校园的碎石小路向小枫树林走去，那里是他每次清晨长跑的必经之地，也是在那小树林里与蒋孝勇漫步闲谈；而在令他流连忘返的图书馆里，有着那么多让他过目难忘的中外法律书刊。刚进台大校门的时候，马英九还是一个对法律一无所知的青年，而现在他分明已经成了对法律学有专长的佼佼者。

“英九，你学法律既是为了生存的需要，也是为着要完成一个父辈交给你的使命：打官司要为那些受苦的人！千万不要只为那些富有的人去当吹鼓手。”这几年在大学里攻读学业，马英九始终都是以父亲的叮嘱作为自己钻研学业的座右铭。

“英九，我不喜欢政治，当然也不喜欢法律，如果将来有一天我们能在校外共事，我希望你能够和我配合。我的志向在经商！”马英九在经过那片尚未泛起褐红色的枫树林时，耳边又想起了蒋孝勇临离开这座校园时与他的谈话。蒋孝勇早他一年毕业于台大的政治系，现在已经走上了社会。马英九知道他和蒋孝勇虽然在台大校园里有过一段短暂的交往，然而两人毕竟由于身份和地位的迥异，终究不可能成为走得过近的朋友。不过蒋孝勇并没有因为两人之间的地位悬殊而轻视他，这对于马英九来说不能不说是一个值得怀念的校友。

“蒋先生毕业后莫非真想经商吗？”那时马英九对于特殊政治家庭出身的蒋孝勇说这番话感到万分诧异。

蒋孝勇却郑重地点点头：“英九，不瞒你说，将来我走上社会，肯定不会再步我的祖父和父亲的后尘。政治对于我们蒋家人，不应该永远成为世袭的传承。到了我这辈上，总是应该画上一个休止符的。所以我想，最好的选择是走我自己的路，那就是经商。”

马英九以惊愕的眼神望着这位在普通大学生眼里永远独往独来的特殊人物，有些困惑地说：“经商在普通人眼里也许不失为一种赚钱发财的途径，然而对于你来说，就未免有些让人不可思议了。”

“为什么？莫非仅仅因为我有进入政界的特殊条件吗？”

“我是说，在普通人看来，从政的人应该是第一流的智商，而我观察你，尤其具备从政的才能。”

“也不尽然，在我看来，经商也同样需要高智商。既然如此我为什么一定要守住政界这块地盘不肯放手呢？莫非我们蒋氏的后人就只能守着政治这个舞台永远不放手吗？”

在台大和蒋孝勇最后一次的见面，给马英九留下了深刻的印象。此前他眼里的蒋孝勇也许就是蒋氏政治的唯一继承人。现在他没有想到蒋孝勇竟然会说出这样让他震惊的话来。蒋孝勇不但这样表明了他的心迹，在毕业以后也确实实践了他的毕业誓言。

马英九出国留学期间再也不曾与蒋孝勇有过谋面的机会，不过他还是从其他渠道了解到许多相关的信息。据说蒋孝勇离开台大以后，非但发誓要彻底远离政界，而且果然说到做到地进入了商界。他先是进入了一家名叫“鸿霖”的民间商业机构去当董事长，不多时又出任了总经理。当马英九听到蒋孝勇的这些信息时，才第一次感到人生的微妙与复杂。而摆在他面前的职业选择又该是什么呢？莫非也去效法蒋孝勇，投身在波涛汹涌的商海吗？显然他不会这样做，因为他的家庭毕竟与蒋家截然不同。他的父亲马鹤凌也不会允许自己的儿子在潜心攻读了法律以后，再去从事与法律毫不相关的职业。那么，他就这样在台北市的某一条街道上，挂牌当一名职业律师，去接待那些平民百姓吗？也不行。因为马英九毕竟是一个有着雄心大志的人，虽然他学法律的初衷是为了实现父亲早年对律师职业的一种期望和寄托，然而，就此止步又让他心有不甘。

他想起毕业前夕，他对政治系主任连战的那次拜访。自从蒋孝勇把他引荐给同校不同系的连战以后，马英九只要有机会，总会前往距台大不远的连战的公寓去拜访这位在台北有着相当社会根基的前辈教授。在他看来，连战并不是依靠父辈留给他的万贯家资在吃老本。连战虽然出身于富贵之家，然而他的勤学与发奋，都是寻常人所无法企及的。在谈到毕业以后的去向时，连战这样提醒他说："如果你仅仅想当一个普通的律师，那么你以现在台大学到的法律知识，也可以当一个挂牌营业的律师。我想，靠着这些资本至少你可以谋生，甚至会谋得一个不愁吃喝的好饭碗的。可是，我总是觉得如果你现在就满足了自己的学识，那就未免有点可惜了！"

"可惜？"马英九困惑地凝视着文质彬彬的连教授。因为早从高中毕业投考台湾大学法律系那天起，马英九给自己确定的从业目标就是能在台北市当一名可以为平民打官司的职业律师。这一愿望在当时也并不是每个大学生都能轻易实现的，因为即使有了台大法律系的毕业文凭，如果想当一名职业律师，至少还要得到当局颁发的《律师执业证》才行。而这张执业证还需花费若干努力才可以获取，至少也要经过几次考试才可以过关。

连战是从他自己的角度来思考和分析坐在他面前的这位青年才俊的。在连战的眼里，马英九是一位很有潜力的后起之秀，特别是当马英九以学生领袖身份出现在赴美访问的队伍中时，连战就已经发现这个青年人将来很可能会有所造就。至于后来马英九因为参加"6·17 大游行"而受到校方的批评，并没有影响连战对马英九的好印象。连战甚至认为正由于马英九在学生中间具有如此高的感召力和影响力，才更加看好他的前程肯定会与政治有极大的关系。想到这里，连战终于说出了他思考多时的建议："英九，我认为你毕业后最好的选择，应该是出国留学！"

"出国留学？"马英九暗暗吃了一惊。留学在当时的台湾早已经形成了一股潮流，许多大学生在毕业以后，就选取了这样一条可能飞黄腾达的途径。不过马英九始终不敢有此奢望，因为在他看来那些出国留学的青年才俊们，百分之百都具有特殊的政治背景，即便没有政治人物做靠山，至少也要有富裕的家庭或有商界大亨作为他们出国镀金或考取学位的经济依赖。然而他能够做得到吗？他不是不知道自己家庭的经济状况，父亲因为他在学校闹学潮被免职，虽然后来当局迫于舆论的压力，不得不给马鹤凌安排了一个副职，然而父亲经此打击以后，始终感到有一种阴影笼罩着他，薪水当然更不可能比以前高。至于他的母亲秦厚修，虽然在"国防部"这样引人注目的机关供职，但是马英九心里清楚，母亲不过是由于阴差阳错的战时原因，从国民党的政治学校里毕业后就被分配到"国防部"任文职人员，由于是普通文员，所以经济收入并不乐观。在这种始终处于默默无闻状态下求生的家庭里，莫非当真会培养出一个出国留学的高级人才吗？

连战却和马英九的想法根本不同，他郑重地点点头，说："是的，我认为你如果放弃出国深造的努力，很可能就是你一生最大的遗憾。如果你在现有的基础上就满足于谋职，那你很可能马上就会见到经济方面的效益。可是，将来当你醒悟过来的时候就已经晚了。当你发现其他有更高学历的人，同样在做律师的时候，你就会知道当初放弃留学给自己造成的诸多缺憾。这当然不是指你的经济收入永远不及别人，更重要的是你的法学知识永远会处于别人之下。别人的光环会成为让你无法睁开眼睛的阴影。"

马英九听了这话以后心里所产生的震撼，简直不亚于当头响起了一声惊雷！因为他心里清楚连战是从他的角度来审视自己的，而连战之所以有今天在台湾大学的地位，显然与他早年毅然前往美国留学不无关系。

同连战的这次谈话，在马英九心里激起的波澜是无法形容的。他当然也希望成为出国留学这一潮流中的一员，可是，他明白自己家庭的经济状况甚至连中等生活水平也难以达到。马英九中学时就喜欢看电影，他尤其喜欢从电影银幕上寻觅心中的偶像。初中时代他的偶像是李翰祥导演几部电影中大红大紫的女主角凌波，高中时代则是专演青春剧的林青霞和喜欢唱青春歌曲的邓丽君。可是，让马英九感到自己不如别人的是，许多和他同样年龄的青年学生们，都可以在家里的电视上见到这些他心仪的影后和歌星们。然而他却做不到，因为他的家里那时根本就买不起电视机。马鹤凌早就发现儿子喜欢电视，可是一直到马英九读大学一年级的时候，他才和妻子狠下心来，用节省下来的钱买了一台 12 吋的黑白电视。

军旅生涯两寒暑

马英九从台湾大学毕业以后，曾经在家里闲居一小段时间。

在这段时间里，他也不肯让自己过得清闲。那时候台湾正在风靡邓丽君的演唱会，母亲理解他毕业后无事可做的苦闷心情，特意托人给马英九搞到一张邓丽君演唱会的门票，意在让他到那里去消遣一下，以解除他因无法像其他有钱人家子弟那样可以无忧无虑出国留学所带来的烦恼。自从听了连战一席谈话以后，雄心勃勃的马英九产生了去国外留学的想法，可是，他不敢把这一想法对父亲说，因为他知道对父亲说了以后，会引起他的不悦。后来他决定把这个想法告诉母亲。秦厚修听了他的想法，先是一怔，接着便是微微的一声叹息。她没有明确地拒绝，然而她心里十分清楚如若实现儿子出国之梦，即便她和马鹤凌都全力支持，也是难以做到的。因为马英九还有一个小妹妹马莉君正在读大学。几年来马家五个姐弟的学习费用，几乎耗尽了马家所有的积蓄。在这种情况下，如果再让马英九去美国留学，这种负担显而易见是马家无法承担的。但是知儿莫若母，秦厚修非常了解自己的儿子，她知道儿子如果不是经过慎重考虑，是绝对不会轻言出国留学的。

“唉，出国留学这件事我早就考虑过，可是，现在这种家庭经济状况又怎么能够做到呢？”马鹤凌听了妻子转达的儿子的想法以后，几天沉默不语。他作为人父当然理解自己儿子追求更远大前途的心情，然而如果让他马上掏出一笔钱让儿子实现出国之梦，简直是难于上青天啊。母亲病逝以后，他和妻子依靠公务员收入来维持他们的七口之家。尽管他也希望儿子去国外留学，可是他根本就做不到。这样想来，马鹤凌愁得夜不能寐。

母亲秦厚修为了让马英九暂时离开家里的充满忧愁气氛的环境，劝他到一个叫五月花的剧场里去听歌。

马英九自然理解母亲的用心，他虽然根本就没有心思听歌，但还是去了。坐在五月花那座无虚席的剧场里，马英九的心情并不平静。从前他都是在家里守着那台黑白电视机观看邓丽君的演唱，今天他终于有机会亲眼观看邓丽君的表演了。那天晚上马英九的心情虽然不好，可是当他看见邓丽君上场时还是报以热烈的掌声。眼前的邓丽君似乎比从前在画报上多次见过的更加漂亮。她穿了一件粉红色的演出服，两手戴了一副绿色的手套，与她粉红色衣裙相配的是一双漂亮的白皮鞋，显得十分典雅。她的出现让人声嘈杂的大厅顿时安静下来。

春花秋月何时了，
往事知多少？
小楼昨夜又东风，
故国不堪回首月明中。

马英九的心全然不在邓丽君的演唱中，他此刻想得最多的还是毕业以后的种种选择。他亲眼看到有些大学生的悲惨命运，有时候即便是像台湾大学这样的名牌学校的高才生，在社会上找不到合适工作的，也比比皆是。这时他在报上读到一则触目惊心的新闻：一个大学生因无法解决就业问题愤然跳下了十二层大楼！

看到报上刊登的大学生跳楼后的血溅场面，马英九的心在往下沉，他的心在流血、在哭泣。联想到那个跳楼自杀的大学生，再想一想自己现在的处境，他有些欲哭无泪了。

“既然你有真才实学，为什么不出国呢？”

“出国留学？那需要多少钱呀？我的家里哪来那么多钱呢？”

“没有钱怕什么，你可以凭自己的本事出国呀！”

“我有那么大的本事就好了。如果我去打工的话，如果赚足可以出国当留学生的用费，恐怕至少也要五六年，到那时我即便有了出国的经费，也没有了出国留学的精力了。”

“为什么要去打工呢？如果你有真正的才学，为什么不通过考试获得一笔中山奖学金呢？”

“中山奖学金？”

“对呀，也就是公费出国留学的经费呀。那样你的困难不就解决了吗？”

马英九走在熙熙攘攘的人群里。也许他该感谢母亲为他搞到的这张门票。由于他的心思几乎全在如何解决大学毕业后的出路问题，所以邓丽君究竟在这场晚会上演唱了几首歌曲，演唱的都是一些什么曲子，他都没有入耳，但是他做梦也没有想到，就在走出剧场大门的时候，无意间竟然被身边两个姑娘的对话深深吸引了。他感到这些话甚至比刚才在大厅里听邓丽君那优美的歌声更重要。

“请问这位小姐，中山奖学金要到哪里才能报考呢？”当马英九随着人流来到剧场外的街道上时，快走了几步，追上了那对谈得十分入神的女孩子。

“这……”两个正在交谈的女友，并没有发现她们的谈话已经被身边的马英九听到了。她们不约而同地回转身来，见发出询问的原来是一位高大英俊的男青年时，都羞怯地笑了。其中一位问马英九：“请问你是哪一所大学的学生？”

“台湾大学法律系的，我叫马英九。”

姑娘说：“既然你是名牌大学的毕业生，为什么连设立中山奖学金这样的事情也不知道呢？”

马英九有些茫然，虽然他在台大读书的时候，曾经有人说过什么奖学金，可是由于事情繁杂，根本就没有在意。现在听了她的话，急忙追问她说：“请问这位同学，我虽然在台大法律系，可是真不知道还有机会考公费留学这件事，不知考奖学金需要什么手续？”

俩姑娘相视一笑，有一位告诉他说：“你去看一看报纸就什么都明白了，因为中山奖学金是第一年开始实行，所以你不明白也是可以理解的。”

马英九谦和地一笑，说了声“谢谢”，转身便在两个陌生女孩子的疑惑目光下匆忙地离去了。

次日清早他跑到台湾大学图书馆，果然找到了那份刊载着报考启事的《联合报》。原来孙中山先生基金会是台湾当局最新建立的一种旨在培养台湾各高校菁英人物的新举措，它要求的是，只要在四年大学生活中学业优异，同时还是学生干部的优秀分子，都有享受这份奖学金并出国深造的机会。只是尽管具备了这一条件，仍需进行一次考试，然后从中择其最优秀者享受这份奖学金并出国留学。而中选者出国在选择学校的时候，也要根据这次考试的成绩来做决定。

对于马英九来说，这无疑就是雪中送炭的绝好消息。以他在台大四年里的学习成绩，参加这次考试几乎毫无问题，而他也有决心获得这笔可观的奖学金。他感到兴奋和自豪的是，这笔奖学金不仅可以圆他的出国之梦，同时也是一种让他自豪的荣誉，他毕竟没有白读一次大学。

马英九从启事中看出了他将要出现的吉运，因为这个考试并没有其他任何附加条件，只需要参考者的现场笔试成绩，再参考该学生在大学毕业时的成绩，然后从中择取最优秀的考生作为公费出国留学的人选。但报名时间只剩了最后一天，马英九终于赶上了“末班车”。

马英九把这一消息告诉给家人的时候，多日来笼罩在家中的愁苦气氛顷刻消除了。

马英九在准备参加这次事关人生命运的考试之时，他还必须按照应届大学毕业生参加军训的通知，准时前往左营的海军陆战队去接受预备役的军事集训。早在多年前台湾当局对在校大学生就有了明确的规定，无论何人，只要你是男性学生，都必须要服两年的军役。这是台湾当局当时战备的需要。无论你将来是在台湾就业也好，还是想到国外留学也好，都必须进行两年的军事训练。否则，当局就会取消你升学与就业的所有资格。马英九当然也无法避免。当然，军事训练对于马英九也可能是一种机遇，因为他在步入新生活之前，先受一点苦也不一定是坏事。

参加军事训练的通知，早在从台湾大学领到毕业证书的同时，就已经送到了马英九的手中。就在这一年的 10 月，当马英九正在加紧复习功课、准备参加 11 月在台北举行的中山奖学金考试时，他不得不按时来到了左营的国民党海军基地。这里临靠一片蔚蓝色的大海，若干艘军舰就停泊在海岸边上。这里有一支隐藏在一片海边密林里的海军陆战队，约有两个团的兵力。虽然台湾当局海军的后勤总部也设在左营，对外号称有数以千计的海军在这里驻防，然而马英九很快就发现实际只有几百人。由于在大学里是学习的尖子，又生得颀长英俊，马英九到了左营基地以后，就被分配到后勤司令部的总部担任了少尉补给官的职务。这个职务虽然是军训时的临时编制，不过在马英九看来，少尉也是一种军阶，有了这种军阶，他少了许多刚毕业时没有职业的恐慌。不过当他在这里工作一段时间，亲眼看到国民党军队里的种种阴暗以后，他一度曾经有过的一旦留学无望索性就在海军里求得一官半职的念头，竟然随着繁杂无边的后勤供给和各种不能如意的人脉关系带给他的烦恼，变成了一种希望尽快脱离这个是非之地的欲望。

好在马英九在当年 11 月赴台北的考试进行得十分顺利，他远超出其他参考人员的高分数使他的留学之梦平添了几分新的希冀。不过他暂且仍然无法得到是否能够留学的准确答案。带着对未来前景的种种期盼与对眼前复杂恶劣处境的烦躁，马英九再次返回左营的海军基地。

军旅生涯让马英九感受较深的是，许多国民党老兵都思念海峡对岸的祖国大陆。出生在香港的马英九虽然没有到过大陆，可是他知道和理解父母双亲对故乡湖南的乡梓深情。有一次马英九亲眼看到几个老兵坐在大海边，在夕阳中目不转睛地眺望着远山、碧水和那片从大海上升腾而起的氤氲暮霭。有一个老兵流着泪对着大海祈祝："老爹老娘啊，你们现在是否还在世上？不孝的儿子恐怕今生再也难以回去了，我真是死了也不甘心呀！"

另一个老兵问他："如果有一天反攻大陆成功，你回到江西老家想做的第一件事是什么？"

那人说："我要先到我祖父母的坟前磕一个头，然后再把坟上的土吃上一口！"

老兵又问："可是，如果反攻大陆不能成功，你又该怎么办？"

那人哭着说："那我就从军舰上一头跳进大海里去，求得一死。然后再让我的尸体顺水漂回大陆去，这样我的心也就安了！"

马英九听到这些老兵的私下议论，忽然感受到一种精神上的压力。他暗想，国民党的海军中有很大一批思念大陆故土的老兵，这样的军人又如何能够实现所谓的"反攻大陆"呢？

到了 1974 年的夏天，马英九整整在左营海军基地生活了一年半时间，这期间虽然他的军训时间早已经超过了，可是上面不断下达延期军训的通知，致使马英九渴望尽早结束这种愁苦多于自由的军旅生活的心情忽然变得越加强烈起来。

在枯燥而紧张的军营生活中，马英九变得心情烦躁。在这里，喜欢读书的马英九只能读那些从台大带来的法律书刊。他喜欢看电影和听歌，想看一些言情片和戏剧性较强的故事片，可是在这里他只能看一些当局拍的战争片。在无事的时候，他与同样来左营参加军训的同学和老兵们谈天说地。谈到他喜欢的电影明星时，马英九会想起自己初中读书时的偶像凌波。他会给那些常年接触不到娱乐生活的老兵们讲林青霞主演的《窗外》和香港一些言情喜剧故事。还有的时候，马英九会给老兵们唱邓丽君演唱的歌曲《原乡人》：

我张开一双翅膀，
背驮着一个希望。
飞过那陌生的城池，
去到我向往的地方……

就在这一年6月，也就是距他从台湾大学法律系毕业刚好两年的时候，马英九终于离开了左营这个临靠海边的兵营。对于重感情的马英九来说，分别时难免旧情依依。特别是那些来自祖国大陆的国民党老兵，对性格谦和、处处关心老兵疾苦的少尉军需官马英九，都极有好感。临别的前一天晚上，老兵们特意为马英九举行了一个别开生面的送行酒会。灶房里的厨师们特意为他炒了几碟菜肴，那都是老兵自己下海为他捞捕的鲜鱼虾蟹。喝着碗里的苦酒，吃着老兵亲手为他烹饪的海鲜，马英九的眼泪情不自禁地落了下来。从那时起，他就在心里暗暗地为老兵们祝福：如果有一天我能参与国民党的大政方针，我会极力促成这些来台湾几十年的老兵们实现愿望，返回日夜思念的大陆，与父母亲友团聚。马英九的这一心愿，在他从政以后得到了实现。

第五章　情定纽约

邂逅在纽约机场

就在马英九从左营海军基地返回台北市的第二天，好消息竟然意想不到地到来了：他以高分考取并成为第一批公费赴美留学的学生！

马家老少顿时一片欢腾。马鹤凌和秦厚修听到儿子终于实现赴美留学夙愿的消息以后，激动得潸然泪下。他们都是抗战时的大学生，那时候在马鹤凌和秦厚修眼里，大学生就已经很了不起了。特别是从小就出生在湖南宁乡的母亲秦厚修，一生最渴望追求的就是读书和求学。在抗战前夕，秦厚修从长沙的周南中学毕业后，就希望投考南京国立大学。可是由于日军的战火已经燃烧到大江南北，没有实现她就读名牌大学的梦想。听到儿子投考上公费留美的喜讯，她高兴得夜不成眠。大半辈子生活在困厄之中的马鹤凌，也没有想到儿子会以自己的努力考取了公费生，这无疑是他们马家多年来最值得庆贺的大事。马英九的三个姐姐和一个妹妹，那天都齐聚在家里，大家簇拥着即将赴美的马英九吃了一餐团圆饭。

当年 8 月的一个清晨，一架大型波音客机经过漫长的飞行，越过滔滔大洋，终于在美国东部最大的城市纽约的肯尼迪机场上缓缓降落。从这架客机上走下来的许多台湾旅客中，有一位身穿咖啡色西装的高个青年人，他就是前来纽约大学攻读法律系硕士研究生的马英九。

在飞往纽约的飞机上，马英九提笔给台北的父母写信，在谈到他此行的心情时说：“母亲当年在长沙周南中学读书的时候，您老人家当时最大的希望是能读到南京的国立大学。然而由于那时中国正处于战争时期，您老人家连这个愿望也没有实现。而爸爸也是把求学和留学都当作自己一生中最大奢侈来看待的，可惜两位老人都没有赶上这样的机会。现在孩儿替你们两位老人实现了这一夙愿，请你们放心，我不会辜负两位老人的心愿，我会在这里学业有成的。绝对不会给咱们马家人丢脸，更不会给咱们中国人丢脸！……”

马英九把写给父母的信看了又看，最后他流下了泪水。那无疑是兴奋的泪水，现在在他面前将要展开的究竟是一幅何等灿烂的图画呢？他心里知道，任何成果的取得无不含有艰辛和困苦。如果不付出一定的辛苦，那么任何成果都不会得来的。

纽约对于马英九当然并不陌生，当年他作为台湾几所大学公选出来的“学生领袖”前来美国进行访问的时候，就曾经在哈德逊河畔这座高楼林立的城市里逗留了几天，最深的印象便是这里是个到处都矗立着摩天大厦、几乎没有任何空间的拥挤城区。尤其是高楼如林的曼哈顿更让这个来自东方的学子产生好像他走进水泥钢筋组成的天地之中的感觉。而今，马英九要在这里度过他法学硕士学位为期两年的苦读生涯。他的第一目标是，一定要把硕士学位拿到手，到了那时候他才可以在台湾真正立足，才可以在台湾的司法界任意驰骋。

“喂，这不是小马哥吗？”就在马英九要走出候机大楼的时候，突然有一个脆亮的女子声音，从嘈杂的人群中飘了过来。马英九暗吃一惊，他好像正在一场尚未醒来的梦中，这里分明已是美国的纽约，身边拥来挤去的都是说着英语的美国人。然而，他却听到了一个女孩用悦耳的国语在叫他。她会是谁呢？因为在马英九的意识里，陌生的纽约几乎没有一个熟人。

“你是……”马英九循声望去，只见一个穿着蓝色牛仔服的中国女孩，惊喜万状地从黑压压的接机人群中挤了过来，当她气喘吁吁来到马英九面前的时候，额头上已经沁出了汗水。马英九这才看清，这是一位身材高挑、梳着一头乌黑披肩发的姑娘，虽然不算是十分漂亮，但给人一种亲昵而真诚的感觉，特别是她那双闪烁着善良光辉的大眼睛，让在人群熙攘中一眼看到她的马英九的心顿时怦然狂跳起来。他的第一感觉就是姑娘很美，这种美是一种气质上的高雅与清纯，而不是一般意义上的艳丽与娇柔！在这一刹那，马英九竟然想不起她是何许人，只是感到面前这位仿佛从天而降的中国姑娘，有些似曾相识。

“马英九，你真是贵人多忘事呀！”中国姑娘显然与他早就相识，热情地主动上前与他紧紧地握了一下手，说，“怎么，你连我也记不得了吗？我是周美青呀！”

“什么，你是周美青？”马英九听了还有些不敢相信，因为这里毕竟是纽约，可是周美青为什么忽然从台北来到了这里？周美青就是马英九大学刚毕业对未来出路充满苦闷的时候，在听完邓丽君演唱会返回的路上，议论出国奖学金事项的两位姑娘之一。马英九就是从她与同伴的交谈中才知道可以考取中山奖并可公费前来美国留学的。

“你没有想到吧，我也会到美国来求学！”那天在剧场外与周美青偶遇，由于夜色已深，马英九并没有看清她的脸孔。可是几天后的一个下午，马英九做梦也没有想到，他居然在自己的家中又见到了这个叫周美青的姑娘。直到那时马英九才知道，那天晚上相遇的女孩子，原来就是自己胞妹马莉君同校不同年的学友。由于马英九在台湾大学读书的时候，不经常在家里住，所以一直没见到过妹妹的这位学友。而今天马英九和周美青谁都没有想到，他们居然会如此有缘分，在美国纽约机场的候机大厅里意外相遇了。

马英九难以置信，眼前这位活泼清纯、有一股文静之美的女孩子，居然在他飞抵纽约的时候，忽然出现在他的面前，莫非这也是一种天意吗？马英九想到这里，发自内心地感叹说："真没有想到，周美青，你怎么也会在这里？莫非也是来纽约读书的吗？"

周美青发现马英九以那种异样的眼神打量她，心里有点不悦，但是她表现出来的还是大大咧咧的热情。

周美青是与马英九同时考入纽约大学的，在来美国之前，马莉君曾几次在她面前开玩笑似地叮嘱她："美青，你也知道我哥是头一次到国外读书，我们家所有的人都惦记着他，他到了那里以后，生活肯定会遇到很多困难，我希望你能够像对待我那样地对待我的哥哥。"当时周美青听了好友马莉君的一番叮嘱，心里已经有数。她看出马家老少对她所投来的特殊眼神，那显然有别于对待一般普通的学友。周美青当然在心里也早就有一个马英九，只是她总是感到马英九太傲气，不好接近。虽然她比马英九小了两岁，可是她自认为她的内心世界的成熟，甚至超过了马英九。现在当她看到马英九这样一副居高临下的神态，有些不高兴了，说："看起来你和莉君真是人不相同，我早在读中学的时候，就和马莉君在一个学校，马英九，如果你也能像你妹那样平等地待人该有多好呢？"

马英九高兴起来，他甚至后悔周美青每次到他家里时，自己为什么总是与她见不上面。有时候他是因为学校的事情太多，而很少待在家里，因此与上门的周美青往往失之交臂；也有的时候虽然在家里，可是他喜欢一个人躲在书房里看书，即便知道妹妹的学友来了，也不想出去。现在当他听说周美青在中学时就与妹妹同校时，急忙说："什么，原来你也是北一女中的学生呀？我的三个姐姐也都是从那所学校毕业的呀，看起来，咱们的缘分还真不浅呢！"

周美青说："就是嘛，缘分这个东西是不以人的主观意志为转移的。有的人尽管每天和你在一起，可是，那不一定就是缘分；但也有的人，尽管根本就没有想到有一天会相遇，然而他们却偏要在一起学习。这有什么办法呢？当初你在台湾红得发紫的时候，我甚至连个边儿也沾不上，哪会知道现在我们会成为纽约大学的同学呢？"

马英九这才想起临来的时候，妹妹曾经对他提起一句："哥，你可要知道，到了纽约会有人替我们照顾你的，只是你不要对别人总是那么冷淡才好。"现在看起来，妹妹早就知道周美青将和他一起来到纽约学习，于是他问道："这么说，你也是读法律系吗？"

"读法律系怎么了？"周美青扬起脸来，冲着马英九骄傲地一笑，说，"怎么，哪里有规定只准许你来美国读书，就不允许别人到这里来深造呢？"

马英九见她这样煞有介事，忍不住笑了，说："周小姐当然比我更有出国的权利，因为你早就在准备出国了。那次我还是从你和别人的谈话中才知道有这么好的公费出国机会呢。"

周美青却说："公费留学又怎么了？我在大学里虽然没有你在台大的名气大，不过我也有我的办法和能力，让我自己读成公费大学，到美国以后我选择了从前喜欢的法律系。"马英九不知道周美青究竟怎么参加的公费留学的考试，因为不好多问，也就一边拉着她的手往大厅门外走去，一边有意把话题引开，问她，"莫非周小姐报考的真是纽约大学？"

“当然了，纽约大学的大门也不是只向你一个人开着的。”

“难道你也当真要读法律系吗？”

“当然是法律系了，因为我喜欢法律，而且我还特别对美国的法律有兴趣，不然我也不会从台湾来这么远来求学。美国的法律最为完善，我了解了几所名牌大学的法律系，只有纽约大学的法律系最适合我。”

马英九听到这里，眼睛里顿时现出了一抹意外的惊喜，说：“我和周小姐真是有缘啊，没有想到我们竟然会同时考进同一所大学，而且还都是法律系！”

周美青笑着点了点头。两人提着行李，向一辆向他们驶来的出租车走去。周美青主动拉开了车门，让马英九先进去。马英九以大哥的姿态，也不谦让。两人坐进汽车以后，那辆的士便很快驶离候机楼，沿着一条笔直宽坦的柏油马路，驶往了高楼林立的纽约市区。

“我倒忘了问，”马英九的心情也像身边的周美青一样，为刚飞抵美国就幸遇故乡人而兴奋，也想尽快了解这位姑娘的情况，于是问道，“你是哪一所大学毕业的？”

“台湾政治大学！”

“什么？原来你也是政治大学毕业？”马英九听了她的回答，又是一怔。因为他马上就从身边这位秀气清丽的女孩子身上，联想到他此前两次邂逅的女学生小S。因为马英九与小S的第二次相遇时，小S就已经是台湾政大的学生了。他没有想到如今在纽约意外相遇的周美青，竟然也是政大的学生。因此让他心里顿时有一种冲动，暗叫：“莫非我与政大的女学生就这样有缘分吗？”可是他碍于情面，却没有吐出口来。

周美青有些茫然地望着他说：“政大的学生怎么了？马英九，从你刚才的话里，好像你从前与我们政大的学生有什么瓜葛，是吧？”

“不是的，没有什么特殊的瓜葛。”马英九不想把他从前与小S的短暂接触告诉给周美青，因为他与她毕竟交往不深，担心谈起这个话题会影响两个人的友情。于是他转了话题说：“据我所知，政大的女学生，一般都喜欢在毕业以后进入政界，想当女高官的女孩子真也不在少数。我不知周小姐为什么偏偏像我一样喜欢上了律师？”

周美青说：“律师有什么不好呢？律师是世上正义和真理的代言人，我喜欢这个职业不是因为它将来执业以后会有经济上的回报，而是希望我能够为一些社会下层人士多争一些人权和公理。马英九，莫非你不是这样想的吗？”

“真是英雄所见略同。”马英九没有想到周美青在清纯外表下却有着深邃思想和见解，忽然对她产生了一种发自内心的好感，那就是她与他居然在求学与供职的初衷上有着本质的相似。思想上的不谋而合往往会成为彼此感情上产生共鸣的先决条件，而在马英九有机会接触的女孩之中，让他看不起的大多都在追求浮华与虚荣，有些人甚至在追求高官厚禄。很少有像周美青这样从赴国外求学的开始就有一种超越金钱与权力的平民化思想。马英九第一次把身边的周美青打量了许久，他忽然感到她是一个可以彼此交流真实思想的女孩子。于是他又说：“既然你有这样朴素的思想，为什么当初却要投考政治大学呢？莫非当初就没有一点当官从政的念头吗？”

“当然也不能一点也没有。”周美青显然是一位坦诚率直的姑娘，她从马英九眼里体会到的是一种信任与真挚，于是想了一下，终于点了点头，“不过，当我一旦真正接触到政治大学的课程，特别是接触到许多政治上的阴暗面以后，我才突然感到政治的可怕。因为在政治人物的风光背后，往往隐藏着许多令人作呕的尔虞我诈、无情的角逐，甚至是残忍的暗杀，这些可怕的东西，都是善良女子所不忍目睹的。这些和鲜血联系在一起的恐怖，原来和我这样善良的女性是不能沾边的。所以我当初虽然选择了政治大学，后来我又否定了政治可以作为我的职业。这也是我为什么在政治大学毕业后，没有去台湾政坛寻找一席之地的根本原因。”

“哦，好，周小姐你说得真好！”马英九坐在向城区飞驰的汽车里，默默倾听着这位看起来比他年轻几岁的女学生，心海顿时泛起了不可遏止的激情。坐在他身边的分明是个表面上看来有些单纯爽朗，实则心灵深处有着属于她自己思想、道德与是非观的智慧型女孩子。他多年来心里暗暗喜欢的，也许就是像周美青这样的人。因为她不是简单追求一种浮华的物质享受，更不是那种视显赫权势为自身依从的轻浮女子。而周美青心灵深处的许多美德，很可能就是马英九多年来始终在异性群中寻觅却一直难以遇到的，所以，他本来十分平静的心湖忽然泛起了感情的波澜。这也是他从来没有体会的，望着周美青那双含笑的眼睛，马英九发自真心地表示：“希望我们今后多一点往来，因为这样可以在这陌生的地方彼此有一个照应。”

周美青也想对他的善意做出回应，不巧的是，这时出租汽车忽然刹住了，原来纽约大学已经近在眼前了。

“红杉帝国”中的情侣

马英九和周美青虽然都成了纽约大学法律系的新生，但是他与她却分在了两个班。

开学不久，聪明的周美青就感受到马英九对她发自内心的爱意，也发现马英九在学业上的勤奋。然而，周美青看惯了国民党的官场，觉得越是在人群里有些名望，越是有些实力的男人，往往都会与风花雪月或者拈花惹草联系在一起。马英九既然曾经一度作为“学生领袖”前往美国，又是当年台湾青年心中的“保钓英雄”，那么他又怎么可能真心诚意对待公费留学生这个称号呢？在她的理念中，世界上越是来得容易的东西，往往越不会被人珍惜……

“美青，你知道纽约这座城里究竟有多少个自治区吗？”在他们成为法律系的学友初期，马英九开始约周美青在课余时间去游览陌生的曼哈顿城区。马英九第一次到这座城市来的时候，仅仅在这里停留了五天，那时他们的活动都被安排得满满的，几乎不可能有个人的自由活动。给马英九留下最深印象的是东河岸边的联合国巨型大厦，除此之外就是华尔街上川流不息的人群和车辆，再就是那些马路边上鳞次栉比的摩天大厦。而如今他和周美青都有了闲暇时间，他们可以到曼哈顿去仔细观赏那些摩天大楼了。

“不知道。”周美青老老实实，在见多识广且又有丰富阅历的马英九面前，俊逸文静的姑娘从来不想过分炫耀自己，因为在她看来自己确实处处不及马英九。

马英九如数家珍地说：“我可以告诉你，这里是富人的居住区。除了曼哈顿以外，还有布朗克斯、布鲁克林、斯塔滕岛和昆斯四个区，它们都有自治的权限，正是它们才组成了一个完整的纽约市区。”

“哦，原来是这样。”周美青就俨然一个不懂事的乡间小女孩，漫无目的地随马英九指引的路，向一幢幢由钢筋水泥组成的陌生世界茫然走去。

“你知道这幢大楼究竟有多高吗？”有一天，马英九把她带到曼哈顿第五街至第三十街之间的帝国大厦下面，在这里与那幢高耸云端的巨厦相比，他们俩就像两个蚂蚁大小的小人，简直有些让周美青感到头晕了。

“不知道。”她仍然还是老老实实，从来不喜欢虚张声势或者不懂装懂。

马英九还像前几次一样，以大哥哥的身份在一旁给她指指点点：“美青，我告诉你这幢楼的高度已经到了惊人的程度，足足有 380 米。102 层的大楼是纽约城里绝无仅有的呀，仅这楼里的电梯就有 72 部。你想，这个数字的本身就已经让人震惊了。据我查阅相关的资料，20 年代在建这座大楼的时候，建筑者仅钢筋就动用了 60 多万吨，你说，这样的奇迹不是只有美国才会有的吗？所以有人提起美国来，就不得不面现敬佩之色呀！”

“哦，是这样，这大楼也是真够高的呀！”马英九以这种夸张的口吻对她讲这些有关纽约的情况，给周美青的心里平添了一种无形的压力。马英九这种事事都通的姿态很让她反感。所以当他有一天再与她约会的时候，周美青随马英九来到纽约城东一条潺潺的小河上，这里是有名的东河，它的岸边就是有名的联合国大厦。周美青为了排遣心中的不悦，忽然对站在桥上的马英九提出一个意想不到的问题：“英九，纽约城里有这么多条河，你知道这里到底有多少桥吗？”

“桥？”马英九顿时怔在那里了，他做梦也没有想到，面前这位稳重而秀美的台湾姑娘，竟然会反守为攻，主动向他提出一个难以回答的问题，一时让见多识广的他张口结舌了。

“是呀，有河就有桥嘛，我是在请教你纽约城里究竟有多少桥梁。”周美青事前曾经特意去了一次学校的图书馆，查阅了有关纽约城市建筑的相关资料，现在轮到她反考马英九的时候了。

“这……谁能说得清呀？”周美青的一个问题竟让马英九一下子对她产生了陌生感。他一时无法明白这个女孩为什么会在文静外表下隐藏着如此惊人的智慧，而且她具有女孩子普遍不具备的胆识与挑战性。这是他从前根本没有意识到的。半晌，马英九才醒悟过来，反问她说：“周美青，原来你也想考考我呀？那你可找错人了，因为我是你永远也难不倒的。既然你敢这样不客气地考我，我也要反问你，你说，纽约到底有多少桥梁？你说，你给我说说看，我想你也是说不出的！”

“马英九，请你不要这样倨傲才好。我告诉你，我知道这里有多少桥！”周美青是个平时不露头角，而在关键时刻会显现超人智能的女孩子。这时候她忽然准确地报出了一个数字：“不多不少，整整 85 架桥梁。当然也包括现在我们脚下这座东河上的大铁桥！”

“什么，你是怎么知道得这样清楚的？”直到这时马英九才感到自己的脸孔有些泛红了，那是在女孩面前难堪和尴尬时才显现的羞涩。也正是因为周美青在他身上用了一点点小小的智慧，才惊醒了自傲的马英九。从那天开始，他再见到这位妹妹的学友时，就不敢像从前那样大咧咧地忘乎所以了。马英九已经从这件小事上体会到周美青的粗中有细，特别是她那含而不露的反问技巧，让马英九懂得了许多人生的道理。他对周美青的爱情之火正是从那时开始在心底悄悄燃起的。

星星们动也不动，
高高地悬挂在天空。
千万年彼此相望，
怀着爱情的苦痛……

几个月时间的交往，马英九发现了这姑娘身上的许多长处。周美青喜欢朗读德国诗人海涅的诗，而马英九也是从小就喜欢诗的人。海涅的《星星们动也不动》，就是周美青叩开马英九封闭心扉的一把钥匙。马英九以欣赏的目光凝视伫立在迷离月影下的周美青时，他会感到她非常可爱。他发现她的长处往往正是自己的短处。如果周美青只是一味地在他面前扮成处处谨小慎微的样子，那么他和她的交往也许只能永远停留在普通同乡或者同系学友的层面上。感情的加深与友谊的深化，靠的就是这种触及彼此灵魂的语言交流，而周美青俘虏马英九这美男子的智慧就在于，她善于巧妙地运用刚柔并济的进攻手法，既处处尊重他的善意又不失时机地指点他存在的缺陷。尤其是当马英九在学校里面临重要大事的时候，周美青会表现出寻常女子所不具备的真诚与无私。这种感情的浸润在短短时间里得到了意想不到的深化。马英九对这个女孩子产生了强烈的好感，就在于他发现了隐藏在周美青心灵深处的善良与温存。

“对不起，美青，我又来晚了！”让周美青得到进一步与马英九进行交往的机会，是在进入纽约大学的下半年。美国的冬天与四季如春的台湾无法相比，特别是纽约的冬天，往往就与中国东北地区别无二致。大雪纷飞的傍晚，纽约曼哈顿中区的大街上会看得见一片片尚未清除的白皑皑积雪，而路边高耸的大厦顶部随时可以仰视到一层层白毯似的雪甲。而周美青与马英九往往会利用周末的傍晚，出现在一条开着许多中国餐馆的僻静小街上。她与他选中了这条小街，是因为他们共有的思念家乡的情结。吃不惯美国东部西餐的周美青，常常与马英九一起走进某一家中国餐馆。不过他们对开在美国纽约的几家中餐馆都感到不尽如人意，因为周美青发现这些餐馆大都铺面狭窄，而且烹饪手艺也远远不及他们在台北时品尝的四川风味。不过尽管在美国吃到的中国菜已经混杂着当地特有的西餐滋味，可是由于能和马英九一起品尝中国菜，周美青心里就会十分惬意。只是马英九每次约会见到她的第一句话，肯定是因为不守时间而表示千篇一律的歉意。

“没关系，政治家一般都不大注重时间观念，因为他们往往因为种种不可言喻的理由而不守信誉。”周美青与马英九再次走进那家飘着中国菜香的小餐馆，并寻到了那个临靠窗前的小雅座。餐馆里的温馨气氛会让周美青寻觅到久违了的家庭氛围，而周美青的宽宏与大度往往会博得马英九朗声一笑。他们就这样在时光的推移中潜移默化地交往着。每一次交往彼此虽然都不言及一个爱字，然而聪明的周美青心里清楚，马英九的每句话和每一个行止，往往都通过形体动作表现出对她发自内心的爱意。她认为含蓄往往是真爱最好的体现方式，所以她与他的接触不再像从前刚在台北结识时那样拘谨，而是尽量把彼此的关系变得随便与宽松。周美青的风趣调侃，往往会给他们的晚餐带来许多乐趣。

“你为什么总是要这些苹果沙拉？为什么不点一些奶油沙拉？”马英九每次和她共进晚餐的时候，都会想起他们第一次在纽约西餐厅里发生的趣事。那次，马英九做东，由于他不了解周美青的饮食习惯，所以点了一桌子西点和奶油沙拉之类。然而那次他虽然花了不少钱，遗憾的是周美青一口也没有吃。从那次开始，马英九才知道这位台湾来的女孩对带有奶油类的西点丝毫没有兴趣，甚至还有些反感。所以以后马英九再与她吃饭时，一定会选择中餐馆。这天晚上，马英九为她点的就是中国炒菜，而且是猪肉较少的清淡菜肴和一碗清煮牛肉。

周美青与马英九餐桌上谈到的话题仍然还是学习，特别是许多有关美国法律上的敏感问题，常常是他们在餐桌上争论不休的热点。她发现马英九对发生在美国加州的几起华人官司的分析与判断很快就从报上得到了证实。也就是从那时起，周美青对马英九的学识与才能产生了由衷的敬佩。她感到和他在一起交流，往往是一种有益的课外学习。当然，他们在交往中有时也会发生一些不愉快。她知道那是她与他性格的差异所致，即便那时还是普通的交友，双方都没有对恋爱做出一个明确的表示，但是她觉得自己与马英九的感情应该有个磨合的过程。而性格的交锋往往正是他们彼此能否相容、能否继续相处的基础。当然，她与马英九之间的谈话有时也涉及更加情感化的领域，例如周美青问他：“你到过美国的红灯区吗？”

马英九马上就爽然表示：“去过，不过，那只是一次偶然的误行造成的尴尬。”

她用心地追问：“究竟是怎么回事？真想不到你会走进那种地方。”

马英九坦然作答：“美青，我可以明确地告诉你，我不但进过红灯区，而且还遭遇了妓女的纠缠。那是我第一次随访问团到美国，和一位朋友在逛街的时候，突然一个美国女人追上来讲了很粗俗的话。我们都吓了一跳，这才发现走错了路，原来误入妓女成群的红灯区了。”

平时大度的周美青听了他的话，反而有点担心地望着他，说：“英九，我希望你下次不要再误进这种鬼地方了。”

马英九笑了：“美青，你只管放心。我有我做人的操守，我是绝对不会乱来的。别说是在美国的红灯区里不会迷失方向，即便从前在台湾的时候我身边有那么多漂亮清纯的女孩子，我也从来没有乱过方寸。”从这次对话中，不难看出彼此的关系已经进一步深化了。周美青已经开始关注马英九的私生活了。如果没有感情的深入，相信她是绝对不会让话题触及如此敏感的部分。

当第二年夏天来到哈德逊河畔的时候，马英九已经以超出同届留学生的优异成绩提前得到了法律学的硕士学位。这是让周美青既高兴又羡慕的事。因为在纽约大学法律系的各国留学生中，西方国家的学生始终有一种压人的自豪感，特别是对来自台湾的学生尤为另眼相待。不过马英九的出类拔萃与学业文凭上的颖脱而出，给了尚未考取硕士文凭的周美青以信心与意志的鼓励。

“英九，现在你的硕士文凭已经比预想的时间提前了半年拿到了，莫非你不久就要返回台湾吗？”马英九在这一年的暑假里，与周美青有过一次长途旅游。这不仅因为马英九在纽约大学里已经考取了他梦想多年的硕士学位，更主要的是他很快就要离开纽约，而他与女友周美青经过在纽约大学学习的一年多时间，感情的发展已经到了彼此心通的程度。因此，马英九提议他们利用暑假做一次校外旅行。他们在茶馆共同选中的旅行地点并不是华盛顿这类大城市，也不是西部的旧金山和芝加哥，而是加利福尼亚州北部的海岸，去观赏从圣弗朗西斯科到俄勒冈州界的那片旅游风景区——素有“红杉帝国”之称的偌大一片海岸林区。

这里是马英九向往已久的地方，早在前几年他来美访问的时候，就想到那里去看一看辽阔的大海，还有那片雄浑壮观的红杉林。然而那时他没有得到机会，现在即将从纽约大学毕业的马英九，终于有了带女友前往“红杉帝国”旅行的机会。马英九是公费留学，他平时生活也非常节俭，这次能带着周美青去加州旅行，用的都是他在课余时间写稿子得到的润笔费。

不到两年的时间对于周美青来说，学业的紧张程度已经压得她喘不上气来了，可是她做梦也不会想到马英九居然有如此超人的精力，不但提前得到了硕士证书，同时在那么紧张的学习空闲时间，竟然接二连三地写了许多稿件，不断投往美国各地的报纸和杂志。大出马英九意料的是，他的英文稿件居然在美国各地不断刊载面世，而且他发现自己撰写法律方面的文稿，在命中率上甚至超过了那些美国本土有名气的专栏作家。因此，现在的马英九再也不是当年刚从台湾来美国求学之初的他了，经济上完全可以依靠自身的能力得到改善。

“不，我不会回台湾的，至少不会马上就返回台湾去。”在周美青眼里的马英九渐渐变得更加真实具体和富有人情味。他不再是自己眼里那个身材挺拔、说话有些傲气，甚至普通女孩无法接近的“帅哥”了。他亲昵地牵着周美青的手，沿着那密不透风的美洲杉林隙间的小道，一边说笑一边向密林深处走去。一路上他们彼此亲昵地交谈着。马英九告诉她：“我现在再也不是当初第一次到美国来时的心情，那时候虽然感到美国处处新鲜，可是我心里始终有一种戒备感和陌生感，现在经过一段时间的生活，我喜欢上了这里的学习环境，所以，我准备在这里实现我的第二次冲刺目标，那就是继续深造，准备考取哈佛博士学位！”

在一年多的接触之中，素有个性和主见的周美青，对马英九的感情与日俱深了。如果说当初她与他在纽约初遇时，有的仅仅只是他乡遇故知般的同学关系，那么经过长时间的感情碰撞，周美青越来越感到在她与马英九之间有着本质上的共同理念。特别是马英九在困境中的刻苦精神，与从小就生活在艰苦环境中的周美青，有着惊人的相似。她发现马英九不再是她从前所想象的那种没有毅力和喜欢出风头的“小白脸”，而是一个既有英俊相貌，同时又有着深刻内涵的男人。然而周美青没想到马英九仍然还有继续留在美国的意思，于是她闻言惊喜：“继续考博士，这是真的吗？”

马英九郑重地说：“当然是真的了，如果我们到美国来一次只为了一张普通的硕士文凭，岂不是有些小题大做了吗？只有把我们希望得到的东西都拿到手里，到那时我们才可以返回台湾的。美青，你要知道，这张硕士的文凭如果回台湾，还勉强可以混一碗饭，可是如果我们将来真要在美国扎根，那硕士文凭可就是一文不值的白纸了。”

周美青默默地品味着马英九的话，心里有一股复杂的情愫。平心而论，她喜欢马英九这样有自信心的男了，也在心里为他敢于投考哈佛这样的名牌学校而暗暗振奋；然而作为同样公费来美国的学生，周美青心里清楚即便马英九可以考上哈佛，那么学费也会成为一大难题。因为投考哈佛大学，台湾方面就不会给予公费的待遇了。而她也清楚马家是绝对不可能出一笔钱，让儿子在美国读完博士学位的。想到这里，周美青没有说话，只是叹息一声："英九，我支持你的理想，可是，你没有好好想一想考取哈佛以后的困难吗？"

"困难肯定会有，不过那都是人可以克服的。"马英九雄心勃勃。事实上，早在他 1971 年在台湾主持与领导大学生进行声势浩大的"保钓斗争"的时候，心里就暗暗下定了有朝一日他要投考哈佛大学的意愿。因为在马英九看来，他们当年在台北举行的盛大示威游行活动，仅仅表明了一种学生爱国的姿态，并没有从根本上解决"钓鱼岛领土"的归属问题。马英九认为如果有一天"钓鱼列岛"真正归还中国，还必须要在国际法庭上以大量的史实与证据，与美国和日本进行一场面对面的唇枪舌剑。如果他想在国际法庭上最后为此事夺取最后的胜利，显而易见，仅仅具有一张纽约大学的硕士研究生文凭，还是难以与日美决一雌雄的。想到这里，马英九对周美青说："我的全部求学计划其实才刚刚开始，如果我将来真在美国当了律师，我会在这里实现我当初的梦想，那就是有一天我要在国际法庭上彻底解决'钓鱼岛'的归属问题。除此之外，我还想如果我真能考上哈佛的博士研究生，那么我会把'钓鱼岛'归属问题，列为我在这所国际名牌大学里研究的重要课题之一。"

周美青听了他的话，有些愕然，睁大了那双美丽的大眼睛，说："英九，你的这个计划是不是有点太大了呀？你毕竟是一个学生，而如此重大的领土归属问题，那些都是需要当局与联合国才能得以解决的呀。”

马英九点了一下头说：“这一点我心里是十分清楚的，我现在的能力确实不足以谈论这么重大的国际问题。不过，中国有句话：国家兴亡，匹夫有责。我虽然只是一个微不足道的学生，可是我也有义务过问这件事。我的想法是，如果我有一天真正得到了哈佛大学法律博士的文凭，那么我就有可能在美国当执业的律师。到了那时候，万一钓鱼岛主权的归属问题，提交到国际法庭并进入诉讼的程序，那么我希望能成为这一案件的辩护人。如果真到了那一天，我会把我所学的法律，无偿地贡献给我的国家和民族。美青，你想，这不是一个很有意义的大事吗？作为一个律师，即便参与这场事关国家的官司得不到经济收入，我也喜欢参与，因为这样的诉讼要比那些单纯为了追求自己的律师费而不惜一切的律师活得更有价值。”

周美青被马英九的一番话深深感动了，她说：“你有这样的远大抱负，是让人感到高兴和敬佩的。不管将来这个抱负是否能够变成现实，都没有关系，只要你有了，就比没有好得多。我喜欢的就是像你这样有胆有识的男人。好吧，英九，既然你有这样的理想，那我就只能义无反顾地支持你去实现它。”

马英九深为她的理解而感动，说：“谢谢你，美青，有了你这句话，我就会更加义无反顾了。我想，哈佛对于我们都不是什么不可逾越的障碍。世界上既然有那么多人可以进入这个高等学府求学，我们两个为什么就不能呀？”

“你的意思是，我也需要在这里读完博士学位才能回去吗？”

“当然了，在美国考取硕士和博士，这是我们任何来到美国求学的人都应该具有的奋斗目标，你周美青当然也不能例外。”

“那么，我具备投考博士的资质和条件吗？”

“你为什么没有信心？一个人如果没有信心，那就什么事情也难以做到。美青，我最最不喜欢的，就是对人生没有勇气和信心的人，我希望你不要这样面对困难就畏缩，你要知道，世上其实根本就没有什么过不去的火焰山。别人可以跨越的障碍，我们为什么就不能呢？”

周美青做梦也没有想到，马英九对她的要求竟然会如此高难。而且从他的话中感觉到他已经对自己和她的前途在心中做了一系列全面的思考。周美青忽然变得激动起来，她说：“你说的话都在理上，可是，英九，你想过没有，到现在我连硕士学位还没有得到，又怎么敢去想攻读博士学位呢？再说，如果我们两人都要在美国继续求学的话，需要有一笔足够的经费才行啊。我们如何才能得到一笔足以让我们继续攻读博士的经费呢？”

马英九睿智的眼睛里流露出充满信心的光芒，显而易见他对如何与周美青继续在美国读书的经费问题，早已经有了全面的考虑。他拉着她，倚在一棵粗大的红杉树下，娓娓地说出自己的计划：“我想，我们可以在纽约考取哈佛大学的奖学金。我已经打听得很清楚了，哈佛大学的法律系在海洋法和国际经济法两个学科中，都是比较难以攻读和投考的，因此对这两个系的博士研究生要求得非常高，也易获得奖学金资格。所以我们不妨都试一试，如何？”

周美青听了他的话，不禁暗暗吃了一惊，她说：“看你说得何等轻松？哈佛大学别说获得哈佛的奖学金，就是有些人情愿出一笔高价去那里读书，也怕不是那么轻而易举，更何况还要我去投考什么国际经济法系呢？英九，莫非你是在和我开玩笑吧？我们有什么资本敢去问津这些高不可及的学校和学科呢？”

“美青，君子无戏言。我说的全都是真话。”马英九牵着她的手来穿过那片幽森的红杉林海，然后来到有名的巨树大道。在这里他们可以一眼看清与此道擦肩而过的伊尔河。那是一派神奇的景观，远方是一层层巍峨的群峰，碧蓝的河水倒映着一排排繁茂的枫树、橡树、莓树和胡椒林。他们相偕着站在这里，可以把伊尔河两岸秀丽的风景尽收眼底。对于他们这对已经坠入爱河的情侣而言，所有在学习过程中的烦恼事都会因景色的宜人而抛之脑后。马英九在继续着他的畅想："美青，人活在这个世上，特别是青年时期，一定不要虚度，任何险关都要下决心闯过去。既然我们已经闯过了第一道关，那么为什么就不能闯更难的哈佛呢？只有闯进哈佛大学这一关，咱们才能称得上是胜利者，也才会寻找到人生更广阔的坦途啊！"

周美青不语。她心里虽然对马英九对她提出的高难度要求有些怯意，然而只要她看见马英九那双充满信心的眼睛，心中所有的困惑与胆怯就立刻化为乌有了。因为她和他在一起时，就会感到心里有难以言喻的力量。半晌她终于点了一下头，说："你的意志也就是我的意志，只要你让我去闯我就去闯，如果我实在闯不过去的时候，就请你在后边帮助我一把，如何？"

马英九将她紧紧地拥进怀里，喃喃地对她说："放心吧，一切都有我呢！"

夜里，他们就下榻在巨树林道附近一所旅舍里。这里每天都接待来自世界各国的旅游者和来此观光消夏的情侣。站在夜的凉台上，面对着小楼前那一片片状如屏风一般的层层"红杉帝国"，马英九与周美青都有置身在世外桃源之感。学习上的烦恼与事业前程给予他们的重重精神压力，都在这恬静无边的林海隙地得到净化与升华。

我的心是旷野的鸟，
已经在你的眼睛里找到了天空。

你的眼睛是早晨的摇篮，
你的眼睛是繁星的王国。
我的歌曲，
消失在你眼睛的深处。
就让我翱翔在那一片天空里，
翱翔在那一片孤寂无垠的天空里。
就让我排开它那朵朵的云彩，
在它的阳光里展翅飞翔。

夜星闪闪。杉林呼啸。周美青就在这温馨的子夜里，倚在马英九宽大的臂膀里，喃喃地对着满天星辰吟诵着泰戈尔的诗。马英九不再言语，他喜欢在有爱人相偎的静夜里，以沉默来替代彼此的心灵对话，因为彼此的心音都在万籁俱寂的夜色里得到了最直接的共鸣……

哈德逊河边的婚礼

当秋天来到哈德逊河畔的时候，周美青也获得了纽约大学法律系的硕士学位。

这时候，伴随着初秋一派暗红色果实到来的还有马英九与周美青已经成熟的爱情之果。1977 年 8 月 20 日，在秋天将要来临而盛夏快要结束的时候，马英九和周美青结婚了！

他与她为什么偏偏要选择这个日子作为结婚的时间呢？原来是马英九的意思。他对周美青说：“因为这一天是我们马家都纪念的日子，抗战时期的 1944 年 8 月 20 日，我的妈妈和爸爸就是这一天在重庆办的婚事啊。所以，我们最好也选在这一天吧？”

有主见的周美青，在一般情况下凡是生活小事都会采取顺从态度的。在选定彼此婚期的时候，她当然尊重夫君的意见。于是，这个日期在征得台湾双方父母的同意以后，就最后确定了下来。

马英九对婚姻感到满意。他和周美青经过纽约大学两年时间的朝夕相处，感情已经由最初的一见钟情，渐渐发展到与日俱进的浓厚爱情。这时马英九已经投考了哈佛大学法律系，但是让他们失望的是，马英九并没有获得哈佛大学法律系的奖学金。他需要用自筹的费用才能得到去哈佛完成为期四年的博士学业。这笔学费对于马家而言，当然是一个天文数字，因为那需要马家全家人都在四年中节衣缩食，方可做到。不过，马英九和周美青对这件事进行了几次冷静的讨论。

马英九一度想放弃这一难得的求学机会，他对周美青说："我已经长大成人了，再也不能像从前在台湾读大学时，要我的家里支付这笔学费了。再说，即便家里想支付，爸爸和妈妈也不具备这个能力，所以我不准备读了。"

周美青面对这样涉及经济的大事，往往显现出十分的冷静。她也知道让马家出这笔学费几乎是不现实的。

可是，周美青也看到了这样的事实：在当时的纽约大学法律系，几乎没有任何一个人能够获得马英九这样的机遇。这件事无疑是一个让全系中外学生都大为震惊的消息。因为哈佛大学与纽约大学的实力本来就有着天壤之别，而且即便是哈佛法律系的毕业生，考取博士研究生也是不容易的。这样让人羡慕的学习机会，让一个从台湾来的中国学生夺在手里，那些来自美国、英国、德国、意大利和日本的留学生们都感到有些不可思议。

"英九，既然已经考上了，无论是有奖学金还是自费，我们都是要读下去的。不然就太可惜了呀！"周美青经过认真的考虑以后，她替马英九下了最后的决心。

“美青，你说什么？莫非你是在说傻话吗？”马英九没有想到平时对他前途没有过多表态的周美青，在她那外表看来十分单薄的身躯之内，竟然潜藏着比男人还要坚忍的意志。

周美青说：“我已经想好了，你还要是读的，我虽然没有机会考上哈佛，可是我可以随你到波士顿去。我去陪读，就意味着我们是两个人同时在读这四年的功课呀。既然有我在你的身边，你还有什么担心和可怕的呢？”

马英九困惑地望着未婚妻，苦笑着说：“美青，谢谢你支持我。可是，只有你的支持又有什么实际价值呢？你能为我解决那笔惊人的学习费用吗？那是我们可望而不可即的天文数字呀。再说，时间也是太长了一点，整整四年的光阴啊。如果我们回到台湾去，那么我们在这四年中至少也可以赚到几万美元呢！”

周美青漠然一笑：“是的，我们一起到波士顿，肯定会有一定的损失。可是你想过没有，在这个世界上，任何事情都会有得有失呀。你到哈佛求学无疑是一大收获，当然也会有所损失。十全十美的事情是绝对不会有的。所以我想，我们索性就一起去吧，到了那里以后，什么都会有的。我们都是有智慧有体力的大活人嘛，只要有我在，莫非你还怕饿死吗？”

未婚妻在关键时刻说的一席话，比让马英九在饥渴至极时喝一杯掺有冰块的马爹利洋酒还要痛快。在那种举棋不定的时候，周美青坚忍的意志，无疑对马英九是否继续升学起到了至关重要的作用。多年后，马英九仍然从心里感激这位看来纤弱而实则极有主张的妻子。因为她的话坚定了马英九继续向前走的决心。

就在这时候，马鹤凌从台北飞到了哈德逊河边的纽约城。老人不远万里飞到这里来，就是为着给爱情已臻成熟的儿子英九与儿媳周美青来主持婚礼的。早在一年前，当马英九把他在纽约大学与周美青共渡爱河的信息通过电话和信函不时送到台北的家里时，全家老少都一致赞许。因为此前包括马鹤凌在内的所有人，都已经熟悉了周美青，特别是马英九的妹妹马莉君，对于哥哥在婚姻大事上的选择更是一百个支持。只是马鹤凌心里稍稍有所保留，他并不反对马英九在纽约这么快就与周美青结下了终身之好，而是认为儿子有时喜欢感情用事。特别是在马英九纽约大学毕业后坚持投考哈佛法律系这件事，马鹤凌从一开始就持明显的反对态度，他认为马英九与其在美国安家和继续学习，不如尽早返回台湾从政。因为那时的台湾政界已经有了许多对马英九有利的迹象，所以马鹤凌就多次打电话或写信给儿子，希望他早一天回去。可是马英九越来越明确的投考哈佛的主见，让马鹤凌心里生气，不如意之余，甚至怀疑是不是周美青的意志成了马英九迟迟不愿意返回台湾的内在原因。不过，事情既然已经确定下来，马鹤凌就只有支持，而且主张快些操办。

母亲秦厚修虽然不说话，可是她心里也是美滋滋的，因为从前周美青多次来马家和女儿玩的时候，她就已经暗暗看中了这位虽然称不上十分漂亮标致，但却成熟稳重的女孩子。周美青留给马家所有人的深刻印象是：说话简洁、率真，毫不客套修饰，而且做事有理有节，对老人的尊敬与对同辈人的友善，构成了她全部性格的特点。因此，当马英九在考取了哈佛大学法律系以后，马鹤凌马上就同意亲自飞到美国来为儿子和儿媳妇举办婚礼。

马英九和周美青的婚礼采取了中西合璧的方式。既在曼哈顿中区的中国菜馆里举办一个小型的亲友欢宴，同时马英九和周美青也在亲友们的簇拥下前往纽约圣凯利大教堂见了一次牧师。毕竟是在美国生活过的人，这种婚礼仪式是必不可少的。尽管马英九和周美青都不在意形式而刻意追求爱情的质量与婚姻的长久性，然而世俗与人间共同遵守的行为准则迫使所有走进婚姻的人们都必须屈从于礼仪。

那天到纽约的不仅有马英九的父亲马鹤凌和他的两个胞姐，也有周美青的父母双亲。周美青的父母对马英九这个女婿，从前见面的机会甚少，不过当他们真正见到了他以后，两位老人都感到他们的女儿是一个有眼力的姑娘。因为他们发现马英九不仅相貌堂堂，同时也有内在的睿智与才气。在他们看来有内在素质的男子，肯定会比那些表面上追求奢华却无任何实际意义的青年人强得多。特别是当周美青的老父亲听说马英九在纽约考取硕士文凭以后，仍然没有丝毫满足，还要继续在这个陌生的国家里攻读博士学位时，他从内心里感到欣慰。

“英九，我们周家也不是有钱的人家，你和美青在美国结了婚，我们也没有更多的嫁妆可送给你。”周美青的父亲当着亲家马鹤凌的面，把他戴在手腕上的一只闪亮的瑞士手表摘了下来，亲自戴在了马英九的腕上。须知在那个年代，马英九的家里不可能给在美国留学的儿子购买一块这样的手表。而一个大学生如果在手腕上有这样一块名牌的手表，简直就是一种奢侈。

马英九对此感到意外，他知道这块手表虽然在岳父的腕上已经戴得有些陈旧了，可是那毕竟是老人一辈子最值钱的身外之物了，而今他能如此慷慨地把手表送给女婿做纪念，显而易见不是一件容易的事，这是老人家对他的一片至诚之爱。马英九的眼睛里汪着淡淡的一抹泪光。

据说，这块由岳父在结婚时相赠的瑞士手表，马英九一直戴在腕上，数十年后当他早已经不再为衣食与生计发愁，并且成为国民党的新生代政治要人以后，也一直把这块早已陈旧的手表珍藏在自己的家里。只要需要戴手表的时候，他就会选择这块，而决不允许妻子另为他更换新表。在马英九的心里与其说在珍视这块婚姻中的纪念物，不如说是在怀念当年在美国纽约与波士顿当苦学生时的难忘岁月。

婚礼当然是非常简单的。在纽约这座人流如蚁的国际大都市里，任何人举行婚礼也不会引起轰动。因为这里的人们对在大街上经过的几辆小小的婚车从来都不会关注。如果在台北举行婚礼，还可以操办得隆重一些，然而在陌生的美国几乎很难做到。

尽管婚礼的形式无法与台湾的豪华人家相比，不过让周美青从心里感到满足的是，她终于选嫁了一个理想中人。她认为只要有了马英九这个人，那么，她就等于拥有了一生享受不尽的财富。

“英九，你想在美国继续求学，我和家里人都不会反对，不过，我还是这样忠告你，美国再好也不是咱们自己的国家。”儿子新婚过后，马鹤凌就准备返回台北了。可是，老人在临行之前，仍然决定与已经铁心在美国求学并有供职意念的马英九，进行一次特别郑重的交谈。多年在国民党政界官场供职的马鹤凌，虽然前半生的仕途始终不如意，但是老人在内心深处仍然有一个顽固的正统理念，那就是希望儿子能在官场上谋得一官半职。而法律仅仅只是马鹤凌当年劝子读书时的一念之差。现在当他发现马英九在美国已经学业有成，而且如果能够认真地搞好学问，当真获得法学博士的学位，那么他倒希望儿子在完成学业以后最好返回台湾去。

马英九默然不语。当年在台湾大学结识包括蒋孝勇在内一些与政治相关的人士时，马英九从他们的身上所能获得的多半也是从政胜于律师的忠告。然而后来当他真正面对台湾的政治，特别是出面领导了轰轰烈烈的“保卫钓鱼岛”的学生运动以后，马英九又亲眼看到了台湾当局的软弱无能。

“您老人家从前不是一直反对我做官吗？我当初就是因为您老人家的这一理念，才一脚走进法律这个领域里来的。”马英九面对咖啡屋外边哈德逊河那一片碧蓝碧蓝的河水，心里充满着复杂的情愫。新婚对于他而言当然是妙不可言的，然而在新婚蜜月听到父亲这样一番与他苦苦追求的法学毫不相关的问题，当然就难以接受。他说："现在经过几年来的学习，我已经自认为完全可以在法学的领域里有所造就。如果我在美国学得用心，也许还会在这里寻得一份职业，尽管我也清楚在美国当律师会比在台湾难许多，不过我并不怕这里的种族歧视，因为我有他们美国人所不具备的才智。如果所有一切理想都能在美国得到实现的话，为什么还一定要我回台湾呢？"

马鹤凌没有想到两年多光阴过去了，儿子竟然变得有几分陌生了。从前马英九在台北读书的时候，无论在什么情况下，只要他马鹤凌在关键问题说话，或者说不明确地表态，儿子都会认真给予考虑的。如今马鹤凌感到自己已经老迈了，而马英九现在再也不是当年在台北建国中学时期那个单纯的孩子了。现在他无疑已经成长为一个有独立见解的青年学者了。

尽管马鹤凌自知现在让马英九放弃他的法学而从政会是何等的艰难，但是他仍然不肯放弃临来美国时的初衷。老人说："不错，从前你投考台湾大学的时候，我是主张你报考法律系的。那时有那时的想法，那时有那时的背景。所以到任何时候也不能说让你学习法学有什么过错，因为许多在台湾从政的官员，他们从前在大学时期学的也都是法律。不懂法律的人难道可以成为政界的官员吗？我可以肯定地说，那是不可能的。因此你可以在哈佛安心地攻读你的博士学位，我说的是你在学成以后，最好是回到台湾去，因为美国再好也毕竟不是自己的国家。一个人学到了外国的知识和经验以后，他最主要的责任还是回到自己的国家里去服务。英九，莫非我说的这些话不对吗？"

哈德逊河发出让人心烦的涛声。河口处不时传来商轮离港时的汽笛尖叫声。马英九做梦也没有想到他秉承父意如此辛苦地攻读法律，到头来父亲对他寄予的厚望竟是投身政坛。父亲这样的中途改路让早已经把全部心力都倾注在法学中的马英九无法接受。但是父亲的用心显而易见也绝不是毫无道理，马英九尽管理解老人的良苦用心，但他一时无法接受他的好意相劝，便直率地说："爸爸，我是有责任回台湾去供职，可是，我即便能回到台湾去，也绝对不能到政界和官场上去服务，因为我反对做官，更不想为那个腐败的政权当官。因为我多年前就已经看得十分清楚，国民党如果不认真地进行改革，不真正地进行一番整肃，那么是绝对不会有希望的。我敢预见，如果国民党弄得不好，很有可能在某一天被在野的那些'台独'分子取而代之。您说，像这样的情况我会去给他们做官吗？再说，您老人家在国民党的政治部门已经服务了一辈子了，大小也算一个官员，可是，您想一想，您的生活处境为什么永远也赶不上那些依靠裙带关系向上爬的所谓后起之秀呢？"

马鹤凌没有想到儿子竟然会说出这样直率的话来，他听了有些伤心。不过他认真思考后觉得马英九的话不无道理。他见一时无法劝服儿子更弦易辙，索性也就不再多说了。最后马鹤凌以这样的态度结束了与儿子的一番谈话："英九，既然你现在还看不到自己将来从政可能带来的益处，那么你就首先去哈佛大学把你喜欢读的书读完吧。至于你以后的发展，还是你自己来决定。不过，当你得到博士文凭的时候，我还是希望你再考虑一下我的意见。因为你的性格与其搞法律，倒不如搞政治！"

马英九冷静地思考着父亲一番用心良苦的谈话，他知道老人前半辈子是从国民党的政界里熬过来的，他既从心里憎恨国民党在从大陆逃台前后所呈现出的腐败，同时也感到如若在台湾求得生存，所有的职业仔细排来觅去，什么也不如搞政治获得的益处多些。他知道在政治舞台上求得一碗饭吃，并不需要有多少真才实学，只需要从政的人手里握有一张可以让人高看一眼的文凭就可以了。马鹤凌的经验是，只要你善于在政坛上左右逢源，善于看着长官的脸色行事，那么所有的功名利禄都是可以信手拈来的。而马鹤凌一度看好的律师职业，无非是早年在湖南老家吃过的那场官司中，看到了讼棍在社会上有着可以左右平民吉凶祸福的作用，所以才极力怂恿马英九去报考法律系。现在，经过马鹤凌多年的权衡，还是感到应该让有才学的儿子进入政界为宜，如果在政坛上闹得精彩，那毕竟是可以彻底改变马氏家族命运的一个重要的机会。

“我懂了，爸爸，您老人家的好意我已经听明白了。”马英九反复把自己的前程再作权衡，虽然他知道父亲的建议不无道理，然而他感到父亲所说的那条路，至少在目前还没有实现的可能。因为他知道就父亲和母亲在国民党官场里的人脉关系，还不足以让他回到台湾就能飞黄腾达。因此他说：“从政的主意当然有它与众不同的益处，可是目前我还是不想回去。您老人家允许我对自己的前程做一次认真的考虑。如果将来真有一天我具备了从政的条件，到那时我是会回去的。”

马鹤凌见父子俩的对话已经谈到这种地步，情知继续深谈也无益处，于是他叹息一声说：“好吧，人各有志，我也不好勉强。英九，你就自己拿主意吧。”

马英九和周美青结婚仪式结束几天后，马鹤凌就离开了纽约，返回台北去了。

中卷　律师生涯

马英九给人的印象，总不外是英俊的是美男子。加上台大毕业和美国哈佛大学法学博士的头衔，又帮马英九增添了一个学富五车、才高八斗的形象。再加上马英九为人儒雅，更使马英九成为国民党政坛中的一个异数。……无论是担任台大代联会的秘书长，或是留美时主编《波士顿通讯》，马英九总是风头最健的人物。他虽不算系出名门，但是也算得上是国民党权贵子弟之一。而在学历上，马英九一路由建中、台大、纽约大学硕士到美国哈佛大学法学博士，也交出一张完美的“血统证明书”。

——摘自陈淞山：《掌握台湾命运的30位政坛菁英》

第六章　美丽的查理河畔

小小碧翠轩，浓浓伉俪情

波士顿处于美国马萨诸塞州东北部。

这里有一条美丽的查理河，每年到了雨季的时候，查理河上便会出现一艘艘大大小小的捕鱼船。查理河与马英九在台湾熟悉的基隆河与新店溪截然不同，查理河的河水清冽透彻而无任何污染，当马英九在查理河畔的树林里走过时，会呼吸到潺潺河波里飘来的一阵阵清香。

马英九已经在哈佛大学的法学院上课一个多月了。

位于坎布里奇城中的这座大学闻名于世。他在台湾读大学的时候，只把哈佛当成一种崇拜的禁苑，那时他认为自己今生根本就没有可能置身在这样的高等学府里。首先是他不具备丰厚的学资，再者他那时也怀疑过自己是否真有这种出人头地的能力。现在他终于来到了与波士顿一河之隔的哈佛大学。

马英九来到这里以后才知道，能够走进这座国际知名大学就读的学生，绝非仅靠才华和能力。这座偌大的教学城里，法学院只占一个小小角落。始建于 1817 年的法学院，校舍相比其他诸如文理学院、医学院、拉德克利夫学院和教育研究院小得多，甚至还赶不上肯尼迪行政管理学院。马英九在这里求学期间，所看到的也是极不公平的景况。他发现与法学院近在咫尺的肯尼迪行政管理学院中的学生，大多都是来自世界各国的高级官员。这些人来哈佛，与其说是为了学问，不如说是为着自身的镀金。许多来自亚洲的高官们，不但由公家提供了所有学费，甚至有人还配有一些与学生身份极不相符的秘书和司机等等。马英九发现在这个世界上腐败的政治导致的权力滥用，已经渗透到像哈佛这样的名牌大学里，委实是教育的一种悲哀。

马英九由于没有奖学金，所以尽管进入了哈佛，但始终感到有种沉重的压力让他每每疲惫不堪。妻子周美青暂时没有工作，而马英九的学费又十分高昂。马英九知道，父亲一直不主张他继续读博士，自然也就不可能向家里伸手要钱。而妻子的家里也并不宽裕。在这种情况下，马英九当然住不起高档的住宅和查理河两岸的那些红砖小别墅。他和妻子选择了哈佛大学城里那些简陋的学生公寓。这些房子大多都是筒子楼或者是校园外的一排排小平房。有些公寓是 20 年前的大学生宿舍改造的，在马英九和周美青眼里甚至不如他们在台北的棚户区里的民宅。不过马英九见了很高兴，他说："我看这里很像台北的小四合院，因为这里的平房几乎是一个小小的院落，还可以看到一些草坪。如果我们把这些草坪都利用好，将来还可以在夏天用来纳凉。"

"有困难并不是坏事，如果生活过于安逸了，反而没有了向上的精神。"周美青是个性格乐观而有韧性的女人。她本来是想毕业后返回台北求职的，然而后来当她听马英九有继续求学的信心，就毅然放弃了自己的主张。从这个角度来说，有些人误解了善良而顾全大局的周美青。这是因为她如果同意与马英九同来波士顿，就等于让她自己好不容易得到的硕士文凭，在这里变成了一张无用的白纸。因为她在波士顿靠着这张文凭根本显示不出任何优势，如果她想在这座城市里谋职，就只能当力工和女佣了。因为即便从哈佛毕业的博士生，在这座高资质人群的城市里寻找合适的职业也有一定困难，何况她这样一个没有根底的中国女学生呢？

结婚后周美青显现出女性柔情与遇事乐观的精神，她成为支撑这公寓小家的女主妇。虽然他们租用的这所只有60平方米的小房子面积狭窄，光线也不够充足，可是善于布置居所的周美青却在这块十分狭小的天地里，用她那双灵巧的手刻意给在学校里埋头于书刊中的马英九，营造了一个非常温馨的环境。她把那已经掉了漆的朱红色地板每天都要擦拭几遍，只要她发现地上有一点纤尘，心里就会感到不舒服。马英九只要在家里，就会把那些从图书馆里借阅的各类书籍散乱地堆放在桌上桌下，周美青虽然看不惯，可她不能当着丈夫的面清理，什么时候她发现马英九困极而眠，才会轻手轻脚地为他整理整齐。哪怕有时是半夜时分，周美青也会如此。

春天到来的时候，周美青会从波士顿查理河边那绿茵茵的草地上，摘取几朵紫红色的小野花，然后把那些散发着浓郁香气的野花放进一只盛满清水的蓝色瓶子里。她每天都会换一次，意在让马英九小小的书屋里始终弥漫着沁人的香味。

"英九，这幅画最好挂在这里，你看可以吗？"周美青在家赋闲的那段时间里，尽量让马英九过得快活而安逸。她认为这是她做妻子的天职。暂时没有工作也不可能进入哈佛读书的她，心里纵然充满了深深的失意与寂寞，但是她是一个善于掩饰情绪的女人，尽量不希望把自己不快的心境展露给自己的亲人。那时候，他们已经感受到经济拮据带来的痛苦。每天的饭食无法与他们在纽约读大学的时候同日而语了，可是善良的周美青仍然每天面带笑容，把他们的小新居布置得漂漂亮亮。她认为这样做同样可以给自己和丈夫的精神世界带来几分愉悦。

马英九对妻子相当满意。他在困境中求学的那一段时间，周美青几乎成了他须臾不可分离的精神依赖。尽管他们手里的钱十分有限，有时只靠他在纽约和波士顿两地报刊上发表的豆腐块文章来换取可怜的一点稿酬，然而他与她的生活却是美满的。马英九发现有时经济上的宽裕反而会给人带来一些不必要的苦恼和矛盾，而清贫的日子却有着享受不尽的快活与乐趣。马英九见妻子把友人送给他的一幅油画《波士顿晨雾》悬挂在他小小书屋的门楣上，忽然感到眼前一亮，因为那幅油画忽然间给他的房间里平添了几分亮色。他由此感受到妻子内心深处的一种善于捕捉美感的艺术细胞。

“英九，你是一个地道的学人了，咱们的书屋也该取一个名字了吧？”那时候，马英九每天忙碌于学业和写作，早已经顾不得居室内的一切。可是有一次他由妻子陪同前往一位香港友人的家里做客的时候，才发现人家的居室既宽大又明亮，而且中西合璧的布局很让马英九从心里羡慕。周美青在旁把他的神情看在眼里，回到家以后她居然也学着那户人家开始构思他们的小书房。那位香港友人的书房取了一个外国的名号，叫作“罗曼雅居”。而周美青回来以后，苦苦地翻了许多书，最后她居然为他们的蜗居取了一个十分别致的雅号，叫作“碧翠轩”。然后她又请人刻了一块匾额，挂在门前。再向马英九炫耀般地说：“你看，可以吗？”

“碧翠轩？可以，完全可以！”马英九仔细地把妻子所做的全部努力都打量了一遍，然后发自内心地赞许说，“一点没有想到，美青你会有这么多花点子。将来如果我们在波士顿有了固定的居所，一定会是一个大房间，到那时候你再展露一下布置屋景的才华吧，可惜，我也不知道什么时候我会让你拥有一个像别人那样舒适的家！”

“快了，英九，这个目标我想是不会太遥远的。”周美青知道他的内心里很苦恼，总是希望自己不落于人后，总是希望自己成为同辈中最有精神优势和物质优势的那个人。然而，眼前的困境又是马英九一人所无法战胜的。于是，她便在旁笑眯眯地告诉他：“我说购买一所像样的房子会成为现实，就是因为我看到了希望。这个希望就是你现在所攻读的法学专业，因为律师的经济状况，在美国是收入最为可观的几种职业的一种。只要有一天你能开一个律师事务所，那么我也可以成为你办案子的助手，到了那个时候，案子接得多一些，还怕买一所房子的钱不够吗？”

“我们在美国真能买得起房子吗？”

“别人都买得起，咱们为什么就买不起呢？莫非我们是弱智？莫非我们的竞争能力就比别人逊色吗？”

“是的，我们不是弱智，我们也绝不会比别人缺少竞争的能力。”

“既然如此，你为什么还要畏首畏尾呢？男子汉嘛，就应该有一种百折不回的奋斗精神。世界上所有的奇迹，其实都是意志坚强者创造出来的，我就不相信，当初我们敢于创造来美国求学的奇迹，今天就不能再创出就业、赚钱和买房子、买汽车的奇迹？”

“好好，你说得有道理。不过，汽车的事，暂时还不是咱们的急需之物，房子倒是必须要有的。”马英九听了妻子的话十分兴奋，一度处于失意状态的他，只要见到妻子那张含着笑意的面孔，心情就会变得好一些，“好，美青，就借你的吉言吧！争取在不长的时间里我们就会有属于自己的房产！”

“这就对了。”周美青得意地展颜微笑了，她就喜欢马英九在面对困境时发出的笑意，她充满遐想地说，“到了买房子的时候，我们可千万不能买这种窗子小的住宅，要买就买有落地窗的楼房。因为住进去采光是主要的问题，特别是将来我们有了第二代以后，孩子如果见不到阳光，再像现在这样，读书和写字都要靠开灯照明，那成了什么呀？”

马英九见她那煞有介事的样子，越发感到有些可笑，就说：“瞧你说的，好像我们马上就要购买新居似的。现在我们哪里还能想那么多呀？美青，告诉你，我们现在能有这么个蜗居就已经很不错了，至于今后嘛，正像一个共产党人说的那样，面包会有的！”

“好，我也相信这个共产党人的话，人活在世上，其实根本不需要每天苦着脸儿，又何止是面包会有呢？我看将来咱们房子和汽车也会一起都有的。”周美青面对困境时所表露出来的乐观与兴奋，顿时感染了马英九。他对妻子说：“你说得对，美青，只要我见到你的这种乐观态度，我心里所有的困苦和无助，几乎都消失了。”

周美青说：“就是嘛，如果我们不乐观，不高兴，不愉愉快快地度过每一天，那么我们当初倒不如不来美国了。你想，我们在台湾生活，哪会遇上这么多烦心的事呢？”

让马英九心里满足的是，与周美青在波士顿共同生活的日子里，她是一个甘于吃苦的人。在没有钱的日子里，她会把生活安排得井井有条，她节俭与随遇而安的温存性格，几乎成了马英九苦读法学时赖以生存的精神支柱。

硕士打工妹

就在这一年夏天，周美青终于走出了家门。

她采取自食其力的做法，从旁支持和帮助丈夫一把。那时候的周美青已经不想继续求学了，哈佛之梦仿佛在不经意间与这位有着深厚智慧资质的女人擦肩而过。她必须要面对严峻的现实，在美国这样的社会，一个女人如果想像男人一样，在社会和学校里争得一席之地，肯定要付出高于男人几倍的努力与刻苦，否则将一事无成。

她发现有一段时间，马英九为了生活经费，几乎把全部精力都用在埋头给杂志写英文稿件上了。这是因为他必须要尽快得到一笔稿费，否则他的小家就面临无米之炊的窘境了。看到丈夫这样辛苦，周美青也在暗暗地想着改变家居困境的办法。开始的时候，她把谋职的希望寄托在某一律师事务所上。她先后进城前往一家美国人开的律师所，希望以她在纽约大学法律系得到的硕士文凭，进入律师的队伍。可是，周美青的渴望很快就被律师事务所的主持人浇灭，他说："周小姐，也许你有当职业律师的天才，可是在我们这里肯定是行不通的，先不说你的法学知识有多少，我只要向你说明一个情况，相信你就不会继续在律师这个职业上打主意了。因为在美国波士顿的地方法院里，一般的民事案件，聘请妇女做律师的人少得可怜。在我们这里，只要有人来请律师，他们首要的条件必须要请男性律师，所以，我们只能对你表示抱歉了！"

当马英九听说妻子谋职遭到冷遇以后，很长时间没有说话。最后他安慰她说："别理他们这些无聊的家伙，什么女人不能当律师，那是他们的托词。因为波士顿所有律师事务所都不希望有中国律师入伙，这是他们对中国人的排斥，并不是你不能胜任律师职业。"

周美青为了减轻一点马英九支撑小家的经济压力，还曾多次奔走在波士顿城里的几家中学甚至小学。她希望在某所小学里教中文，可是这里的学校一般不开中文课。而她希望教英语，这样的想法更是不很现实。因为在美国讲授英文的教师几乎遍地都能找到。

图书馆和书店，后来也成了周美青企望得到一席之地的地方，然而她也依然处处碰壁。周美青直到这时才感到在美国求职的艰难。而她之所以一开始就把目光投向这些适合她从事的职业，而不肯进入服务行业，就因为她始终认为自己毕竟在从纽约大学这样的名校里读过硕士。她认为像她这样的学历，如果回到台湾供职，至少也会寻得一个体面而又轻松的工作，然而来到波士顿却面临着无人理睬的窘境。这是她从前所根本不曾预计到的。

马英九见妻子这样辛苦地到处奔波，心里有些不忍。他在痛恨自己无能的同时，仍在劝阻着周美青："美青，我劝你千万不要再这样到处奔走了，我想，我们的生活还是可以过得下去的，我发出去的几篇文稿，都已经刊载出来了。这样，稿酬很快就会寄过来的。只要我们得到了这笔稿酬，目前的生活难题不就都解决了吗？"

周美青是一个有主见的女人。马英九越是这样劝阻，她寻找工作的心情就越变得格外迫切起来。后来，有一天她终于同意在一家名叫"希尔登"的餐厅里当女侍了。这种工作一般都是美国下等女子的职业，可是周美青到了这种地步，也就再也顾不得面子了。尽管端盘子和上菜的工作又辛苦又累，周美青还是决定与餐厅老板签约。她当时只要求老板能先支付一笔酬金，这样就可以解他们这个小家的燃眉之急了。

"美青，你怎么说也是个硕士生呀，无论如何也不许你去那餐厅里给人家端盘子啊！"当马英九听到妻子已经去"希尔登"打工的消息时，他再加劝阻已经晚了。因为在美国只要签订了合同，任何一方都不可以私自毁约。再说周美青已经接受了餐馆老板预先支付的一部分酬金。更让马英九大为意外和无法忍受的是，周美青不但用这笔预付的酬金购买了日用品，同时还给马英九买了一件春天穿的咖啡色西装。

"这怎么行呢？美青，你不能这样折磨自己呀！"马英九无法穿妻子为他买回来的这件上衣，虽然他知道自己的旧西装已经无法穿出去面对那些趾高气扬的外国人了，但是他仍然感到自己在这时候穿妻子打工的预支款买的西装，从心里实在无法接受。

周美青脸上却洋溢着如愿以偿的笑意，并且执意要马英九穿上西装，再把他带到家里唯一一面镜子前面。当她望见镜子里的马英九仍然还是从前那样年轻、那样英俊与潇洒的时候，她心满意足地笑了，说："你什么也不要说，只管穿上就是了！"

周美青在"希尔登"是一个称职的女服务生。这一点是由于她的为人周到与做事的勤勤恳恳所决定的。三个多月的试用期刚过，老板就给她加了薪水。又过了两个月，周美青居然在"希尔登"餐厅里当了领班。这样的生活对于一个从台湾来的女大学生而言，虽然有些过于残酷，可是周美青却丝毫没有感到不适和不安，因为她那时候认准的只有两个字，就是"钞票"！

这一年的冬天来到了波士顿。古老的查理河上已经开始结起了雪白的冰凌，往日纵横交错的船只不见了踪影，而河岸边那些紫槐和红杉树，大多都已经变得萧条而荒疏。就在一个寒冷的下午，周美青刚刚挟带着浑身寒气走进他们的"碧翠轩"时，就看见马英九站在镜子前面，脸上居然又现出了多日不见的得意笑容。他见妻子进了门，上前紧紧将她拥在怀里，然后他们在一起无言地相拥着。后来，周美青察觉到她的脖子上有一点淡淡的凉意，正在困惑之际，马英九才把她的面庞有意推近了那面镜子。

"呀，项链？"周美青吃惊地叫了一声，她简直惊呆了。因为她直到这时才发现自己那修长白皙的脖颈上不知何时已戴上了一条亮闪闪的白金项链。这样的精致高档饰物在当时尚未真正寻找到自己合适工作的周美青眼里，简直就是可望而不可即的奢侈品，她一刹那惊呆了，认为自己仿佛置身在一种虚幻的美好境界中。即便她与马英九结婚的时候，也不曾得到的这种高级饰品，做梦也没有想到他们正处于生活困顿的时期，竟然意外地得到了。

“英九，这是怎么回事？”她蓦然一惊地回转身来，用茫然的大眼睛盯住了含笑不语的马英九。顷刻间周美青似乎明白了一切，她脸上所有的笑容都倏然不见了，正色地对丈夫发问：“如果我没猜错的话，是不是你那几笔稿酬都寄到了？”

“对对，你的判断力真是惊人。”马英九爱意深沉地凝望着面容有些瘦削的妻子，他发现尽管结婚的时间不久，周美青的眼角上却已经露出了几丝浅浅的细纹。那显然就是她日夜为这个小小的两人世界苦苦操劳的见证。见到娇妻如今在岁月的磨砺下已经有些未老先衰，马英九的眼里汪着泪花，他亲昵地把妻子揽在怀里，上下将她仔细地端详许久，终于说：“这有什么大惊小怪呢？你用自己的劳动报酬给我买了西装，莫非我就不能用我的稿酬给你买一件小小的饰品吗？美青，其实我已经很过意不去了。如果不是我们在美国求学的花费过大，如果不是我们暂时还不能如愿以偿地谋求一份可供我们生存的工作，那么你也许会比现在生活得更好。请你放心，现在虽然苦了一点，不过我是有决心和信心的，将来有一天，我会把你打扮得漂漂亮亮。不然，我们为了将来的生活付出过多的代价，究竟又是为了什么呢？”

周美青不再说话，她只是把头面都亲昵地倚在马英九的胸中，在宁静而温馨的“碧翠轩”里，忽然响起了她低沉的抽泣。那是周美青在熬过苦难之后获得幸福后的喜泣，也是因为她终于以自己的苦苦追索得到丈夫给予的感情回报所产生的心灵震颤。

“美青，小小的一条项链其实算不得什么。”马英九继续拥紧周美青微微颤动的身子，他给她拭去了脸上的泪滴，然后在傍晚的昏暗光影下喃喃地告诉她，“咱们现在的辛苦为了什么？还不是为着将来的幸福和富有吗？我的打算是，咱们现在趁着年轻，狠狠地拼搏一场，将来等我拿到了博士文凭以后，我要在美国当律师。而且我是一个不干则已，若干就必须要做出名堂来的人。我马英九就不信在美国找不到属于我们的一席之地。我如果要当律师，将来也必然要当一个大律师，有名的律师。美青，如果到了那一天，我会让你要什么就有什么的。”

周美青越哭越凶了，她以手掩住他的嘴说：“不不，英九，你什么也不要说了。我什么也不想占有，我只想有你对我的感情，有你对我的一片爱心就足够了。”

马英九却固执地说下去：“请你让我把想说的话说完，我马英九不是一个喜欢吹牛的人。我现在对你说的话，将来一定都会实现的，我们将来不但要有一幢好房子，还要有一辆好车子。你不是喜欢奔驰轿车吗，美青，请你相信我，只要有一天我能够当上律师，这一切都不是什么大问题。”

周美青还是拼命地掩他的口：“别说了，别说了。英九，我告诉过你，我什么也不稀罕，什么也不看重，我看重的只有你对我的心，有了这一点，我就活得有意义了！”

那天晚上，马英九亲自下厨，为妻子烧了一锅鸡汤，再把他用稿酬买来的几样菜肴和点心，都一一摆放在桌子上，然后把房间里的所有灯都开亮了。接着，他又打开了那架小小的音响，舒伯特的《冬日的旅行》那优雅动人的旋律飘荡在他们小小的“碧翠轩”里，最后他与妻子相拥而坐，在那粉红色的光影下，夫妻俩的脸上都现出了幸福的光晕……

逆境终究有穷期

马英九继续利用课余时间挥笔写文章。这几乎成了他们这个小家庭当时的主要生活来源了。此时马英九的生活已经改变了初来时的困窘局面。

好在马英九写文章并不是生手。早在台湾大学读书的时候，他就是法律系有名的写手之一。到了纽约大学读书以后，他就开始利用自己手中的一支笔，写一些法律方面的论文和评论，不断投往美国纽约的华文报刊上寻求发表，然后再用所得的稿酬改善自己较为清苦的生活。如果说在纽约时候的稿费，大多都用在课余时间的打牙祭与周美青的旅游，那么到了波士顿以后，马英九首先需要考虑的是如何让自己的妻子生活得更加惬意。

马英九那时的文章已经不再局限于从前他发表作品的《北美日报》和《世界日报》了。到了哈佛大学他的文章开始为一家名叫“波士顿通讯”的华裔刊物所重视。这家刊物见到马英九寄来的稿子，几乎不加挑剔地一律原文照登，这是因为他们发现马英九的文章不仅言之有据，而且文章的立意清新独特，使得他们的刊物销量大增。

马英九的几篇重量级的文章引起美国华裔读者的注意和好评以后，他所得到的稿酬也一次比一次增多。除此之外，马英九为了生计，还必须同时给哈佛大学创办的几份英文杂志投稿，诸如《哈佛政治评论》《美洲历史综述》《法学史研究》等刊上，也不时出现马英九的大名。那时候，马英九已经把他的全部精力都倾注在法学的研究中去了，他学习法律的目的在当时就具有了一定的实用性，绝对与那些为了混一张博士文凭就心满意足的人不可同日而语。

他一方面是为着将来毕业后如何求职，另一方面又为眼前必须解决的小家的生活问题。但是，沉重压力之下的勤奋给马英九带来的几乎都是有益的收获，除了他得到一笔奖学金用以维持求学之外，还会不时得到各种名目的奖励。至于他频繁地向各种报刊上投稿，不仅给他带来一些经济上的回报，更重要的是他在哈佛期间练就了手中的一支笔。也正是这支笔，成就了他后来在台湾政坛上的优异表现。

“英九，看到你为了学业和家庭吃这么大的苦，我的心里真有些落忍。”周美青言语中有些歉意和不忍。

马英九对妻子的复杂感情看得清清楚楚。他理解周美青，但他从不强求周美青去为他和家庭做力所不及的事情。因此他劝慰她说：“美青，请你放心，只要有我在，就不会让你有衣食之忧的。我会有办法让我们的生活过得一天比一天幸福的。”

马英九和周美青这对患难的夫妻，生活果然渐渐走出了困境。

随着马英九给《波士顿通讯》不断写稿，后来甚至还成了这家华文杂志的业余编辑，所以每月都有稿酬的收入；另一方面，周美青在那“希尔登”餐厅里打工的收入，也开始形成固定的收入。这样一来，解决夫妻两人的生活用费问题已经不是十分困难了。然而好的运气一旦来了，挡也是挡不住的。就在马英九来到哈佛大学东亚法学院求学的第二年夏天，一位著名的长者有一天打进一个电话来，说：“英九，你不是想索要书法字画吗？晚上就可以来取了！”

这位主动打电话来的人，就是当时法学院的著名教授许传禧。此人早年从中国来到美国留学，既稔熟于国际法律，同时也对中国古典文学十分精通。马英九来到哈佛法学院求学以后，许传禧与马的接触并不多。机缘巧合，有一次许传禧在《波士顿通讯》上读到马英九写的一篇《中国古代法律刍议》的文章，感到很惊喜，因为他没有想到马英九如此年轻，居然能在他的文稿中引用了那么多中国明清两代的法典，这在许传禧看来是难能可贵的。喜欢中国古典文学和书法的许教授，就是从马英九的这篇文章中寻到了许多共鸣点。于是，有一天许传禧教授就请马英九来到他的办公室里交谈。在彼此的讨论和交谈过程中，让许教授感到高兴的是马英九非但博学，而且在长辈教授的面前显现出的谦虚谨慎，特别是马英九对中国许多古代法律的理解与运用，更让许传禧感到欣慰。他对马英九说："好好学吧，年轻人，看到你这么刻苦，我很为咱们的中国学生感到骄傲啊！"

也是在这次交谈中，马英九提出请精熟于中国书法的许教授给他和妻子题写一幅条幅，以便悬挂在他们那只有几平方米的书房里。许传禧早在国内时就是一位临摹几种先哲字帖的高手，其中他对怀素和尚字帖的临摹几乎到了可以乱真的地步。因此他当即首肯。现在老教授居然亲自打电话催马英九去他的家里。

马英九来后一看，许传禧为他们夫妻题写的竟是一幅笔走龙蛇的草书中堂，上面是杜牧的《泊秦淮》：

烟笼寒水月笼沙，
夜泊秦淮近酒家。
商女不知亡国恨，
隔江犹唱后庭花。

"许教授，这真是一幅难得的书法佳作啊！不但字写得精彩，您选择的诗也恰到好处，许教授能为我们亲笔写这样一张条幅，我们实在是受之有愧啊！"马英九左观右望，把那加了鲜红印铃和题跋的书法条幅看了又看，然后对许传禧不无感激地说，"我的内人也十分喜爱美术和书法，如果见了教授的这幅字，她肯定也会高兴得忘乎所以的！"

马英九提到了他的妻子周美青，引起了许传禧的注意，因为此前他已经从别人的口中了解到马英九结婚以后与妻子来到波士顿的生活状况。现在刚好借着马英九的话题说出了他想说的话："英九，听说你的妻子也是纽约大学的硕士生？她现在究竟在做些什么？该不会真像有人说的那样，在一家什么餐馆里给人端盘子吧？"

马英九顿时窘在那里了，自尊心很强的他做梦也没有想到德高望重的老教授，居然会在他前来做客的时候，提到了他目前尚不如意的生活。他有心想把周美青打工的情况隐瞒起来，可是见许教授是以郑重的眼神打量他，所以也不敢说谎，只好期期艾艾地把周美青如何为了帮助他解脱目前困境，情愿不计硕士生的学历前往"希尔登"餐厅打工的前因后果，详细地向许传禧说清了，最后他解嘲地笑了笑："其实也没什么，生活虽然困难了一点，不过慢慢也就会好起来的。"

当天晚上，许传禧并没有多说什么。马英九也没有想到言者无心，而听者有意。次日上午，他正在学校的梯形大教室里听课，忽然有一位职员悄悄地来到马英九面前，低声地叮嘱了他几句话，马英九不敢怠慢，马上就离开了教室，随那人来到了哈佛大学的法学院图书馆。

"马英九，你的妻子明天就可以到这里来上班了。"一位美国大胡子见了他，开口就把许传禧教授如何了解到马英九目前的生活状况，再如何把他们的情况反映给图书馆的领导，要求他们给马英九妻子解决一个图书管理员的位置，以便让他们一家在哈佛大学得到固定的生活保障。马英九听到这里，有些呆然地怔住了。因为他做梦也不会想到，妻子有一天能进入哈佛大学法学院的图书馆里工作。而许传禧教授只说了一句话，就使他们夫妻俩始终无法解决的生计大事迎刃而解了。

周美青就这样走进了哈佛大学的校园。

从前，她的丈夫马英九虽然在法学院读书，可是对于作为陪读的她而言，建在查理河畔的这座世界名校，仍然是一座深不可测的神秘世界。她和马英九结婚以后，也曾梦想考进这里的法学院，可是在慎重地权衡自己的功底与潜力之后，还是理智地放弃了继续深造的想法。她知道考进哈佛的女学生凤毛麟角，特别是华裔女子就更是少得可怜。于是她情愿以家属的身份随行陪读。现在她做梦也没有想到，自己居然能够成为这所大学法学院图书馆里的职员。

周美青属于那种在任何环境中都能生存的女人。进了哈佛法学院的图书馆，就俨然走进了一座深不可测的图书世界，她发现这里珍藏的图书，是纽约大学的好几倍，甚至连同在纽约的哥伦比亚大学图书馆也不能与哈佛的图书馆相提并论。她在这里谋得一个图书管理员的职位，就等于马上让马英九肩膀上的负担减去了一半。她的薪金足以让他们的两口之家从此温饱无虞。对于周美青来说，有了这份工作不仅解除了她和马英九的生活之虞，同时也让她在这浩如烟海的法学图书中，增加见识和开阔眼界。周美青可以利用一些余暇在图书馆里读到当时世界最新的法律著作，同时也可以给马英九的写作提供更多的方便。从前马英九如果想查阅某一图书，必须亲自到这里来，而且一查便是一个整天，消耗了大量时间和精力。而现在有周美青在这里当管理员，就可以随时把他需要的资料借阅出来，供马英九使用。他的许多颇有见地的文稿，就是在这一时期依靠周美青的支持写出来并寄出去发表的。

周美青的勤劳和好学，还体现在她利用这个图书管理员的身份，进行她认为有用的法学考证和自修。就在周美青进入图书馆工作的一个月后，有一天许传禧教授因为需要一份资料来到图书馆。当时正是一个夏日的午后，许多资深管理人员都到距图书馆不远的一个游泳池里去游泳了，只有周美青一个人在那静悄悄的大厅里，独自一人伏在案上抄写着什么资料。

“请问，你们的馆长在哪里？”周美青当时根本不认识在法学院里德高望重的中国教授许传禧，更不知道满头银发、手拄藤杖的老人就是她的恩人，于是她慌忙把桌上的手抄本收起来，准备应答这位不速之客。没想到许传禧一眼就注意到她那手抄本上密密麻麻的英文字母，排列得既顺畅又有条理。当时就对这个年轻的女孩子产生了几分好感。

当周美青把老教授所需要的资料一一找齐并送到他的面前时，老教授已经坐在桌前把周美青的学习笔记都翻阅完了。这时候，许传禧笑着问她几个有关法学的问题，出乎他意料的是，这个年轻的图书管理员，居然把几个高深的法理问题，深入浅出地做出了明确的答复。当时许传禧有些惊喜，便说：“如果将来我的研究工作需要有人协助的话，你可以帮助我查阅和抄录一些资料吗？”

周美青当即笑答：“当然可以，我的职责就是图书管理员，任何有关的资料查阅和抄录，都在我的职责范围之内。您老人家今后如果想查什么资料的话，千万不要再往图书馆里跑了，只要打一个电话，说清需要什么就可以了，我会准时把您想用的资料查到后送过来的。”

“那好吧！”许传禧对站在面前这位笑盈盈的清瘦女子有些好感，上下将她打量了许久，心里忽然产生了一个想法。其实他早就需要配备一位研究助理了，这个问题他已经在法学院的正式会议上提出了几次，早就得到了大家一致的赞同，只是一时寻觅不到合适的人选。因为根据哈佛法学院的固有规定，配备助理人员必须要在学生之外才可以选取。而这位图书馆的管理员肯定不是学校的在校学生，所以许传禧当时就一眼看中了她。就在老人手拄着藤杖准备离开的时候，他忽然又回转身来向周美青询问：

“请问，你的名字叫什么？”

“我叫周美青！”她的回答让老教授愕然一怔。原来刚才他看中的这位女管理员，竟是他前段时间亲自向图书馆推荐并已经录用的马英九的妻子。他没有想到马英发的妻子竟然如此有修养，特别是她写的英文笔记尤其是让老人心悦诚服。

“哦，原来你就是马英九的妻子。”许传禧教授再一次将周美青打量一番，他心里已经接纳了这位娴静有礼的中国女子，想了一想，他又问，“听说你从前也在纽约大学的法律系读过硕士，不知学位最后是不是得到了？”

她不好意思地嫣然一笑：“得到是得到了，文凭在别人的手上也许能派上用场，可是我呢，唉，有硕士学历又有什么意义呢？因为我天生不是投考博士的料呀，让您见笑了。”

老人正色地说：“这没什么，不考博士的学生不一定就不是好学生。再说，在美国也并不是所有能够就业的中国人必须一定都有博士的学位。这里主要看的还是你的实际水平和对工作认真的态度。我不知道你在纽约大学的时候，专修的是什么课程，毕业的论文是什么？”

周美青没想到老人会问起她这些详细的问题，于是就告诉他说：“当时我和英九一样，都喜欢上了国际法，我比他多修一门的课是‘国际经济法学’。只是我的成绩始终不能如意，毕业的时候，我的论文题目是‘国际经济法在东南亚地区的实用价值’，不过我并没有写好。让您见笑了。”

“不，你的这个题目很不错的。”许教授站在那里拄杖沉吟一会儿，点了点头说，“是的，在咱们东南亚地区，随着经济的腾飞和外国商家的介入，各种经济方面的诉讼越来越多了。你当初主修这门课程，说明你不是一个没有脑筋的女孩子。只是有点可惜了，你没有善始善终。其实在咱们哈佛法学院里，这样的研究课题还是一个冷门，我倒是希望你将来一旦有机会，还是不要把这些已经学到的课程丢掉了。”

“谢谢您的关心。”周美青是一个有心的女子，她见许传禧这样对她讲话，心里就感到暖烘烘的。因为自从随马英九来到波士顿以后，她所能见到的美国人和中国人，大都不拿正眼神看她，在餐馆打工的时候，有些趾高气扬的中国学生甚至把她误当成跑到美国为金钱而来的淘金者，而身为哈佛法学院的许教授居然能花如此多的时间与她这个当临时管理员的人谈这么些话，周美青不无感激地说：“将来只要有机会，我会按照你的意见去做的，只是现在还做不到，因为我要先帮助英九把学业完成，至于我，当然还是次要的。”

“好吧，你先在这里好好地做吧，条件会一天天好起来的。”许传禧不想再和她多说什么了，因为他的想法还没有最后敲定，还需要再次与法学院的主要领导沟通，于是老人就结束了谈话，手拄着藤杖头也不回地离开了空荡荡的图书馆。

第二天，许传禧大清早就来到了法学院的院部，建议聘周美青作为他的研究助理。他的这一动议马上获得了院部所有领导人的一致通过。这样一来，周美青忽然之间就在哈佛大学法学院里同时有了两个岗位。周美青十分珍惜这一来之不易的重视，她没有用语言对提携和重用她的许传禧教授表示谢忱，而是采取了脚踏实地的具体行动来表达她对提携者的谢意。她认为自己能有今天，首先是感谢她的丈夫马英九，所以她认为自己必须在工作中做得更好，不给她的丈夫丢脸。

第七章　苦难中的夫妻滋味

妻子瘦弱的肩上压了三副担子

“美青，你一个人就是钢铁打的，也不能这样同时兼顾两项工作啊。”马英九听说妻子出任了许传禧的研究助理以后，心里自然是高兴万分。他认为，所有一切都是他们这小小家庭里时来运转的征兆，也是著名教授许传禧先生给予他们的支持。当然，这其中也不可小视妻子的勤奋、好学与服务态度的良好，才引起了许先生的格外青睐。但是，马英九不能只看到周美青为他们这个小家庭带来的许多经济上的益处，他所担心的则是妻子那瘦弱的体质是否能够同时承担两份沉重的工作。

“这就不需要你替我操心了，英九，在哈佛大学能够有这样的好机会，不能不说是我们的吉运呀！”周美青在那些紧张而忙碌的时日里，精神状态甚至比从前在家里赋闲时还要愉快得多。周美青好像有用不完的气力，精神似乎也比他们刚到波士顿的时候健旺得多了。周美青是一个有心计的女子，她的全部智慧都体现在她早已经把自己当成了家庭主妇，一个作为马英九事业拼搏奋斗的内助和当家人。她知道自己与马英九的生活，必须要有坚固的经济基础。而这个经济基础目前依靠马英九是绝对办不到的，马英九的家庭也无法资助他们。在这种窘迫缠身的情况下，他们甚至已经到了需要生子的时候也不能生。周美青为了不让自己在不该给马英九增加负担的时候怀孕，已经悄悄一个人做了必要的防孕措施。周美青并不是不喜欢孩子，她是想等到不再为无米之炊发愁的时候，再去考虑这一实际问题。现在，她感到生孩子的可能正在一天天逼近于她，因为她已经有了两份体面的来钱之路。

“你这样胡来是使不得的。”马英九发现妻子每天天不亮就起床，在昏暗的小屋里为他准备好一天吃用的点心和牛奶。然后她就在天色微明的时候，神不知鬼不觉地出了家门。一直要等到每天夜晚 9 点以后，才能蹑手蹑脚地回到他们的“碧翠轩”。这时候，坐在灯下幽光里埋头写作的马英九，见到一个浑身疲惫的身影闪了进来。有一天，他终于再也忍不住了，冲动地从桌前站起来，神色焦虑地上前打量周美青。这才发现刚来波士顿时那个清丽秀美的台湾姑娘，仅仅一年光景，已经变得颜容憔悴。马英九有些激动地抱住了妻子，质问地说：“你究竟在做什么工作，刚才我已经去了图书馆，那里早已经闭馆了。然后我又找到许教授的家里，他说今天并没有安排你的研究项目。美青，我要问你，这一个整天你究竟在忙些什么呀？”

“这……”周美青的目光不敢与他相遇，慌乱中她回避了他的眼睛，“我的事儿，请你最好不要管才好！”

“不行，今天晚上你一定要给我说明白，这些天晚上你既不在许教授的办公室，也不在图书馆里，你究竟在什么地方，在做一些什么事情？”

“我……我在做我应该做的事，这些你最好就不要再过问了。”

“你这样回避我，肯定是有什么不想让我知道的事吧？”

“没有，没有，绝对没有。”

“不对，你的工作时间每天几乎 14 个小时了，不管你在做些什么，我都是不允许的。美青，你今天一定要给我讲清楚才行。”

周美青没有想到马英九会这样重视自己的行迹。她一屁股坐在椅子上，并且把脸偏向灯光的阴影处，有意把自己那张过于憔悴的面孔隐藏起来。可是已经无法隐瞒了。在马英九的苦苦追问下，她终于告诉他一个秘密：“下了晚班以后，我又去‘希尔登’餐馆了！”

马英九大吃一惊地吼起来：“你说什么？事到现在你怎么还去那家餐馆呢？哪有一个大学研究助理，下了班还去那种鬼地方打工端盘子的道理呢？莫非你为了钱，就连自己的性命也不顾了吗？”

周美青双手掩面地哭泣起来。

马英九暴怒地大吼起来：“你给我说，美青，你这样拼命地赚钱到底是为了什么呀？咱们家现在早已经不再为生计犯愁了，现在不但你的两份工资已经非常可观，而且我的稿酬所得也足够我们的全部费用，可是你竟然还在这样无止境地给自己身上加沉重的负荷。你说，这样做的用意何在？”

周美青哭了一会儿，脸上又露出了笑容。她嗔怪地说：“你不要对我那样凶，英九，我这样做自有我自己的道理。首先是，那家餐馆的老板自从我离开那里以后，已经多次到学校来找我了。还有餐馆里那几位中国工友，她们也舍不得离不开我。你想，下了夜班以后，再去那家餐馆端端盘子，有什么打紧呢？而且去了既有工钱还有饭吃，两全其美的好事，我为什么不做呢？”

马英九听着妻子的解释，他的心似乎在流血。因为他太不顾及妻子的生活状况了，两个人生活在一个小天地里，他居然不了解每天周美青究竟在为这个家付出多少。现在，当他忽然明白了妻子每天的工作和劳动强度的时候，马英九难过地落泪了，他把一杯热牛奶送到周美青的面前，然后蹲在她面前苦苦地开导她：“美青，你的苦心我心里领会，我对你的劳动付出当然也万分感谢。可是，我再也不能同意你继续这样做了，因为一个人的业余力量毕竟是有限的。要知道你现在只做许教授的研究助理，就已经很难为你了，他老人家每天不知要安排你去图书馆查阅多少资料。还有，图书馆的管理员就轻松吗？你要在那里每天至少六个小时才行，因为到那里借书的人很多很多，你必须要守在那里才行。你做完所有的一切，还要去‘希尔登’去做夜工，我问你，你是铁打的人吗？既然你不是铁人，你一个人怎么可以做三份工呢？你这样做究竟是在为了什么呀？”

周美青把那杯热牛奶喝了下去，心境渐渐平静下来。面对眼前痛心疾首的马英九，她心里积存的许多话，到了不得不说的时候了。周美青说：“英九，你心疼我体贴我，我非常感动。可是你想过没有，我们在美国这种金钱社会里过日子，哪一天离开钱是可以生存下去的呢？当然，我们现在已经不再困难了，即便我不去做几份工，你的稿酬也可以让我们衣食不愁了。可是，你的目光是不是有点太短浅了呀！”

“目光短浅？”马英九困惑，“我有什么短浅？如果我在这里毕业，手里有了博士文凭，不就可以在波士顿或华盛顿的某一座城市里当律师了吗？只要我当上了律师，你还怕我没有经济收入吗？到那时候你想买什么，我就可以让你享受什么。我不明白，你究竟为什么想得那么多，为什么要这样地折磨自己？有我在这里，莫非还怕你吃不上饭吗？”

“英九，你的理想和幻想是让人听了振奋。”周美青面对严峻的现实，头脑显然要比丈夫考虑问题更为冷静，更为长远，她娓娓地说道，“可是理想和幻想终究代替不了现实。我们生活在美国已经几年了，别说哈佛大学的博士生文凭，就是已经有了多年实践经验的美国著名律师们，他们的职业乐观性也往往会被严酷的现实击得粉碎呀！万一将来有一天，你的文凭拿到了手，可是，就业的艰难又逼上门来，那时候莫非我们还要像现在这样靠打工维持低标准的生活吗？在美国，不论你是什么来历的人，也不论你是否有过高等教育的学历，都要看你是否有从业的运气和背景。所以，我们从现在起必须要有一个长远的打算才行呀！”

“长远打算？”马英九在周美青冷静观看社会的精辟分析面前，不得不变得沉默不语了。这几年来在美国的苦苦打拼，已经逐步让他认清了刚来美国时所抱有的许多不切实的理想与幻想。从台湾刚刚赴美的时候，马英九心里曾经充满了许多不切实际的念想。也许是台湾某些人对美国过于理想化的宣传影响了他，所以马英九来前总以为美国就是神圣的天堂。他来到这里以后才惊愕地发现，美国的几座城市里贫困的百姓和失业人员其实是世界上较多的国度之一。只不过这里有着一些腰缠万贯的富佬们在到处做着不切实际的宣传，让那些向往美国和渴望来美国寻求发展的人们，会产生某种天真的奢望。马英九到了纽约，特别是他来到波士顿以后才发现，若想在这个世界上求得富有，无论到美国的哪一个州，几乎都同样需要付出艰苦拼争的艰难代价。因此，当周美青说这番话的时候，他没有再像从前那样轻率地提出反驳或者发表不切实际的高谈阔论。

显然，作为女人的周美青在思考前程的时候，要比喜欢冲动、喜欢一夜出现奇迹的马英九实际得多。她说：“如果我们现在就可以得到一些报酬，那么我们为什么一定要等到你将来拿到文凭以后再去争取呢？我记得你不是说过吗？别人有汽车了，别人有了新式的住宅和别墅了。还有一些听了就让人激动的好事情，好像我们只要等到某一个时候，所有上述一切都会从天下自动地掉下来了。英九，我告诉你，如果没有财富的长期积累，只想刻意追求一个什么奇迹，只能是一个永远也无法实现的梦想。所以趁着现在我年轻，我有气力的时候，就多做一点，打三份工有什么了不得呢？如果我有精力和时间，就是打四份工也是可以的。因为这样可以让我们早一天完成家庭生活的财富积累。我能够替你做一点，你就可以少做一点，这总要比什么也不做，又什么都想要强得多吧！”

马英九仿佛在倾听一位卓越导师在讲坛上振振有词地讲课。霎时间他的心在震颤着，马英九没有想到平时在家里说话并不多的妻子，到了关键的时候，讲出来的许多话都蕴含着十分深刻又实际的道理。

“还有，我们总是要有自己的孩子吧？”周美青的话说得委婉而实际。看得出来她每天头脑里思考的事情，远比马英九想得多而复杂。作为女人她知道要比马英九想得更多。因为这个小小的家庭，将来也许有一天会变成一个大家庭。而男人主外、女人主内的道理她早在读中学的时候就已经熟烂于心了。

“别说了，美青，我对不起你，都是我对不起你呀！”马英九听到这些，从内心深处感到周美青的贤惠与可贵。他发现，她并不像当初在纽约机场初识时那样单纯，她的头脑深处所思所想，甚至比他思考的还要严密而周全。他与她的之间虽然是夫妻，可是同时也有一种患难与共的感觉，这种感情就会在潜移默化中升华成为一种比夫妻感情更纯粹的友情。这也是此后几十年里马英九走出困境并在台湾政坛上崛起而终未移情别恋的感情基础。

周美青紧紧地抱住他的头，这才发现马英九已经流泪了。她小心地为他拭去脸上的泪，关切而动情地劝慰他说：“英九，请你不要这样，这都是我应该做的事。在一个家庭里，两个人都有责任去赚钱和养家，这没有什么大惊小怪的。等将来你可以独当一面做事的时候，我就会清闲许多了。”

那天晚上，夫妻俩在灯下谈了许多。马英九虽然理解周美青，可是他仍然还在劝她辞掉“希尔登”餐厅的工作。但是他的话无法劝服对方，因为周美青是一个有个性和理智的女人。这样的苦日子从那天晚上开始，仍然没有停止。

苦尽终有甘来日

又过了一年，马英九的家里发生了根本性的变化。

周美青终于给马英九买了一辆小轿车。这是一辆红色的流线型新式跑车，尽管这类轿车当时在美国还算不上名牌，但是作为在哈佛大学求学，丈夫一边勤工俭学、妻子一边打工的小家庭，能够也开上这样的车子，在别人眼里，毕竟已经发生了翻天覆地的变化。

“美青，我们当年结婚的时候，没有机会和条件度蜜月。”马英九和周美青都学会了驾驶轿车，他们都能够驾车在美国纵横交错的高速公路上飞奔驰骋。坐在自己劳动所得的轿车里，马英九和周美青都有一种成就感和自豪感。他们从前在台北当学生的时候，就十分羡慕会驾驶小轿车的人。那时他们眼里有车的人，无疑都是社会地位与身份的标志。到了美国以后，有车子的人几乎比比皆是。他们亲眼看到，有的美国人家里还不止一辆轿车，而他们则住在一所残破简陋的公寓里。这样的生活水准又如何能够驾驶自己的轿车到处飞奔呢？现在马英九的精神状态也大不一样了。就在购买到小轿车的当年暑假里，马英九忽然向妻子提出外出旅行的意见：“现在我们终于有条件了！”

周美青嫣然一笑，她的心里也同样充满着无限的甜美与惬意。她说：“你是说，我们现在可以真正地度一次蜜月了吗？”

“是的，结婚以前，我们只用我的稿费，去过一次位于加州北的北部海岸，看过一次红杉林。”马英九有些歉意地望着任劳任怨的妻子，说出了他对夏季时光的安排，“现在我们有了钱了，应该补上这一课。美青，你同意吗？如果你不反对，咱们就开着自己的车子，对美国来一次从南到北、再从东到西的长途旅行。时间刚好一个月，这是我们难得的假期。”

周美青想了许久，最后还是摇了摇头说：“英九，旅行是可以的，但是最好不去那么远为好，因为美国的二十多个州，你从前不早就去过了吗？”

马英九说：“那次去是整个访问团的集体活动，有些走马观花，没有看清楚什么。再说，那一次访问活动，毕竟你没有参加呀。我的想法是，我们共同再去走一走。我们现在毕竟可以不坐飞机了，我们有自己的车子呀！随便愿意往哪里去就到哪里去。”

周美青却说：“车子当然可以随便使用，可是车子总是要喝汽油的呀！英九，咱们的日子现在才刚有起色，与别人相比，我们仍然还是中下等水平。在这种时候就大手大脚，那么等我们的孩子一旦生下来，又会变得捉襟见肘了。所以，我劝你还是算了吧！”

马英九却不肯同意：“不能就这样算了。美青，我们有这辆车，主要还是你的劳动所得，所以出去一趟还是必要的。接受你的意见，我们可以不做那种天南地北的遨游，不过，有些你没有到过的地方，总还是要去的。”

周美青见他如此诚恳，索性也不再坚持自己的意见。7 月里的一天，他们夫妻俩驾驶着自己的红色跑车，驶上了通往美国西北部的海港城市西雅图的高速公路。他们之所以前往西雅图，是因为周美青以前多次谈到她喜欢看海，看一看美国真正的海岸与海港。还有一点，就是希望路过华盛顿州的时候，看一看首都华盛顿的风光。华盛顿是一座恬静优美的花园般城市，尤其是进入盛夏以后，这座几乎没有几幢高层建筑的城区里，花海与碧绿的草坪成了一大特色。这对于熟悉纽约而第一次来华盛顿的周美青来说，俨然是两个截然不同的世界。

"华盛顿真美，不愧是美国的首都啊！"周美青和夫君相偕着在那幢位于宾夕法尼亚大街的白宫前面的林荫路上，拍下了一张纪念照。这表明周美青对这座首都城市无与伦比的好感与赞美，不过她想象中的白宫与眼前这座只有二层的白色楼房，显然有些差距。而华盛顿西南城郊的五角大楼，则让这对在盛夏旅行的夫妻感到几分森严。

到了西雅图以后，才是周美青最感到振奋的时光。"美青，这里就是我对你说起多次的奥特湾，你看，这才是一个天然的良港，与纽约的哈德河口、旧金山的码头都不相同。"马英九曾经来过一次西雅图，这次他主要的任务就是带领妻子到处开开眼界。当他把妻子带到那一片蔚蓝色的海边时，一阵凉爽的风迎面吹了过来，他给身边的妻子讲着西雅图和这天然良港的来历，许多渊博的知识就是在这看来无意之时流露出来的。归程的时候，马英九还是开着车把妻子带到了加利福尼亚州。他的意思是让她看一看在台湾时就喜欢的好莱坞山。那里有许多正在开拍电影的摄影棚，同时比佛利山上那隐藏在绿荫深处的一幢幢小楼，也会让在盛夏里旅行的这对小夫妻感受到贫富不均的美国，究竟是一个什么样的国度。

1980 年，周美青在波士顿生产了一个女孩。

这是她与马英九结婚后的第三年，也是他们的第一个爱情结晶。马英九和周美青之所以在这个时候要一个孩子，是因为他们的生活出现了暂时的安定，经济条件再也不是刚从纽约来到波士顿初期的窘迫。周美青辛辛苦苦打了多份工，积累了一点钱，她和马英九左右思考的结果是，在这个时候他们的小家庭里如果添一个孩子，也许是可以维持下去的。

“英九，如果我生下来的不是男孩儿，而是一个小千金，那怎么办呀？”她记得在自己刚怀孕的时候，周美青就有些担心地望着马英九，提出了一个不该提的问题。

马英九却埋头在桌前的文稿上，头也不抬地说：“那有什么不好办呢？如果你真生下个女孩，倒是我的福分了。”

周美青愕然：“这么说，你是重女轻男了？”

他却说：“也不是，我是男孩女孩都一样的人，所以你生什么也就无所谓了。”

周美青听了更加困惑：“不对吧，英九，我记得你从前可不是这样对我说的，你说过，你是马家的单传，你的父亲早就希望有一个孙子来给你们马家传宗接代了，是不是说过这种话呢？”

马英九不得不抬起头来看她那双瞪得很大的眼睛，笑了：“你问这些有什么用呢？我说我喜欢姑娘，就因为我亲眼看到我们家的几个姐姐，父亲母亲几乎什么事也不费，就都一个个打发了，可是对我这个儿子呢，操尽了心呀，可是到头来我究竟能给父母以什么回报呢？所以我说，生儿倒不如女了。女儿可以让我们减轻许多负担。”

“你说的不是真话。”周美青听了他一席话，心里安定了许多。可是她嘴上却这样说，“我想，你们家是单传，我们还是生个男孩儿好些。如果这次生不成，将来一定要给你补上的。”

“别说这些没用的话了。”马英九在这些事上从来是不计较的。他当然也希望有个接班的儿子，不过他不想在周美青苦苦怀孕的时候，给她提出许多不切实际的希望，增加她的心理压力。

所以他打断了她的话，说："世界上所有的事，都要顺其自然才行，任何必须做到的，到头来反而适得其反，这也是辩证唯物的哲理啊！"

马英九在这时候已经开始做毕业前的最后冲刺了，他知道如果现在不要孩子，那么就必须要等到离开波士顿以后再说了。而周美青考虑的则是，她的年龄一年比一年大，而马英九哈佛毕业以后能否在美国能够顺利地当一位律师，还是一个未知数。与其再等几年，反而不如马上就开始对下一代的培养。反正他们已经有了在美国战胜困难的经验与经历。在周美青的一再坚持下，周美青开始进入妊娠期。

1980 年 11 月，马英九和周美青的大女儿出世了。

"英九你看，真是有些不好意思了，生下来的果然不遂你的意了。"当周美青在医院的产房里获悉生下来的是个弱女时，她的心一下子变凉了。当马英九兴冲冲地走到她的床前，给她端来一碗鸡汤的时候，周美青竟然难过得想哭了。

"你说些什么呀？"马英九竟然不以为意，他急忙把手帕递给了流了泪的妻子，仿佛无事人一样地劝慰着她，"我不是早就说过了吗？生女孩是咱们的福分。美青，你以为生了男孩真的就是福气吗？我告诉你，那是你的陈旧观念，男孩究竟会给咱们的生活带来什么益处呢？特别是在美国这种鬼地方，如果一个男孩儿生下来，直到他读书，长大成人，再到他结婚，你说，我们需要付出多少代价呢？所以，我说我们有福分，女孩子长大了其实一样会给咱们带来许多欢乐的。"

听了他的这番话，刚才还悬着一颗心的周美青，脸上现出了淡淡的笑纹。因为平心而论她倒是从心里偏爱女孩子，现在见马英九这种大度的样子，她开心地笑了。她接过他递来的汤，喝了一口，说："既然你高兴，那就好办了，如果你有遗憾，也没有关系，我们还有弥补的机会。英九，现在要紧的是，你要尽快地给咱们的女儿取个名字。”

“取名字呀？这还不好办吗？”马英九笑了，“女儿是你生下来的，名字当然也要由你来取呀。”

“不，你是孩子的爸爸，还是由你取吧。”

“那么，究竟该叫她什么呢？取英文名，还是取汉文名呢？”

“她将来要在美国生活，当然应该取英文名字呀！”

夫妻两人苦苦思索了许久，最后才决定给这个出生在波士顿的女儿取英文名字：“Lesley”。马英九是根据波士顿一家著名的女子学校为女儿命名的。因为他和周美青都知道这家著名的教会女中，曾经毕业了相当一批在美国颇有成就的女教师、女演员、女议员甚至是女政治家。毋庸置疑，马英九的意愿是希望自己的女儿，长大以后也在美国成为纵横驰骋于政坛上的英杰。

“不应该叫这样的名字，因为女孩子也是咱们马家的后人嘛！”在台北的马鹤凌和秦厚修接到从波士顿传来的好消息以后，他们都高兴得有些忘乎所以了。可是，当两位老人听说他们的孙女取了一个英文名字，心里有点想不通了。马鹤凌说：“如果叫一个英语名字，那么将来还会有人知道她的祖上姓马吗？”

秦厚修说：“孩子既然生活在美国，她当然就该叫英文名了。在外国读书的孩子哪还有姓马的呢？”马鹤凌就是想不通，他一整夜都在想这件事，有时候他会忽然从睡梦里惊醒，一骨碌爬坐起来，把灯开亮了，然后坐在桌前翻阅起字典来。秦厚修从梦里惊起一看，吃了一惊：“老马，你这是怎么了？半夜还翻什么书呀？”

“你睡你的，我是在找两个字。有意义的字。”马鹤凌似乎感到此时没有什么事情比他孙女的名字更紧要的大事了。他从马英九在美国生下的女儿，想起了湖南湘潭那座古老的旧宅院。还有那偌大一片在父亲殁后遭到一批黑心朋友讼争的田产。而如今他的父亲和母亲早已经作古了，到了他这一辈上，夫妻俩就只有马英九这一个独苗。如果儿子生的女孩子不能姓马，那么他将来又如何向死去的先人交代呢？

秦厚修虽然也知道他的心思，但是她毕竟想的事情不及丈夫周到。于是她就披衣起床，揉着惺忪的睡眼打量着有些忘乎所以的马鹤凌，说："老马，你到底是为了什么呀，大半夜的怎么忽然又找什么字呢？"

"我是在给我的孙女找名字呀。"

"你呀，孙女她不是有了个英文名字了吗？如果你再给取一个中国名，那么，一个孩子两个名，如何得了呀？"

"你不懂，不管咱的孙女生活在哪个国家，她总是咱中国人呀，也总是咱马家的血脉呀！"马鹤凌就这样在半夜里翻着字典，秦厚修见他不肯罢休，也只好由着他了。一直翻到天色微明时分，马鹤凌才终于寻找到两个他感到如意的字，叫作"唯中！"

"唯中？"第二天天亮了，秦厚修见马鹤凌在桌边的纸笺上写了无数个"唯中"，便有些疑惑地望着丈夫，问，"这'唯中'两字，莫非就是你给咱孙女取的名字吗？"

"当然了，就叫她马唯中吧！"

"你怎么越来越糊涂了？马唯中，这哪儿是女孩子的名字呀？你这样为孙女取名字，英九他们会同意吗？"

马鹤凌的固执性子又发作了，他梗起脖子说："我的孙女，非要叫这个名字不行。就是英九他不同意，也一定要叫马唯中。因为，我的孙女是中国人，我要叫我的孙女知道一个道理：唯有中国才是她的国家！这样的名字有意义。英九他敢不同意吗？"

秦厚修没有想到为了一个孙女的名字，马鹤凌的固执脾气竟然发作了。两天以后，马鹤凌就把自己为孙女思考再三取的名字，写在给儿子的信中，然后用航空信件寄到了美国。马英九和妻子周美青看了老爷子的家书，虽然也感到“唯中”两个字并不适于女孩子，但是他们最终都同意了马鹤凌的意见。他们知道这名字代表着马鹤凌对孙女的一种感情寄托。

就这样，马英九的大女儿便有了两个名字，英文名为Lesley；中国名就叫“马唯中”。

1980年夏天，马英九的学业已经基本上取得了校方的肯定。由于多门课程接连在考试中获得了优异的成绩，马英九在哈佛大学法学院众多学生中，又像他当年在台大读书时那样，成了众人瞩目的佼佼者。

马英九早从一年前的秋天就已经开始对他的毕业论文做准备。他不想让论文流于一般化的泛泛之作，也不想为了写论文而写论文。马英九想写的是一篇有感而发的作品，这就让他想起当年来美国求学之前在台湾大学领导的那场震惊台北的“保钓斗争”。在马英九短暂的求学经历中，永远让他引为自豪的当然还是在台湾大学的几年时间。而他参与“保卫钓鱼岛”的学生运动，则是他认为最有意义的一件大事。所以，马英九的毕业论文就选定了以钓鱼岛事件为主旨，以近代中国和日本的主权之争为副线，从更深的层次来论述中国近百年来所面临的外国列强的侵略行径。

可是，让马英九感到困惑的是，偌大一座哈佛法学院图书馆里，居然寻找不到更多有价值的有关钓鱼岛事件的资料。后来，他意外地发现了一篇文章《中国钓鱼岛面临的法律问题》，读了以后，发现这是他读过的许多中外人士涉及这一事件的最系统、最有研究价值和与自己的理念观点最接近的一篇文章。他再一看作者，原来也是哈佛法学院的一位法律研究者，他的名字叫丘宏达。于是，马英九决计就钓鱼岛问题去请教此人。见面之后，马英九就中国钓鱼岛问题长期引起国际争端所阐述的观点，足以让这位在哈佛法学院多年研究钓鱼岛问题的专家大为震惊，因为在他的视野里还从来不曾见过像马英九这样具有独特观点与见地的中国学者。

“英九先生，你的观点很了不起。因为我发现你是从爱国的角度来谈论钓鱼岛的。这与那些卖国主义和媚外人士的荒谬论点是截然不同的。”丘宏达就钓鱼岛事件的产生与发展，与马英九进行了整整三天的深入讨论，后来就连从不肯服人的丘宏达也不得不称马英九的法律应用与辩护才能确实高人一筹。

马英九于是就在他的“碧翠轩”里开始埋头于毕业论文的写作。经过两个月的草拟与三个月的修改，初稿终于拿了出来了。丘宏达急忙披阅，他不时为马英九在这篇文稿《从新海洋法论钓鱼列屿与东海划界问题》中所提出的新论点而击掌叫绝。

“英九，你在这篇论文中所阐述的所有论点，几乎都有大量历史事实作为根据，因此你的论点是能让人信服的。”丘宏达是一个不轻易佩服他人的教授，特别是在与马英九研究的选题相近的情况下，他能够心悦诚服地赞赏马英九，已经不是一件简单的事了。在哈佛大学这样讲究资历与学问的高等学府里，像丘宏达这样有一定资历的教授，能对马英九这样的年轻学者倾吐肺腑之言，已经表明他们在钓鱼岛问题上的观点是一致的。他说：“不过，我始终在想一个问题，我们的论文虽然已经把钓鱼岛问题论述得十分清楚了，可是，这论文究竟有多大的实际作用呢？因为据我所知，我们哈佛的论文只有极少数学者和研究家阅读，更多的人对此是不会问津的。所以多年来我始终感到无奈，因为我们学法律的人力量实在是太薄弱了。反之如果我们从政，是政治舞台上的要人，那么说出来的话，分量也就不一样了。”

马英九感到丘宏达的一番话，恰好说到了他的心里。早在他从台湾来美国求学的时候，就已经暗暗下定了一个雄心：有一天当上了律师，他要在国际法庭上为中国的钓鱼岛归属问题仗义执言。现在，他已经面临哈佛法学院的毕业之期，对于自己将来是否有机会登上国际法庭，马英九忽然产生了疑虑。于是，他也颇有同感地说："丘先生所说的话，刚好说到我的心里，我想，如果有一天中国钓鱼岛的问题能够摆上国际法庭上去辩论，我多么希望能成为一个律师，在国际法庭上讲出我们在论文中阐明的观点，那样，我们的论证与论据，岂不就是找到了面向世界人民的舞台了吗？"

丘宏达笑了："英九，你的话让我想起当初我来哈佛时的想法，那时我和你一样，也是希望当一名大律师，最好能在国际庭审中替我们中国人说话。然而，等我真正在哈佛学到了法学理论，准备认真地施展自己的才华时，才发现当初的许多想法，其实都是根本不现实的。为什么？就因为国际法庭并不像我们从前想的那样神圣，而钓鱼岛问题也并不是真正通过法庭就能得到解决的，因为主权和领土这样的问题，历来都是通过战争才能解决的，所以，当我真正懂得了法律，并且可以成为一名法学专家的时候，反而产生了困惑与苦恼。"

马英九听到丘宏达的话，心头不禁蓦然一惊，仿佛头上突然响起了一声炸雷。丘宏达的经验之谈，在事实上已经击溃了马英九头脑中多年来始终跃跃欲试的强烈暴发意识。从前把律师职业看得那么神圣的马英九，通过对钓鱼岛事件的论文讨论，非但没有从中受到显示法学知识的启迪，反而让他感受到一种发自内心的痛悔与失望。原来法律并不像父亲马鹤凌当年对他所说的那样，可以据理解决人间的是是非非，也并不能如愿以偿地讨还公理与正义。既然法律在政治与战争面前是那样苍白无力，父亲当初为什么要把让他当律师看得如此郑重，如此高不可攀？

丘宏达见马英九坐在那里面现沉重之色，反而有些轻松地笑了，说："法律也并不是一点用途也没有，它有时候甚至还会表现出让人震惊的作用，不过这些作用首先要避开强权政治与军事威胁的挑战。而如果把法律落实在普通民间的争端上，法律有时也会变得苍白无力。为什么？还是那个再普通不过的道理，就是律师所主张的真理，一定不能与强硬无情的政治相碰撞。如果哪个律师不识时务，真的与强权政治人物进行决斗，那么最后失败的并不是律师信奉的条款，而是连他手里掌握的真理与正义也丢失了，这就是当今社会的所谓法律。所以，每当我学懂了法律，再想去当律师的时候，就会产生了一种意外的恐慌感，那就是后悔当初为什么一定要把法学看得那么重。"

"您是说，学法律以后，往往会为当律师而感到悔恨吗？"马英九的心在发生强烈的震撼。因为他后悔不该因为一篇毕业论文来求教于丘宏达先生。没想到在哈佛大学法学院苦苦奋斗了几年光阴，到头来居然在他写毕业论文的时候，才真正地弄懂了什么是神圣的法学与律师在社会上的真正位置。也是与此同时，马英九才明白了父亲马鹤凌为什么从前那样热衷于让他学法，而当他在纽约获得硕士文凭以后，居然又转而劝他从政的原因了。

"不是这个意思。"丘宏达显然比马英九对包括钓鱼岛问题在内的一些国际与社会上的法律诉讼官司，有着高出一筹的解读与理解。丘宏达把手一摆，仿佛想拂去马英九心头的阴霾，他说："英九，你不要因为我刚才的一番话就对律师这个职业产生了疑虑和怀疑。其实我刚才所说的话，仅仅是对钓鱼岛问题的延伸之语。我是说法律与政治相比较，法律无疑会显现出它特有的弱势，不过我所说的是在法制不健全的国家里会发生这种情况，而法理明确，执政者又希望通过法制来巩固他们的政权的时候，法律有时就会显现出它特有的威严与神力。在这样的国家里，律师这个职业就会显得很有意思，很有力量，所以，我说你千万不要产生某种错觉，甚至后悔当初不该把好大的热情与精力，都投入到法律这门学问中来。”

马英九把毕业论文写成以后，反而不见了在尚未动笔前的那种冲动与郑重。哈佛大学给他带来的究竟是什么呢？几年来的寒窗苦读，马英九几乎啃遍了那幢图书馆大楼里所有英文法学书籍，特别是那些美国与国际法的学问，他已经学到了炉火纯青的地步。这些大部头的法学经典，都是一个世纪前那些法律的哲人们，通过各种沾有鲜血的活生生案例，再经过多次的正义与邪恶的较量，最后才得以形成书面上的文字。而这些固定在法律条文里的各种刑法与民法，到头来居然不如握权者手里的权势。在马英九头脑蓦然震醒了以后，他忽然产生了一种近乎猛省般的惊悟。因这丘宏达毕竟是法律界的年轻权威，他在美国多年所亲历的各种案件，已经让他彻头彻尾地认识与体会到什么是法律，什么是律师，什么是真理与正义。至于他本人在《从新海洋法论钓鱼台列屿与东海划界问题》论文中所表现的真知灼见，最后尽管得到了丘宏达与许多哈佛法学专家的一致好评，但是，真正让马英九认识这篇毕业论文价值的人，莫过于丘宏达和他在读罢论文以后对他说的一番话了。

“英九，你千万要听我的话，最好还是早一点返回台湾去吧。”现在再来重新思考几年前父亲在纽约哈德逊河口对他的谈话，马英九方才感受到其中所蕴藏的某种不可明言的玄机。他知道父亲毕竟是早年从大陆时期就追随蒋家父子的政治工作人员，尽管他的性格决定了他永远不会在政坛上有发迹的机会，不过马英九知道以他父亲的头脑与多年在政界的摸爬滚打，他绝对不会弄不懂法律与政治的益处。而马鹤凌在让儿子学法律之后又出尔反尔地劝他改弦更张，莫非就没有经过他的深思熟虑吗？显而易见，马鹤凌是在最近几年里认识到了许多只可意会又不可言传的真谛。

“那么，我该怎么办呢？莫非从此就半途而废吗？”马英九怀着痛苦的心情，一个人来到了美丽的查理河边。他伫立在绿草丛生的岸边，眺望着河对岸笼罩在一片朦胧晨雾下的波士顿古城，心海一派茫然。他做梦也不会想到，在学业将要走完全程的时候，才从心灵深处认识了法律与政治的关系，律师与强权的关系，以及他当年在台湾大学学习法律时曾经想利用国际法庭彻底解决钓鱼岛主权归还中国的问题，有多么的幼稚可笑。既然自己的论文仅仅只是一个留学生的课堂“作业”，而这“作业”最大的作用也不过只是为着一张毕业文凭的顺利取得，那么他又为什么一定要消耗那么多的时间去苦苦钻研？为什么要为这样一纸空文去煞费苦心呢？

“英九，你不能这样做，丘宏达的话虽然有一定的道理，可是他的话又不是唯一的真理。”当马英九晚上把他白天听到的那番震醒他的谈话原原本本告诉给妻子的时候，聪明的周美青却马上意识到丘宏达的话，很可能会给丈夫在临近毕业的前夕，造成极大的思想波动，甚至会影响到他对为法学奋斗十几年所花费的心血的认识。周美青说：“法律就是法律，它是维护与校正国家机器必不可少的武器啊。怎么可能像丘宏达轻描淡写说的那样简单？再说，法律现在虽然暂时还不能解决像钓鱼岛主权之类的国际性大纠纷，却不等于就不能解决社会和民间的许多纠纷和事件。而我们所以要当律师，也并不是都为着当大律师，更不是仅仅为着解决钓鱼岛这类国际争端才当律师的。英九，你可以想一想，律师的价值究竟在哪里？还不就在于能为一些社会底层人员仗义执言吗？我记得你爸爸当初主张让你学律师时，不就是因为早年你们祖上在湖南老家吃了不懂法律的亏吗？这说明，法律和律师都是有用的。既然如此你为什么还要忽然产生灰心的想法呢？”

马英九不语。他的心里很苦闷，他不得不承认妻子的话有道理，然而丘宏达的话也绝不是空穴来风。不过他心里十分清楚一个事实，即便他现在已经意识到律师这条路有些失误，事到如今他也必须义无反顾地走下去了。因为哈佛法律系的几年功课他无论如何也不能白读，特别是时间对于一个人来说，那是根本不可能倒流的。

“英九，无论如何你还是要坚持把法学读到底，而且我想，即便你当初想当大律师不太可能，那么凭着你的才能和学识，将来毕业以后，在美国当一个小有名气的律师，还是一点也不成问题的。”周美青已经发现了他心里的不平静，她知道在这种关键的时候，任何动摇马英九继续读书的无益之词，对于马英九的毕业都是十分不利的。所以她才苦苦地规劝他，给他在毕业前夕的最后冲刺打气鼓劲。

“我懂了，美青，你现在什么话也别说了，我现在明白了我所走的路为什么会这样曲折了。”马英九的心里充满着说不出的悲凉与遗憾，有时他甚至想，如果当初就听信了父亲的话，放弃继续投考哈佛大学而返回台湾，莫非现在当真就会在政界上崭露头角吗？不一定，马英九在认真地思考以后，得到的结论仍然还与当时他在纽约时期没有更大的改变。因为他心里清楚地明白，依国民党用人的规律，像他这样没有强硬社会背景的青年学生，即便有哈佛大学这样的学历，也不足以引起政界高层人士的注目，更不容易冲破论资排辈所形成的国民党固定的官场体系。除非在台湾有特殊政治要人的刻意提携，否则他即便回到了台湾也绝对不会很快地进入官场中显要的位置。与其成为台北官场上的无名小卒，倒不如漂泊在海外更好一些。马英九思前想后，左右为难，最后他感到眼前再也没有其他更好的前景供他选择了，决心把哈佛大学最后的课程都结束再说。

查理河依然还像以往一样潺潺地流淌。隐没在一片雾霭中的波士顿还像马英九当年刚来时一样显现出它特有的雄姿。而距查理河不远的那座哈佛学生公寓，红砖结构的平房小院仍然如故，马英九和周美青居住的那间自命为“碧翠轩”的小屋里，还像从前一样充满着温馨的气息。

虽然生活的经济压力暂时缓解了，然而由于女儿马唯中的诞生，马英九和周美青忽然又感到了几分压力。不过，由于有周美青的精心准备，从前积累的一些家底完全可以应付马英九毕业前的所有费用。马英九对此总是从心里感激精打细算的妻子，他认为如果没有周美青的超常付出，如果没有她的精心筹划，也许生了孩子以后又会让一家人走进经济困顿的窘境。

马英九仍然还在坚持课余的写作，特别是他对华语文章的写作，在马英九行将毕业的前夕，显得格外突出了。他认为，英文稿子只能让那些外国人读，而他毕竟是一个中国人，他的文章既然是智慧与才华的结晶，那么他就应该首先把这些知识贡献给中国的读者，当然首先是了解他的台湾地区读者们。这样，马英九的一些文章便开始在台湾各报上公开发表。台湾的《中央日报》最早发表马英九的文章以后，读者的好评如潮。一些从前在台湾大学时的旧友们，这时见到了马英九在美国写的文稿，都感到异常振奋，因为他们从前并不知道马英九也能写出这么好的文章来。马英九在台大读书时，最给人以深刻印象的是他的组织才能，特别是他当年领导的“保钓斗争”给许多认识马英九的人以深刻的印象，现在再读到他从美国寄来的稿件，其写作才华甚至让熟悉马英九的人感到有些吃惊了。有人会惊奇地问："这些既有论点又有论据的文章，莫非真是出自于马英九的手笔吗？"

不久，有影响的《联合报》上首次发了一个来自大洋彼岸的采访录，那是一位台湾特派记者亲临波士顿哈佛大学城面见马英九时的谈话记录。从马英九对台湾记者的谈话中，不难看出这位优秀的学子对法律知识，特别是对国际法别有见地的谈吐。

马英九在谈到自己在哈佛的写作情况时说："我到了波士顿以后，最先接触的是《波士顿通讯》，因为这是我们中国人在这里办的刊物，许多涉及法律和社会伦理道德的文章，在这里会得到最优的重视，所以我给这家刊物投稿，首先看重的是这家刊物的新潮性和时效性。由于我所研究的法学与这家刊物在许多观点上产生了共鸣，所以我的许多观点，特别是对于美国社会现状和美国法律方面存在缺陷的研究会在这家刊物上最先得到发表的机会。这就是我喜欢并且在后来加盟这家刊物的原因。"

马英九在谈到台湾政治民主化的问题时说："台湾社会现在也由追求经济的富裕，慢慢转而追求政治的民主化。这期间出现的中坜事件和美丽岛事件，正是代表着这股趋势的隐隐胎动。面对海峡两岸的压力，经国先生很早就意识到，只有持续发展经济、落实政治民主、建立更开放的社会，台湾才能得到人民及国际社会的支持。"

马英九虽然还没有回到台湾，可是他的声音和文字已经在台湾读者面前亮了相。那时的马英九并不是想借此引起台湾政治高层的注目，他所希求的仅仅只是发表和因发表文章所能获得的经济报酬。

学业的压力逐渐减轻，使马英九有更多的时间潜心研究写作。他认为一个博士研究生，如果只满足于每天从书本上学到一些死道理，而不能让这些道理和法律得到有效的应用，那么他认为就是一个失败者。

“美青，我在哈佛的学习，每一天都应该有收获。古人说不得虚度一日，就是这个道理。”马英九平和良好的心态开始在写作中得到进一步的恢复，丘宏达谈话给他带来的不快与压抑，也在不断地埋头写作中渐渐消除了，笼罩在心里的阴影并没有让马英九在并不明朗的前途面前败下阵来。他此时仍然在不断地寻求更新的爆发点，这个爆发点就是不断地写作。这是因为他在不断写作过程中，始终把自己如此勤奋的写作当作对自己人生每一天的记录。他认为学者与政治家的不同之处，就在于学者和作家是以文字来不断记载自己每一天的。

周美青自然对他的写作万分欣慰，但她又担心这样苦苦地爬格子，有一天会损害马英九的身体：“你的勤奋精神当然可嘉，可是我们现在生活一天天好起来了，并不需要你这样苦苦地写作，因为身体要比金钱和名气还重要。”

“没关系，我现在的身体状况还能够支持。只要有一口气，就要奋斗一天。”马英九的毅力是普通哈佛学生所无法相比的。可是，他在学习时间发表大量论文与政论性文章，有时也会在哈佛法学院里引起一些负面的反映。有人甚至说，马英九如此之多地频繁发表文章，有严重的功利思想；还有一些教师担心他这样拼命地发表作品，会影响他在哈佛大学尚未结业的学科。

在这种情况下，马英九发表文章不得不改用了各种笔名。而且他开始把自己的文章从美国延伸到东南亚各国。文章内容也开始由从前每文必写的法律，扩展到更加广阔的领域。他开始关注社会新闻与美国民间自发产生的种种民主化活动，同时他的目力所及也向与他所学专业毫无关系的美学、文学和艺术方面倾斜。

后来，马英九的笔力所及，甚至涉猎到一些国际问题，例如在这一时期比较敏感的苏联流亡作家索尔仁尼琴到哈佛大学演讲就是其中的一个引人注目的新闻亮点。

马英九没有想到的是，他1978年在哈佛大学写成的一篇文章《勇者的证言——索尔仁尼琴的哈佛演说及反应》，居然会由波士顿的一家小刊物，迅速地传播到东南亚各国。更不会想到在国民党主办的《中央日报》上连载他这篇文章的时候，竟然会引起一个国民党政要的注目，这个人就是后来看中并提携他的蒋经国。

马英九：我的归宿在哪里？

事情是这样的，索尔仁尼琴到美国哈佛大学进行过一次演讲。在演讲中，他直言西方的自由民主不是普世价值，谈到自己对当代世界的诸多问题的思考，并对美国的物质主义及其表现进行了抨击。他的演讲在国际上产生了巨大影响。各国对索尔仁尼琴的评价不一，吹捧他和攻击他的言论几乎同时铺天盖地而来。在这种大背景下，新闻较为闭塞的台湾岛，对索尔仁尼琴的哈佛演讲却一无所知。可是，就在这时候，有人把马英九发表在新加坡《星岛日报》上的文章，拿到台北来寻求发表。在电话征得马英九同意的时候，马英九要求如果《中央日报》转载，必须要使用笔名。于是，这篇文章在见报的时候，就用了一个与马英九风马牛不相及的名字“王绍陵”。

马英九为何用了这样一个笔名呢？也与他的父亲马鹤凌有点关系。那是因为国民党从大陆向台湾逃离前夕，马鹤凌曾经到过成都，向当时四川军阀王陵基进言，希望他不要逃往台湾，但是王陵基并没有听从马鹤凌的建议。马鹤凌在马英九小时候，经常对他讲一些有关王陵基的闲闻轶事，所以马英九在临时取用笔名的时候，就灵机一动，用了“王陵基”中的两个字。

引起日理万机的蒋经国注意的，当然并不是“王绍陵”这样一个笔名，而在于文中对索尔仁尼琴在哈佛演讲的种种与众不同的观点的叙述，从台湾《中央日报》开始连载这篇长文开始，就在台湾各地先后引起了学术界和军政界高级人士的广泛注意。“王绍陵”的长文发表以后，台湾的《联合报》《自立早报》《中国时报》等有影响的媒体，马上就鼓噪起来，批评者有之，赞成者有之。平时岑寂无声的舆论界顿时变得热闹而喧嚣起来，在台湾岛上形成了一股不大不小的冲击波。这样，蒋经国也见到了这篇署名“王绍陵”的文章。

“这王绍陵是什么人？”蒋经国读完《中央日报》上的长文，摘下眼镜以后，向垂手侍立在身边的英文秘书宋楚瑜问了一句话。

“报告总座，我们也没有听说过这个人。”宋楚瑜谨慎地作答，“我想他很可能是一个平时躲在书斋里作闲文的作家或者学者吧。”

蒋经国对宋秘书这样的答复颇不满意，于是手一挥说：“马上去查一下。”

几分钟后，宋楚瑜就风风火火地赶回蒋经国的办公室，报告说：“经查询《中央日报》，这篇文章的作者名叫马英九，现在正在美国的哈佛大学读博士学位。”

“马英九？”蒋经国对这个名字似乎有所耳闻，然而他拍拍额头，一时却又想不起来，便问，“这个马英九是什么人？他有什么政治背景？”

宋楚瑜说：“没有。据《中央日报》负责发稿的编辑说，马英九家里没有高层政治人物，他的父亲名叫马鹤凌，现在知青党部供职，也是从大陆过来的，湖南人。”

“哦，马鹤凌的儿子？”蒋经国这时忽然有了一点模糊的印象，因为他刚来台湾时主持过知青党部的工作，所以对马英九的父亲倒有一点印象。他想一想，又向宋楚瑜发问：“马鹤凌的儿子在台湾读书的时候，是在哪一所大学？”

宋楚瑜说：“已经问过了，马英九曾经是台湾大学法律系的毕业生。他可能和孝勇是同期的同学。”

蒋经国听到这里，心里对这个此时仍在美国就读的马英九产生了一点想法。不过他在宋楚瑜面前不再多说，只是把放大镜取了过来，将那篇《勇者的证言——索尔仁尼琴的哈佛演说及反应》复阅一次，越看越觉得执笔写出这篇文稿的人有些不俗。只是蒋经国读后再也没有多说什么，就把那几张报纸放在自己的抽屉里了。

几天后，在大直的七海官邸里，蒋孝勇不知有什么大事，接到电话以后就匆忙赶到了父亲的办公室。蒋经国坐在沙发椅上，见蒋孝勇进来便把那刊载着马英九文章的《中央日报》放在他面前，说：“孝勇，你在台大读政治系的时候，可曾知道有一个叫马英九的学生吗？”

“知道，”蒋孝勇不知日理万机的父亲为什么忽然问起一个台大的学生来，便应诺说，“不但知道，我与他还是很熟的。莫非马英九现在出了什么事吗？”

蒋经国把那张报纸又合上了，说：“什么事也没有，我只是向你打听一下，这个叫马英九的学生，品质如何？”

蒋孝勇慎重地想了想，说：“我和马英九只是在校园里偶然相遇，接触也不是很多。当时他在法律系，而我在政治系。不过，从我和他的短暂接触上看，此人的品质应该没有问题，因为当年他曾经被学校公推为‘学生领袖’，去美国进行过参观访问。

同学中的口碑还是不错的。”

“哦哦。”蒋经国默默地倾听着，不说话。

“您老人家应该对马英九有一点印象的。”蒋孝勇忽然想起了一件事，忙说，“当年马英九去成功岭参加军训的时候，他好像是学生公推的代表，到台上去致过辞的，当时您不是就在台上的吗？”

“是吗？”蒋经国仍然不露声色，听到儿子的介绍，他蓦然在脑海出现了一个身材高瘦的男青年，声音洪亮地当众致辞以后，又将宣誓词送到他手中的情景。

“马英九是一个很勤奋也很有才气的人。”蒋孝勇虽然到现在还不清楚父亲的真正用意，不过他尽量把当年他在台大读书时对马英九仅有的印象说清楚，“他在法律系是成绩较为优秀的几个学生中的一个。这一点许多人都是知道的。”

蒋经国沉吟着，又说：“这个人的文章写得不错。从文章上看他是一个有独特见解的年轻人，也是咱们当前最需要的人才，可是他现在却在美国读书。一般来说，在国外读书的人，只要是人才，学成以后就会囿于美国的高薪和待遇，大多都不肯回来了呀，其实这也是我们允许大批人才外出留学的一个损失。”

蒋孝勇静静地伫立在一边，已经从蒋经国的几句话中品味出他对尚未谋面的马英九产生了 种好感。于是蒋孝勇说：“既然父亲有意起用他，那么我何不马上把这个意思捎给在哈佛读书的马英九呢？我想，只要他知道父亲有重用他的意思，相信他绝对不会留在美国的。这个人我还是可以说得动的。”

“不，不好！”不料蒋经国听到这里竟然把手一摇，否定了儿子的建议。他沉思片刻才说：“由你直接捎话给这个马英九，很不合适。如果他听信了你的话当真回来了，对我们也未必合适。因为如果是人才，他是应该首先想到主动回来的。如果我们去请他，反而会让我们很被动。当然，如果有别人建议他回来，我们当然可以用他的一技之长！”

蒋孝勇立在父亲面前，马上就听懂了他的言外之意。他想了想说：“父亲的意思我懂了，那么，我会把这个意思通过其他人捎给马英九的。我想他也不会不回来的。”

蒋经国点点头又摇摇手，半晌才说：“不急，这样的事不要太急，最好顺其自然！”

远在大洋彼岸攻读学业的马英九，自然不会想到他写下的一篇普通稿件竟然会在台湾引起蒋经国这样重要的政治人物的重视，也不会知道蒋经国竟然因这篇文章萌发了起用他的念头。而当年在台湾大学校园里邂逅的蒋孝勇，居然负有向他传话的任务。马英九仍然住在距波士顿不远的那所租用的房屋里，与他的妻子周美青继续过着与世无争的清苦时日。

随着时光的飞逝，眨眼就到了 1981 年的早春。

波士顿附近的查理河上刮过了一股混杂着紫槐花的清香，马英九就读四年之久的哈佛大学法学院里，几株经冬的莓树已经绽开了淡淡的绿意，校园中那偌大的草坪上现出了一片片嫩绿的草芽。在和煦的春风之中，着一身黑色博士服的马英九，头戴着一顶威严的博士帽，正微笑着伫立在早春灿烂的阳光下面。有人为他拍摄了一张毕业照，这是他终于获得了博士学位以后的庄严一瞬。

虽然马英九在美国的几年并没有经历过战争的烽火，但是在艰难的学海中苦苦跋涉，也给他那颗年轻的心平添了几许艰辛的烙印，而马英九那张永远呈现出年轻刚毅的面庞上，也由于经历过太多的学海波折而留下了几多沧桑。

“英九，既然已经毕业了，还是听从父亲的意见，早一点回到台湾吧。”周美青永远是那样贤惠善良。与马英九在纽约和波士顿已经生活了整整六年光阴的她，似乎比任何人都能体谅与理解他作为一个留美博士生的苦闷心境。她知道，马英九是一个有城府也有见识的年轻学人。如果说从前在台北读书的时候，马英九给周美青最初的感观印象，只是一个喜欢出风头和频频站在学生群里高呼口号，或者时常以出现在风口浪尖上显现自己才能的“学生领袖”自居自傲，那么自从与他在美国共同生活并朝夕相处以来，在和马英九的近距离接触中所得到的印象，则是与从前截然不同的内敛与深沉。经过蹉跎岁月的磨砺，少年与青年时期过多的扬名显身并没有让马英九得到真正的知识与收益，直到来到美国求学以后她发现马英九才忽然意识到喜欢站在风口浪尖上的人，往往都是理智与修养尚未成熟的品格轻浮者。特别是她随马英九来到波士顿以后，在人才济济的哈佛校园里深刻体会到人才之中还有人才的道理。与来自世界各国的众多才子集聚在一起，会让马英九认识到天外有天的道理，经过无数次校园风雨的洗礼之后，马英九变得更为老成持重和遇事不惊了。尤其是在生活压力面前他懂得了只有依靠自身本领才能让他永远生活在理想境界的道理。所有在哈佛大学获得的理论知识与生活哲理，都让马英九切身体会到做人和求得生存的不易，这对于一个在异国天地里独立生活六个春秋的他来说，无疑是留学美国以后最大的收益。

“不，美青，在是否回台湾供职的问题上，我们还是要有独立的思考。千万不要盲目行事，因为这关系到我们后半生是否幸福的大问题。”马英九理解妻子的心思，也知道她担心自己在这关键性的去留问题上，会与父母家庭产生无法化解的矛盾。此前她知道马英九的思想深处已经受到了一次剧烈的震动，那是因为哈佛大学资深学者丘宏达就其毕业论文对马英九的谈话。丘宏达的话已经让马英九清醒地认识到将来他在美国当律师可能遭遇的种种难堪，律师之路很可能越来越艰难。特别是他当初前来美国寻求发展时，对律师所寄予的那么高的期望，在他毕业以后很可能会随着生活的不顺而化为泡影。自从和丘宏达接触以后，马英九已经开始冷静地观察美国社会中律师的生活和工作，他还发现比他毕业较早的几位哈佛法学院博士的处境，其实远不像他从前所想的那么乐观。哈佛大学虽然是名校，可是从这个学校毕业出来的学生，也并不都会受到社会的欢迎。有些人甚至在毕业几年以后还得不到一份理想的工作，许多美国律师事务所对中国留学生一直采取冷漠相待的态度。所有一切都使马英九开始意识到，并且亲身感受到就业的难度。尽管如此，马英九仍旧不想听从父亲的话，现在就匆忙地返回台湾去。

周美青很为他苦恼和操心，便说：“英九，咱们再也不要像从前刚来时那样天真了。毕业以后的去向问题，我们已经讨论过多次了。在波士顿肯定不会找到理想的去处，去华盛顿和纽约等地的律师事务所，虽然不是没有出路，问题在于你到了那里以后，会不会因为受不到他们的重视而悲观。所以我想，是不是就相信爸爸的话，还是急流勇退吧。因为爸爸在信上已经写得很清楚了，你如果回去的话，想做的工作肯定要比在这里理想，你想当律师，回到台北以后很多人都会抢你；而爸爸他老人家所希望的是，你最后去从政。我想，从政也没有什么不好，总要比当律师省一些心力的。”

“美青，不要急，你再让我好好地想一想。这件事我们千万不要过于草率了，因为我已经吃过草率的亏了。”马英九此前已经接连收到父亲从台湾寄给他的几封家书，马鹤凌在每一封信中，几乎都无一例外地谈到一件事，就是迫切希望他学成以后，最好放弃在美国当律师而回到台湾去寻求从政机会。这些话让马英九听来左右为难，平心而论他在内心深处对返回台湾供职也不是没有认真想过，不过他想的并不是回去以后如何做官，而是回去以后是否会有当律师的机会。而他父母双亲的年龄也在与时俱增，自己作为马家唯一的男子，显然不同于已经出嫁的三个姐姐和一个妹妹。他有理由马上回去，支撑起马氏家族的一切。然而，每当马英九继续留在美国谋职的想法发生动摇的时候，他首先要反躬自问："我当初究竟为什么要来美国？莫非仅仅为着在这里得到两张美国人颁发的硕士和博士的文凭吗？"不，不是的。马英九并不是那种想凭靠手里的两张文凭，回到台湾以后到处以此作为行事资本的轻妄之人。他现在考虑最多的还是在美国从事律师职业与在台湾当律师究竟有什么不同。

就在他来哈佛大学就读的最后两年里，美国纽约和华盛顿已经有几家有名气的律师事务所，对于学业优秀的马英九产生了兴趣。尽管那时的美国华裔人士谋职已经出现了困难重重的迹象，可是他感到美国社会对人才需求的公平性也是让人信服的，只要你有真才实学和一定的实践经验，只要你真正在智力与学识上超过美国人，那么你仍然会在职业的竞争平台上可与美国人一试高低。在马英九看来，种族歧视在美国确实存在，有的地区甚至还比较猖獗，不过对于像他这样受过高等教育，特别是出身哈佛大学法律系的高级人才，还不至于落到受到冷遇与排挤的尴尬境地，因为他从心里有与美国人分庭抗礼，甚至一决雌雄的想法。马英九的理念基础是，既然出来了，就要在美国打出一方属于他自己的天下，不然他就白白地空跑了一趟美国。

"莫非你真想接受华盛顿律师事务所的聘请吗？"周美青经过几年供职以后，已经深深意识到一个中国人在美国从事律师工作的艰辛和困难。特别是她在餐馆打工期间，也曾认真地替丈夫考察过美国司法界的现状与律师们的相互争夺。就连美国名牌律师有时也会落入经营事务所不景气的泥淖，何况一个在美国没有坚固人脉关系的中国留学生呢？所以周美青在丈夫面临重大抉择的时候，提出了她的不同意见，希望他能认真考虑得失，然后再做出重要的决定。

马英九在经过认真考虑以后，对妻子说："我现在当然还不至于屈居于见习律师的位置上，而且如果现在就去华盛顿或纽约的律师事务所供职，他们马上就可以接收我。不过我无法接受必须要有见习律师这样的过程。我在这里已经修到了博士的水准，为什么还要去见习呢？美青，你想我会甘心吗？"

"那么你想做些什么？"

"我想，我至少也要做一个重要学府或机关的法律顾问或者法学研究顾问，这样对我来说既体面也公平。这样的地位才能对我六年来所付出的全部代价给予一个合理的回报。"

妻子担心地望着雄心勃勃的马英九，实在为他的过于眼高手低而表示担心，便说："这样的顾问，你会得到被看中和被任命的机会吗？你想过没有，那么多在哈佛求学的美国学生都无法做到的事，你一个外国人，又是刚刚毕业的华裔学生，如何才能一步登天呢？"

马英九心里不平地说："我有办法实现我的全部计划，美青，我并不是一个喜欢大吹大擂的人。我想做的任何事情都会有事实做基础的。在这方面请你千万要放心，我绝对不会让自己最后走投无路的。"

马英九之所以这样说，是他早在此前两年间就已经在悄悄开始做毕业后与妻子双双留在美国长期定居的准备了。他的导师O.N. 詹姆斯早就对这位来自东方的中国青年产生了极好的印象，尤其是当马英九每次考试成绩都居于班级的前几名时，就会让这位黄发碧眼的美国教授感到万分惊讶。因为在他看来东方人的智慧无论如何也难以企及自视高明的美国人，可是当他看到马英九处处以学识与智慧遥遥领先的时候，詹姆斯就不得不从心里喜欢上还不满 30 岁的马英九。到了 1980 年的冬天，当詹姆斯听说马英九正在为他毕业以后的去向左右为难的时候，就主动表示了慨然相助的意思。他说：“马英九，请你放心好了，毕业以后，我会把你介绍给一所相当好的学校去当法学研究顾问。因为那里对我早就有所要求，他们希望我把新一届优秀毕业生中的一员介绍给他们。而你马英九无疑就是我心中最理想的人选。”现在马英九之所以有些彷徨，也许就因为早有导师詹姆斯对他的承诺，所以才迟迟不能给台北的父亲写一封回信。

第八章　见习执业律师

第一次求职

2 月里的一天，马英九终于收到了马里兰大学法学院函寄给他的一份正式聘书。

他知道这就是他的导师詹姆斯为他的工作努力的结果，这张聘书对他此时究竟是继续留在美国还是遵从父命返回台湾，起到了决定性的作用。此时的马英九认为，在美国继续从事法律工作，无疑要比返回台湾强上百倍。他知道在那个年代，台湾法学界对于在美国从事律师工作的人往往高看一眼。如果他现在就这样回了台北，那么在美国的六年时间就等于空混了两张文凭。与其匆忙而归，倒不如前往马里兰州碰碰运气。毕竟是马里兰州的一所大学啊，在这样的学校里做一个研究顾问，虽然是一个无关紧要的闲职，但是总要比前往华盛顿一家律师事务所当见习律师光彩得多。

“美青，咱们还是马上就到马里兰州去吧。”当马英九把他几天来反复思考并最后的决定告诉给他的爱妻时，心早已经飞向了那个陌生的马里兰州。他不知道那里等待他的将是一种什么样的全新生活。不过，马英九心里完全可以预见到，他和妻子及女儿到了那所大学，肯定会受到重视的。

周美青对于头脑过热而又有几分冲动的马英九，总是担着心。因为她知道在美国，无论他们去了哪一个州，也无论进了哪一家学校或者律师事务所，美国人总会以特殊的轻蔑的眼光来打量他们。所以，她对于是否马上前往马里兰大学表示出一种犹豫与迟疑。

但是，作为一位贤惠的妻子，又不想过早地对未来前景表现出过多的悲观，更不会马上站出来反对丈夫的决定，于是她就委婉地说："英九，是不是你自己先到那里去，等你在那里安定下来以后，我和孩子再过去。马里兰州对于我们而言，毕竟是一个陌生的地方。譬如我们就这样过去了，住的地方会怎样？工薪和待遇又会如何？我的工作是否会得到安排，等等一切，最好等你去了以后再说吧，可好？"

马英九是一个雷厉风行的人，凡是他想做成的事情，一般都会看得顺利多于坎坷。看到桌子上好不容易获得的一张聘书，马英九头脑里想的几乎全是光辉灿烂的美妙前景，于是他固执地要求妻子说："还是咱们一起去吧。我想，马里兰大学法学院既然已经给我发来了正式的聘书，显而易见他们是非常尊重导师詹姆斯先生的，既然他们对我如此诚恳，我们为什么反而又要怀疑对方的诚意呢？至于你的工作，也不必过于担心，到了马里兰以后，我会有办法解决这个问题的。"

周美青仍然对马英九过于乐观的态度保持着一定的谨慎，她说："如果我们一起去马里兰，我就必须马上辞去这里的工作，万一去了那里以后，情况并不像你想的那么顺利，岂不是对我们的损失更大吗？"

马英九是一个理智的人。当他耐心听完了周美青的一席话后，也觉得妻子女儿暂时留在波士顿更加有利。于是他点头同意了，说："好吧，美青，只是我一个人先到马里兰州去，你在这里的生活负担要重了一点。不过，我会很快在那里安定下来的，然后就回来接你们母女俩一起到那里去。总之，我们从现在开始再也不需要靠这点微不足道的奖学金过苦日子了。”

2 月中旬的一天，马英九离开了波士顿，一个人飞往马里兰州。

他飞抵那里一看，这座城市比他想象的还要宏大而喧嚣，车水马龙的繁华街景与他即将供职的马里兰大学恬静幽雅的环境是截然不同的两个世界。马英九到学校报到以后，才知道这所大学虽然是私立的，不过从规模上同样具有可与现代学府相媲美的许多优势。只是马英九来到以后才发现，行前妻子对他的那些叮嘱，居然都一一应验了。虽然学院委派一位专门负责安排研究顾问的教导主任亲自会见了远从波士顿风尘仆仆赶到的新任顾问，不过，马英九并没有感到教导主任对他的到来如他所想象的那般热情与周到。好像对他只是马马虎虎地敷衍，并且很不客气地告诉他说：“我们这里已经聘用了七八位研究顾问了，这些顾问一般都是兼职。只有我们学院有需要的时候，才会把他们请来，平时无事的时候，这些顾问可以做他们自己喜欢的任何事情。”

马英九听了他的话，来时那跃跃欲试的兴奋心情好像被人突然泼了一盆冷水。他没想到一所正规大学的学院在聘请研究顾问的时候，竟然会如此随便，甚至对他来后的工作和生活等情况也只字不提。马英九是个很注重面子的青年人，但是见那教导主任谈完这些话后准备离开，他才不得不询问一些与他此行紧密相关的事情：“请问我来后的薪金问题……”

主任又坐了下来：“哦，这个问题嘛，我们当然会按旧例办理。如果学院有特别的事务需要你费心，我们会支付相应的费用的。这是不需要你担心的。”

“那么平时我在这里如何生活呢？譬如是否应该有一定的固定薪水？”

“当然是有的，不过不会太多。一般情况下，我们支付给研究顾问的年度薪水不会低于五千美元。其余可就要看你一年中能做多少事了。这已经是我们学校比较优厚的报酬了。”

马英九心中的失望简直无法形容。如果每年只支付五千美金，万一在一年中需要他参与的项目没有几个，那么他就要依靠这微不足道的一点薪水生活了，他不知道这点薪水又如何能维持一家三口的正常生活。马英九想继续提出这个较为实际的问题，可是主任已经很不耐烦了，他再次站起身来，对马英九说：“当然，如果你觉得薪水太低，你还可以在这里当自由职业者，也可以到州立法院去寻找那些正在打官司而没有请到律师的人。不过我们只能如此了。”

马英九心里有些愤慨，但他知道在马里兰寻找这样一份工作的艰难，于是克制住心里的火气，说：“主任先生，请问我的住宿怎么解决？还有我妻子的工作和女儿的幼龄教育等等，这都是一些较为实际的困难啊！”

不料那位主任听了他的话，竟然双手一摊，无奈地耸了耸肩膀说：“马先生，这可是你自己需要考虑和解决的事了，学院方面对于请一位研究顾问所能承担的义务中，从来就没有这些烦琐的小事。对不起，请你自便吧！”

马英九一个人来到学校外的大街上。骤起的狂风吹起那件妻子在他临行前特地买给他的深蓝色风衣。直到这时他才发现，自己从清晨下飞机到现在还没有吃饭，此时已到了吃午饭的时候，马英九找到一家快餐店，草草地应付了事。然后，他重新来到马里兰大学附近，他知道自己必须马上找寻一个栖身之地。在到一家小旅店租了一间客房后，他躺在床榻上想着自己的出路。幸亏听信了周美青的忠告，否则如果他不经考察就把一家人都带到这陌生的马里兰来，岂不是让妻女和他同样有居无定所的遭遇吗?

马英九知道，如果现在马上返回波士顿显然是非常不现实的，因为即便回到波士顿，哈佛大学也不会再接纳他这已经毕了业的学生。而新的工作也肯定不会马上就能找到，那样一来，他就只能吃妻子那点微薄的薪水了。想到前面的求职之路会更加艰难，马英九决定暂且留在马里兰，等把五千美元的薪水领到以后再做安排。而目前他急需解决的，是尽快租一间可供他安身的临时居所。然后，他还可以去马里兰州法院想想办法，如果运气好的话，他会遇上寻求律师的主顾，那么他就可以在这里一边打官司，一边充当这个学院的固定研究顾问。

要在马里兰开始新的生活，马英九现在要做的第一件事就是翻阅当地报纸。那些广告版上刊载着五花八门的出租房屋广告，他看遍了一张又一张，发现这里的房租比波士顿还要贵，最后总算找到一家距马里兰大学稍近的出租屋，打过电话去与房东讨价还价。这种事对一位有着哈佛学历的法学博士来说，极为难堪。所幸的是，价格总算砍到了他满意的价位，只差隔天他去那里实地考察一下，然后就可以从旅馆搬出去，毕竟住出租屋比旅馆要好许多。

当天夜里，马英九把他到马里兰后的遭遇写在信上，次日清早，就给在波士顿焦盼他音讯的周美青寄了过去。他在信上不得不承认，妻子对他此行的估计远比自己想象的更为贴近实际。而目前面临的窘境对马英九来说，只有一条可行之路，那就是眼前的困难必须克服再克服，直到环境得到彻底的改变。

给妻子发信以后，马英九再次走进了那所马里兰州的高等学府。接待他的人还是那个教导主任。在马英九提出支付全年顾问服务的薪水时，主任明确地告诉他说:“年薪虽然只有五千美元，可是必须逐月领取。因为我们这里常遇到领了年薪不久就自动解除聘约的顾问。所以你现在只能领取一个月的薪水。”

出乎马英九的意料，他在这所学校的法学院每月只能拿到不足五百美金的薪水。真是少得可怜，然而事到如今，他也只能如此了。

受聘东亚银行

波士顿在初夏到来的时候，过早地炎热起来。

当 3 月初周美青收到马英九从马里兰州寄来的航空信函以后，她的失望和怅惘是难以用语言表达的，虽然马英九可能遇到的困难都在意料之中，但是当她真正听说马英九在马里兰州的求职并不顺利时，心里仍然泛起无限的悲凉。她毕竟比过于乐观的马英九有更多的冷静。周美青之所以对马英九去马里兰求职从开始就不抱希望，就在于这几年来她在波士顿陪读期间所遭遇的种种求职坎坷，一家又一家公司和律师事务所里，大多都已经人满为患。

从求职的实际意义来讲，美国各地甚至要比台湾还要艰难，尤其是来自亚洲各国的黄种人，在美国求职所面临的不仅仅是机会甚少，而且还会受到轻视与嘲弄。而从台湾到美国寻求发展的大学生们，在美国各地一般都不受重视。这不仅因为蒋介石政权已经被从联合国清理出去以后所带来的冲击波，另一个原因是美国各公司对来自台湾岛的中国学生，一般不抱有很大的希冀。所以周美青在波士顿求职时也多次碰壁，后来她急于求职而放弃了她从小就喜欢、后来到纽约大学又倾心苦钻的法律专业。现在当她听到马英九在马里兰大学的遭遇的时候，心情当然是无法用语言能形容的。

夜里，周美青在女儿睡熟以后，决定提笔给远在马里兰陷入困顿之中的马英九写一封信。

英九：

像你在马里兰大学的遭遇，其实并没有什么奇怪。千万不要以为你是哈佛大学毕业的高才生，就会受到校方的高度重视。其实在美国各地，几乎所有的职业大多都人满为患，即便他们不得不采用你，也需要有较强的靠山作为谋职的背景。如果没有詹姆斯先生的面子，恐怕你现在的这个顾问也不会轻易到手。所以，我劝你不要灰心，也不必为了眼前的困难轻言放弃。我的想法是，你是否可以先在马里兰工作一段时间，如果你能在那里寻找到一家律师事务所，先接手一些案子，也许会解一点燃眉之急。如果实在不行，也不是没有后路，我想你现在即便回到波士顿来，也是可以生活的，因为我的月薪是可以供我们度过暂时的困难日子的。

她在信中继续写道：

美国对于任何一个来此求学和求职的外国人来说，都是这样冷漠无情的。因为这里的竞争激烈，再加上世界各国不断有一些精英集聚在这里，所以本来只够供美国人生存的地域便显得更为狭小。马里兰州这所大学毕竟是一所名牌学校，而研究顾问并不是这所学校的法学院必不可少的职位，这样他们对待你的态度就已经很客气、很友善了。我劝你千万不要计较这些细节，我们到那里去求职，就是为了在美国争得一方生存的空间，所以，为了扩展我们的空间，就必须有忍辱负重的精神。这也是我们中国人固有的精神，我相信凭着你坚韧的品质和不惧险恶的性格，是会熬过暂时的艰难，并且能够在马里兰找到属于我们共同生活的天地的。……

周美青是个聪慧的女人，尽管她在信上写了那么多鼓励的话，然而她已从马英九信中表露的种种畏难情绪中，察觉到他在那里举步维艰，所以马上就想到，现在应该给他换个环境，重新寻一个更适合的工作才行。

从翌日开始，周美青就开始在波士顿设法为她的夫君寻找更为合适的工作。周美青知道马英九是一个自重的人，如果他在马里兰大学法学院始终处于这种不被重视的尴尬境地，一时在那里又解决不了收入问题，绝不会久居马里兰。这样他有一天肯定会重新回到波士顿的。到了那时候，如果他们再去寻找合适的工作，是不会马上见效的。

于是，周美青只要有时间，就按照报纸上的招聘广告，不厌其烦地到处拨打电话。她希望利用这种办法，能够为马英九寻觅一个让其更为满意的工作。查理河边的这座古老城市，对于一对远从中国台湾岛来的年轻夫妻而言，四年的生活已经产生了一定的感情。如果马英九真能回到波士顿来，对于周美青也是一件好事。因为她已经爱上了这座素有美国“雅典古都”之称的美丽城市。

然而，波士顿也并不缺少律师。周美青发现在这座城市纵横交错的街道中，几乎随处都可以发现律师事务所的招牌，特别是州法院附近更是律师事务所集聚之地。大大小小的私人律师所鳞次栉比，她一家家地走访，一家家地探询，几乎没有一家律师事务所对周美青的询问产生兴趣。偶尔也会遇上个别律师事务所同意接收马英九，可是一旦接触到薪水和福利待遇等事，大都会十分苛刻。周美青这才发现马英九在波士顿谋职甚至比她还要困难得多。因为周美青毕竟只是一个普通的硕士生，她求职的要求一般可以马马虎虎，不做过多的计较。然而，她能做的工作马英九未必肯屈就。这样一来，周美青着实为丈夫今后的去向犯了难。

不过，机会总还是有的。4 月里的一天，周美青清晨上班，刚从报上翻到一家新加坡东亚银行波士顿分行的招聘启事，就拨了一个电话，当然这类电话她已经不知拨过多少次了，因此也没有抱任何希望。可是奇迹竟然在刹那间发生了。对方接听电话的是一个英语娴熟的女人，当周美青把马英九的简况说给对方以后，那个女人马上就表示："马太太，我们现在刚好就需要聘一位哈佛法学院的毕业生，而且我们希望他最好是亚洲人。这样，你的先生好像很符合我们要求的条件，请你马上把他的资料传给我们吧！"

周美青简直不敢相信自己的耳朵。一家银行希望招聘来自亚洲的哈佛法律系毕业生就任该银行的法律顾问，马英九的条件可以说是无可挑剔的。只要在马英九回到波士顿之前没有出现另外的竞争对手，那么马英九的中选是极有可能的！

于是，周美青急忙动作起来。她一边把马英九所有的英文履历表和在校成绩单，通过传真机迅速地发往那家东亚银行秘书处，一边给在马里兰的马英九发去紧急传真。要他接到自己的函件以后，火速从马里兰州飞返波士顿。她担心的是在人满为患、求职者如同过江之鲫一般的波士顿，会因为马英九的迟来一步而有人捷足先登。

马英九在马里兰正度日如年，几乎没有寻找到新的生活出路。恰好在这时候，他意外地收到了妻子周美青发来的传真。于是，他在次日凌晨搭上了一架飞往波士顿的客机，飞回了他熟稔而有感情的查理河畔。

“英九，你是吉人天相，经过我的打听，这家新加坡银行尽管在美国纽约和华盛顿都有多年的历史，但是这家分行是刚刚在这里开办不久。他们希望雇用一位亚洲人作为他们的常年法律顾问，就是想利用哈佛大学的名牌律师来为他们银行处理各种棘手的经济纠纷。所以，你做这个顾问是最最合适的了。”周美青终于见到了刚刚分别一个月的丈夫。这时她才发现，从前在台湾面对一切困难都感到无所畏惧的台大“学生领袖”，如今仅仅一个月光景，就变得有些削瘦了。特别是马英九那经历了坎坷磨难后显现出来的颓唐与无奈交织的痛苦神情，让心爱他的妻子顿时感到万分难过。她能够理解丈夫此时的痛楚，毕竟是一个历经千辛万苦、满怀希望前来波士顿哈佛大学求学，毕业后幻想应该有一个理想的去向，然而严峻的现实让这个雄心勃勃的中国青年感到处处失意而又无可奈何。

“这是真的吗？”马英九感到很疲惫。当他听到妻子报来的好信息时，再也不见了当初接到马里兰大学法学院聘书时的兴奋。因为严峻无情的生活已让马英九品尝到一个中国青年在美国闯世界面临的种种艰难。当初在哈佛毕业时心里编织的五彩缤纷的绚丽图画，没有想到会那么弱不禁风。

周美青见马英九浑身无力地躺倒在沙发上，慌忙给他端了一杯水。她希望以自己的热情重新唤起丈夫那曾经在胸臆间奔涌的生活激情。然而，无论她如何述说这家新加坡银行的种种，如何赞美与展望成为这家银行法律顾问以后的前景，马英九都提不起精神来。因为去了一次马里兰大学，他已经领教了一个堂堂哈佛博士在那些美国人眼里的地位与分量。

第二天，马英九尚未起床，那家招聘法律顾问的银行竟然主动打来了电话，告诉周美青说："马上就要面试，今天上午无论如何也要请你丈夫过来……"

周美青听了比马英九还急，她急慌慌地把丈夫叫了起来。她给马英九选了一套最适合他穿的咖啡色西装，一条枣红色缀白格的领带，系在他那雪白的衬衫领下，越发显现出马英九的潇洒与俊逸。当周美青认为她已经把马英九打扮一新，完全可以在任何人面前一展哈佛学子风采的时候，她决定陪同他前往那家银行。果然前来应试的律师不少，在整整一个二楼大厅里，几乎挤满了前来面试的男男女女，当然都是清一色的亚洲人，而从台湾来美国寻求发展的律师也不在少数。在这种场面里马英九忽然失去了信心，他对妻子说："算了吧，如果实在不行，我也不必这样在美国让人挑来选去，必要的时候，我们还是可以回台湾的，不管怎么说，我在台湾从来就没有受过这种难以忍受的罪啊！"

周美青苦苦相劝："你一个大男人，为什么这样对自己没有信心？你要知道，信心是一切事业成败的关键。如果你对前途已经没有任何信心的话，即便我们回到台湾，你也会在严酷的生活现实面前处于被动的。而现在的这个机会，只能往前闯，绝不能往后退。往后退就不是你马英九惯有的风格了！"

听了周美青的话，马英九忽然精神一振。他没有想到表面上看起来弱不禁风的妻子，骨子里居然蕴含着一股坚韧。而他在周美青面前，突然感到自己在表面的倨傲与强硬背后所潜隐着的可怕脆弱。而他的这种精神上的脆弱，往往是他事业不能得到充分发展的最大缺陷。

"马英九！"在他和周美青混在人群里等盼得有些焦灼的时候，忽然听到一个年轻女子喊着他的名字。这时候马英九才发现刚才还人群拥塞的大厅里，这时已经变得空空荡荡了。许多人在进入了面试考场后又悄然离开了。这家银行虽然是刚刚开始营业不久的新加坡分行，可是，他们对法律顾问的选择同样是认真而挑剔的。马英九因此对是否能有机会进入这家银行当常年顾问，不抱有更大的希望了。

周美青忽然紧紧地拉住马英九的手就往一间办公室走去，她边走边说："英九，你为什么还愣在这里？人家已经喊了两次了，如果第三次喊不到你，可就是你自动放弃面试了！"

马英九不说话，但是见妻子急成这种样子，索性就听天由命地走了进去。这时他才发现，面试的这间办公室很宽大，也很敞亮。里面的气氛与外面的大厅形成了鲜明的对照，一幅巨大的油画下面，是一张长条方桌，后面一字排开地端坐着几位绅士模样的男子。他们一个个都在那里冷冷地打量着忽然走进门来的马英九。见到这种场面，马英九忽然固执地挺直了腰身，脸上也变得冷峻起来。

"请问，马先生是哈佛法学院毕业的吗？"一个会说英语的女人在向他发问。这时马英九才注意到坐在那些面试官中间的竟然是一位气质高雅的女子，年纪在五十岁左右。她说起话来有几分威仪，然而当眼神碰撞时，马英九发现这位女面试官却是在以欣赏的眼神注视他。

"是的！"马英九不卑不亢。

"我查看了你的申报资料，也看了你妻子递过来的几份文章影印件。"女面试官说，"看起来你不但考试成绩门门优秀，而且还能写一手好文章，是吗？"

马英九说："功课优秀是肯定的，不过我写的文章不敢自称写得好，我是为了勤工俭学才不得不利用课余时间进行必要的写作。"

女面试官注视了身材高大、气质超然，在强悍中又透出几分文人气质的马英九许久。在马英九回答完其他面试官的问题后，她就开始询问一些与银行和金融相关的技术性问题。在她看来，一个学法律的中国学生，对于金融这门学问未必精通。不料一经发问，马英九就不假思索地对应如流。特别是对于一些当代重大的金融诉讼案的分析与观点，几乎都有独到的见解。马英九与那位女面试官之间的问答足足进行了半个小时，这显然远远超出了原定面试的时间。而前面已经面试的几十位男女律师，有的人只进来两三分钟，就大失所望地摔门而出了，唯有马英九是一个例外。在女面试官询问结束以后，其他面试官又接连向他进行各种各样刁难性的发问。出乎众面试官的意料，马英九面对七嘴八舌的提问，唇枪舌剑，几乎所问之事全在他的胸臆之中。就这样，这家银行果断地聘用了他。

华尔街上的“见习律师”

一架波音客机在浩渺的云海中浮沉。

客机里坐着马英九，此时正是1981年夏天的上午。凝望着机翼下飞掠而过的滔滔云海，马英九感到在美国供职的艰辛远比他当初想象的艰难得多。现在他不得不中止了在波士顿那家新加坡银行的法律顾问工作，再次向美国东部飞去，前方就是他和周美青都十分向往的纽约。这次马英九是和妻子周美青及女儿一起离开波士顿，飞向纽约的。

想起在波士顿这家银行的短暂就职，马英九心里就感到有些辛酸和不平。本来他是以自己渊博的学识和哈佛大学博士学位的资历，凭着过硬的从业资质进入这家东亚银行担任法律顾问的。在工作中他任劳任怨，虽然来此时间不久，可是这家东亚银行竟然接连出现了几起相当棘手的官司。而刚刚毕业不久的马英九，在诉讼过程中所表现出来的杰出应变能力及与对手对簿公堂时的雄辩才能，让这家东亚银行的女行长佩服得五体投地。马英九不了解的是，这家银行多年来一直存在着管理上的瑕疵。他们在与美国商业银行打交道的过程中，欠下许多难以理清的账目。这样银行无疑就会不断遭到诉讼，那位女行长之所以不惜重金聘用高级法学人才作为他们银行的常年法律顾问，就是为了借律师的嘴去给他们拖欠多年的资金当挡箭牌。

马英九上任以后，以他特有的法学头脑，理清了所有诉讼案件中存在的问题，然后他向那位女行长提交了一份备忘录，表示某些官司的责任并不在对手一方，而是在于银行自身的管理不善。女行长同意马英九的建议，可是她仍然希望马英九能把一场本来不可胜诉的官司打赢。出于职业的责任，马英九对于女行长交付给他的任何任务都承担下来，这样，他对这家银行本来不可能胜诉的官司也尽量做到尽职尽责。即使在他们一方不占理的不利形势下，马英九也尽其全力上阵，以他杰出的辩护口才，不断击败对方重金聘请的律师。

一连三次开庭，马英九让这家本来不占诉讼优势的银行，接连处于不胜不败的有利地位。虽然马英九心里清楚这场本来不占情理的拒付资金官司的最终结局，他所代理的新加坡银行一方肯定要败于美国加州这家期货公司，但是他坚信“把死马当成活马治”的辩护原则，竭尽全力地据理力争。马英九的坚持，使本来可以一审就能结案的诉讼，先后三次开庭。而女行长对于马英九的这种拖延战术从一开始就表示赞同。她对马英九这样说：“我们知道理不在我们银行的手里，我也不希望你能替我们打赢这场官司，我们只希望你能够替我们尽量地拖延时间。只要我们赢得了时间，我们最后就会取得决定性的胜利。因为再过两个月时间，我们就可以把拖欠美国期货公司的全部款项归还，到了那时候我们就赢得了主动。”

马英九虽然年轻，可是他在打官司的过程中所表现出来的沉着与冷静，显然与他的年龄与资历极不相称。那位女行长非常欣赏他，重用他，甚至不断给他加薪。如果不是发生了后来他必须返回台湾这件事，也许马英九最终会把女行长所希望得到的诉讼结果圆满做完。

5 月下旬，就在马英九为新加坡银行代理拖欠资金的诉讼进行到审理暂停的阶段，忽然接到国民党当局发来的一份邀请函，邀请正在美国的马英九回台出席一次国民党中央工作会议。这是不是蒋经国看重他的一个信号不得而知，但是这份由国民党中央发出的邀请函中注明，请他在这次会议上提出一份旨在反映海外学生求学经历的报告。作为国民党员的马英九，对如此郑重的邀请当然不能等闲视之。于是他就在诉讼的休庭期间，请假返回了他阔别几年的台北。

马英九发现几年不曾回来，台湾的经济建设确比他离开时有了一些飞跃性的发展。而在他列席的这次国民党中央工作会议上，又一次见到了会议的召集者蒋经国。在会议中间，马英九对海外留学生在美国的生存状况所作的报告，以大量生动的事例表明了许多有志之士不能很好地谋职和就业，而他在发言中列举的美国社会种种鲜为人知的阴暗面，很快就博得了与会者的称许和首肯。蒋经国经过这次会议和与马英九的近距离接触，从心里对他的好感明显地增强了。他发现马英九已经从当年在台中市成功岭集训时当众宣读致辞时的学生代表，成长为能够以慧眼卓识洞察美国社会诸种阴暗面的成熟法律学者了。特别是当马英九谈到美国经济的发展与平民教育的同步飞跃时表现出来的理智态度，给在座的蒋经国和一些国民党元老人物都留下了十分深刻的印象。

马英九在国民党高层会议上崭露头角，给他后来返回台湾马上就接任重要职务埋下了一个有力的伏笔。也是在这次国民党工作会议上，蒋经国当着马英九等美国留学生的面，发表了一个希望在美国留学人员早一天回到台湾，支援他倡导的经济发展政策的讲话。蒋经国极有针对性的讲话，其用意当然与他青睐马英九的学识不无关系。不过，尽管蒋经国企图借用海外人才来充实国民党中枢的讲话说得十分露骨，那时的马英九还没有马上返回台湾的意愿。因为他始终不甘心在花费了长达六年之久的苦读之后，最终却返回当年的出发之地。在马英九看来，即便他此时在美国的求职确实不尽如人意，而且面临的困难和挑战也仍然有待于继续努力克服，然而即便有一天他必须要回到自己的国土上，也必须要在美国打开一片属于自己的天地，真正地创出一番让人羡慕的业绩才行。

马英九在参加国民党召开的这次与海外留学生有关的会议以后，很快就搭机返回了波士顿。因为他知道那桩尚未最后结案的诉讼官司，还在等候着他的最后出庭。然而世上许多事情都会有意想不到的变数。就在马英九返回波士顿的当天，他竟然接到了一份新加坡银行发给他的解聘书。

原来，就在他离开波士顿不久，那场由他始终坚持打下去的拖欠一家期货公司资金的官司，竟然出人意料地进行了最后的判决。由于那时的马英九已经请假赴台，所以这家银行只好临时聘用一位律师出庭，判决的结果是这家银行败诉。马英九对这家银行毫无道理地解聘感到愤慨和震怒。他想闯进那家银行去找那位当初录用他的女行长理论，可是那个女行长自知理亏，居然躲藏起来，避而不见。

马英九就是在这种愤愤不平的情况下，毅然决定离开波士顿这座给他知识与荣耀，同时也给他许多不如意的城市。与妻子周美青紧急商量以后，很快就决定接受纽约华尔街一家名叫柯尔迪斯律师事务所的礼聘，前往那里去当一名见习律师。尽管那时的马英九在波士顿早已成了可以独当一面的律师，然而暂时生活无着的处境，再加上纽约这家律师事务所是全美各州中名气最大的律师机构，马英九知道即便自己在柯尔迪斯律师事务所里当一名见习律师，也绝不是普通律师所能轻易做到的。

曼哈顿永远都是巨厦摩天，车水马龙。记忆犹深的哈德逊河水还像几年前他在这里求学时一样，波涛滚滚向东流淌。而屹立在河口处的那座高大的自由女神雕像让失意中的马英九感受到无穷的力量，因为当年他就是在这里与周美青开始结下患难与共的情谊，夫妻俩就是面对着河口上那些往来穿梭的船只，手挽着手从心底发出一定要在这片异国的土地上闯开一条人生之路的誓言。

而今几年光阴就这样俨然逝水一样地过去了，他已经31岁了。到了而立之年，可是马英九却认为自己到现在还是一事无成。在普通人眼里，也许从世界闻名的哈佛大学毕业就已经高人一等了，然而马英九给自己限定的人生标杆则是一般人所不能想象的。他早从读中学时起就想出人头地，甚至还想有一天当上国民党的首脑人物。也许他就是为着实现心底这一高不可及的目标，才如此不遗余力地发奋向上的。可是现在，他和周美青在经历了四年多波士顿城的生活与哈佛大学法学院的苦苦修读以后，所面临的还是像当初刚来美国开始闯世界一样，眼前一片茫然。马英九在困境逼人的时候，常常会想起那两句经常默念的诗：

我们不能活着没有面包，我们同样不能活着没有祖国。

马英九和周美青又在纽约安了家。

不过他们不可能住在豪华富丽的曼哈顿中区，那里集聚着一批手握重金的大富豪和大商贾。也有一些国民党的下野政要在这里寻到了他们的栖身之处。马英九和他的家人就生活在这些高等富人与贫民中间，他们需要在这里重新起步，再做一次彻底的拼搏。白天，马英九去位于华尔街大道上的柯尔迪斯律师事务所上班，他在这里接下的案子一般都是较为容易的民事官司，而一些标的高昂的大诉讼，则由那些有名气的大律师操持。为了将来的发展与壮大，他现在必须忍辱负重，必须在这些大律师如林的纽约，从一个不为人所重视的见习律师做起。马英九虽然处于这种屈居人下的境地，但是并没有任何气馁与沮丧。他想起许多中国古典文学中的故事，那都是他的老父亲马鹤凌在他小时候讲给他听的。而今在异国的土地上，他也在人生的舞台上扮演着像怀才不遇的张良等人的角色，认为自己只要肯于默默无闻，肯于勤勤恳恳地做事，将来一定会成大事。因为父亲多次叮嘱过他，要“少说话，多做事”。这几乎是他毕业以后做人的座右铭了。

马英九在柯尔迪斯律师事务所里第一次接到的案子就是不收费的法律援助。他明白这是律师事务所对所有刚进入的见习律师强加的“义务”，那些资历高深的大律师，自然是绝对不会接手的。马英九早就知道，在美国这个讲法律文明的国家里，这种每年必须接办一些交不起高昂律师费用但又有冤屈在身的社会底层人士的讼案，是所有律师事务所必不可少的义务。律师所的老板情愿做这种无利的事情，其用意是显而易见的，这样做首先会提高自身经营讼业的声望，同时也会起到民间广告宣传的作用。

马英九对于这样的案子没有反感，他并不是那种一心急于赚钱而不讲职业道德的律师。况且他毕竟刚进这家律师事务所，需要有一个熟悉业务与显示办案才华的机会。因为在这里他只是见习，而见习的全部意义也在于让所有的律师都认识一下他究竟有没有办案的才能。

这起官司很普通。一个居住在纽约州东河之滨孤儿院里的9岁女孩子，在一个月黑风高的夜里，突然遭到一个从孤儿院大墙外跳进来的醉鬼的强奸。女孩子名叫塔娜·谢莉斯。在遭受强暴以后的几个月里，谢莉斯始终处于痛苦与恐慌的状态之中，但是她却由于孤儿院院长苏姗的再三阻挠而迟迟没有向警方报案。直到四个月后谢莉斯出现了明显的妊娠反应，这才引起一位女管理员桑娜的注意，她代替受害人向警方报案。谢莉斯哭诉了遭到酒鬼霍尔纳塔强奸的全部经过，然而当警方拘捕霍尔纳塔的时候，却遭到这名嫌犯的坚决否认。更让警方束手无策的是，孤儿院院长苏姗居然指责谢莉斯是一个行为不轨且风流成性的女孩子，霍尔纳塔是多次受到她的勾引和挑逗以后才和她发生关系，根本就构不成强奸。谢莉斯就是在这种情况下，在富有正义感的桑娜的支持下向纽约州地方法院提出了诉讼。

马英九接手了谢莉斯的强奸案以后，首先阅卷。他发现在谢莉斯这起看似简单的强奸案背后，隐藏着复杂的人际关系。而孤儿院院长苏姗在这时对谢莉斯所出具的反证，在某种程度上起到了对嫌疑犯霍尔纳塔逃脱法律审判的掩护作用。不过马英九仍然感到苏姗和霍尔纳塔等人编织的否认强奸指控的骗局并非天衣无缝，因为女管理员桑娜的证词中有一句话："霍尔纳塔经常在喝醉了酒后跳墙进入孤儿院，然后到院长的房间里继续喝酒，直到天亮时才肯离开。"

"这就足以说明这个喜欢喝醉酒的人，与孤儿院女院长之间有着非同一般的特殊关系。不然他就绝对不会随便进入孤儿院并在苏姗的房间里过夜。”马英九阅卷过后，访问了此案中受害人谢莉斯唯一的证人桑娜。在桑娜向律师追述事件发生经过的时候，尽管不敢轻易供出霍尔纳塔与女院长之间说不清的暧昧关系，马英九还是从她的谈话中洞悉了这起发生在孤儿院里的“野兽强奸孤女”事件的来龙去脉。在他会见受害人以后，霍尔纳塔强奸只有 9 岁的女孩这一点也给马英九以极大的震动。因为如果他的辩护词最后能够迫使在押的霍尔纳塔承认犯罪，这就并不只是一起普通的强奸案，而是地地道道的强奸幼女事件，甚至可以因此案的审理而震惊整个纽约。所以，他以充满信心的语气向他所在的华尔街律师所的所长汇报自己几天来的调查结果。

“马先生，你对这个复杂的案件有信心吗？”所长对于新进入律师事务所的中国博士马英九充满了信任与好感，他希望马英九能通过对这起法律援助案件的辩护成功，取得在这家律师事务所立足的机会，因为这样会使他开局良好并发展顺利。

可是马英九刚刚办案，就遭到许多同行的妒忌。马英九尚未开始办案，各种各样的非议犹如伤人暗箭一般纷纷向他射来：“一个中国留学生怎么能办理这种证据不清的案子呢？”“如果没有确切的证据，霍尔纳塔肯定不会承认他强奸了女孩子。”“而且孤儿院的女院长证明这小女孩是个风流成性的骗子，她是为了从那人的手里得到几张钞票，就采取手段勾引霍尔纳塔上床，这样的女孩子也值得替她辩护吗？”“我看这个马先生根本就不具备职业律师的资格，因为他不懂美国的法律。以感情代替神圣的法律又怎么可以当律师呢？”……

马英九没想到美国法律界会如此对待他这样的哈佛高才生。如果说他刚刚走进华尔街柯尔迪斯律师事务所的时候，对接受谢莉斯强奸案并没有太大的兴趣，那么当他听说种种非议以后，反而从心里下定了一定要办理好这起案子的决心。哪怕办完此案以后他就马上离开，再寻找其他合适的律师机构，也一定要替受害的美国孤女上庭充任辩护人。他愤愤地对妻子说："实在是太可恶了，哪有这种不讲职业道德的律师呢？他们甚至面对无辜的受害人无动于衷，而且还这样露骨地非议别人办案。"

周美青听了马英九对案情与律师所一些人的态度陈述，也从心里支持马英九为那个刚刚 9 岁的美国女孩义务辩护。她说："从华尔街律师所里某些律师的态度上观察，他们是不希望你办成这起法律援助案件。这些人原来是以冷眼看待咱们中国人的，英九，所以这起案子你非办好不行。"

马英九说："他们哪里是冷眼相待的问题，而是一种明显的排外。他们是想看我的笑话，可是当他们发现我已经顺利地握有对这起案件的主动权以后，又反过来打击我。美青，真没有想到美国的司法界竟会如此黑暗啊。"

周美青这才意识到马英九所面临的关键性诉讼，她说："英九，如果你在办案上有什么困难，我就做你的助手吧！"

马英九信心十足地对她说："不，不需要，我有办成这起案子的能力和决心。你只需带好咱们的小唯中就可以了。"

马英九用最短的时间完成了对起诉前所有当事人的调查取证工作，特别是对如何撬开做伪证的苏姗的嘴巴，马英九着实下了一番功夫。他曾经到看守所会见嫌犯霍尔纳塔，经过巧妙的询问，霍尔纳塔终于承认了他与苏姗有长达七年的男女情人关系的隐情。到此，马英九认为尽管霍尔纳塔时至今日仍不肯承认强奸了小女孩，但是他供认与苏姗的关系则是揭示这起案件幕后隐情的最关键证据。

在法庭上，马英九用他流利纯熟的英语很快就逼使苏姗供认自己出具伪证，以掩饰她与霍尔纳塔情人关系的犯罪事实。后来，法庭上有利于受害小女孩的状况终于出现了，那就是霍尔纳塔在与苏姗的交锋中，这对情人居然反目相讥，最后是苏姗向法庭交出了霍尔纳塔在强奸小女孩当天夜里交给她，并要求其马上替他以火焚之的内裤。经过法庭对这条内裤的法医验查，找到了与霍尔纳塔血型符合的精斑。同时苏姗也交代了她受霍尔纳塔指使，威胁利诱受害人，伪供她承认多次勾引挑逗霍尔纳塔等罪行。

法庭最后宣判霍尔纳塔和包庇者苏姗有罪。至此，马英九接手的第一桩法律援助案件以受害者洗雪，施暴者受到应有制裁为结局。马英九作为华尔街这家著名律师事务所的见习律师，其独到的辩护才能得到了认可。同时也让那些企图通过这样一起无法辨清的积案，把刚刚来到纽约从事律师工作的中国律师马英九，排挤在美国的司法队伍之外的人的企图彻底破产。美国东部的许多城市的报纸，都刊登了一个中国见习律师为无辜受害女孩提供无偿辩护，并且力挽狂澜般拨开案犯为逃避法律惩罚而设下的重重迷雾，最后终于还那位只有 9 岁女孩以公道的报道。马英九虽然是刚刚出道，却一炮打响了。

柯尔迪斯律师事务所也因为马英九这位见习律师的到来，平添了引人注目的光彩。

接下来，马英九又接办了几起涉嫌经济诈骗的案件。这类案子，此前都是交给那些资深律师承办的。由于马英九的威信陡起，就连从前那些对他不以为然的律师，也不得不敬他几分了。

周美青问丈夫："英九，这也许就是你成功的开始吧？"

马英九却说："不，你说错了，美青，通过这起案子的辩护，我不但没有体会到丝毫的胜利感，反而感到当初发誓当律师有些失误了。"

"为什么？"

“就因为我通过这起诉讼，看到了一些不愿意看到的美国社会阴暗面。”

“你是说，看到了那些隐藏在孤儿院里作恶的人间败类吗？”

“当然不仅如此。”马英九在别人都另眼看待自己，许多业外人士纷纷找上门来，请他做辩护律师的时候，脸上并没有呈现出丝毫兴奋与自傲。他那深邃的目光里所流露出来的，竟然是一种淡淡的忧郁，还有只有妻子周美青才能体会到的愤慨与义愤交织的复杂神情。他对妻子说：“我不能容忍的阴暗面当然不仅仅是有些人在暗中作恶，而是我不能容忍在律师事务所这种为弱者伸张正义的地方，竟然也会有一些心地阴暗的人。美青，像这样的地方，又如何能让我真正做好律师工作呢？”

周美青闻之默然。她理解马英九痛楚无奈的心情，但是事已至此，作为妻子又感到无话可说，因为她与他毕竟已经把整个人生最好的年华都投入到法学中去了，现在再改弦易辙，谈何容易？

晚风，吹过了他们居住的楼区。周美青凝望着默默伫立在暮色中的马英九，感到他此时正面临着人生最痛苦的抉择。

第九章 人生的十字路口

前程渺茫，世事竟有转机

哈德逊河在融入昏暗的暮色中时显现出它那特有的魅人风光。

时间已经进入了 1981 年的 8 月，正是盛夏难熬的炎热期。晚饭以后，马英九与妻子一同出门散步，这是他们夫妻俩在波士顿居住时养成的习惯。这种习惯早已成为马英九和周美青每当面临生活中的困难时，彼此通过交流思想得到解脱的最好方式。在经历了在柯尔迪斯律师事务所最艰难的见习期以后，马英九很快就要进入律师这一职业的正常生活了。

马英九凝视着河口那些在灯光中往来穿梭的商船，眼里一派茫然。

“英九，你不要再为律师的职业而苦恼了。”周美青挽着马英九的手，沿着哈德逊河岸边的一条碎石小路，在暮色苍茫中向前方走去。自从哈佛大学法学院毕业以后，周美青就已经感受到马英九的变化，从前那么痴情于法学的丈夫，在走向社会并开始从事他读书时一心向往的律师职业时，才发现律师并非他人生的最佳选择。特别是在马里兰州和波士顿那家银行短暂供职过程中遭遇的不快，让马英九内心充满失望。许多高深的法学理论一旦到了使用的时候，就遭到了意外的挫折。这也许就是马英九心态不能平衡的主要原因。她劝慰他说：“任何学识与理论在实践的时候，都可能遇上意想不到的摩擦。也就是说，理论与实践之间有一个必不可少的磨合期。我想慢慢你就会适应的，因为你并不是一个不具备律师素质的人，前不久那几场诉讼，你不是进行得很精彩吗？既然开局良好，为什么对未来反而缺乏信心了呢？”

马英九陷入了深深的困惑之中。由于从前他对律师投入的热情与希望过于强烈，所以难以适应失意的落差。他说：“并不是我对律师这个职业没有信心，我是对律师在当今社会上的作用产生了怀疑。律师表面上看好像很风光，也很体面，赚的钞票也多，可是，一旦当你真正面对法院的法官时，你才会体会到一种悲哀：律师纵然是真理的化身，然而有的时候，又会被一些可悲的东西所左右。美青，我很庆幸你学了法律却没有当律师。这很好，将来你若在纽约求职，也绝不要再考虑当律师了。”

周美青用困惑的眼神盯着他：“为什么呢？莫非仅仅因为你受到了一点点挫折吗？”

“不是，”马英九摇了摇头，决定把他半年多年来对律师职业的切身体会告诉妻子，他说，“我绝不是那种见了困难就动摇初衷的人。这些年我在国外的学习中吃了多少苦，你是亲眼所见的。我现在对从事律师越来越没有信心，一个主要的原因，是在美国过多地看到了一些律师可憎的嘴脸。”

周美青吃了一惊：“律师的职业就是你说的那样吗？”

“是的，是有些不可思议。”马英九把妻子带到河边一棵树下，从这里可以遥望不远处那矗立在河口处的高高的自由女神像。远方层层叠叠的巨厦俨如起伏的峰峦，遮住了远方那轮早已隐藏在褐云背后的夕阳。整个哈德逊河一片幽幽波涛，他们仿佛顿时置身在远离纷争的世外桃源。

“有什么话你就说嘛。”周美青发现丈夫的思想正在悄悄地发生变化。

马英九动情地说出他心里的想法："在台大读法律系的时候，我是把律师当成为真理而奋斗的职业看待的。可是当我真的当了律师以后才发现，律师有时并不真正能够代表真理和正义，这是因为律师有时会为金钱利益所驱使，可以完全不按事实而是要按当事人的意愿行事。他的辩护词有时也会成为金钱的应声虫。无论你接案的当事人是否握有真理，律师都要把当事人说得天花乱坠。有时甚至要违心地把黑的说成白的，尽管律师当时的良知告诉他不应该这样说，可是他还得为自己已经得到的当事人佣金负责。你说，这样不讲良心的事情我们能做好吗？"

周美青不语，她理解他的苦恼，但是考虑到目前的生活，就不得不劝慰他："你不能这样想，更不能这样看待律师的职业责任。有的时候你接受的案子的当事人很可能是一个杀人犯，他本来就没有理在手中，为什么还要替他辩护呢？就是因为他有人权，你懂吗，英九，无论是什么样的人，他都有请律师为他做辩护的权利。这有什么奇怪呢？莫非你当上了律师，就一定是为受害人辩护吗？"

"问题恰恰就在这里，"马英九说，"美青，既然我当初想当律师是为握有真理的弱者服务，那么我就无法接受那些手里没有真理和正义的强者强加给我的案件。因为我这样做虽然获得了一笔经济上的收入，然而却成了一个罪人的应声虫，甚至变成了恶人的帮凶。这和我祖父死后祖母遇上的湖南讼棍有什么区别呢？"

周美青听到这里，不敢继续与他深谈了，便急忙转了话题，说："算了算了，英九，我不喜欢多愁善感的人。这样过于钻牛犄角的人是无法成为律师的，不但不能成为律师，而且也成不了政治人物。因为你还没有看透世界，其实世界上不平等的事多着呢！我们人单势薄，如果每天都这样看待别人眼里很平常的事，而自己为之苦恼，那还不要得一场大病吗？”

马英九见妻子忽然把一件很严肃的事情说得如此平淡，反而转忧为喜了。他解嘲地笑了笑说：“美青，你说的也是，我为什么忽然对律师产生这么大的反感呢？如果这样反感一种职业，我还能做得顺利吗？”

夜深了，马英九与妻子挽着手，漫步在曼哈顿那富人与穷人相衔的街道上。在夏天子夜的梧桐树下，马英九忽然与妻子低声用华语朗读起法国大诗人雨果的抒情诗来：

啊，回忆！春光！黎明！
令人惆怅而又兴奋的光辉！
……当她的年纪还轻，
她妹妹是个小孩的时候……
——你可认识，从孟利雍到
圣勒去的那个小山上面，
一所带平台的房屋蜷伏在
青天碧树之间！

马英九和周美青就这样熬过了一个炎热的季节。在 1981 年秋天将要来到纽约城的时候，妻子帮助马英九重新调整了心态，马英九下了决心，凭靠自己的力量开始从事他那已经厌烦却又无法脱手的律师职业。可是，马英九做梦也不会想到，就在他想重新起步书写自己律师生涯历史的时候，一个夏秋交替的夤夜，父亲马鹤凌突然从台北打来一个长途越洋电话。电话里传来老人急促而坚决的声音：“英九，我现在告诉你，必须马上返回台湾来，这里有重要的工作在等着你！”

马英九和周美青在纽约的深夜里突然接到这样意想不到的电

话，不由地大吃一惊。因为马英九刚从台湾回到美国不久，马鹤凌为什么会突然打来这样的电话呢？尽管马英九和周美青都知道老人始终在希求自己的儿子早一天回台北谋职，而且还不止一次地要求马英九回去以后要谋求在政界上的崭露头角。然而，马英九毕竟已经多次向老父表明他暂时无意返回台湾。既然如此，马鹤凌现在又为什么要这样做呢？显而易见，他打来这样的电话，其中必然含有电话中无法说清的原因。

“美青，莫非我这次真就这样结束了当初立志于海外发展的初衷吗？”当马英九决定返回台湾的时候，他的心是非常痛苦的。因为这意味着他对自己多年追求的目标的否定。当然，只有马英九自己心里清楚，这次他究竟为什么忽然下了回去的决心。与其说他听信了父亲在电话中下达的命令，不如说是因为不久前他在纽约遇到了一个多年不见的人——连战！这位当年在台湾大学政治系主持教务的老师，如今竟与他在纽约曼哈顿的一家酒店里相逢了。

“真没有想到，当年台大的才俊，如今竟然还在这里打拼。英九，我劝你还是尽早地回台湾吧！”马英九清晰地记得他与连战见面时的情景。当年在台大校园里不苟言笑的连战，如今已成了国民党主席蒋经国的特使，此时他正以蒋经国私人代表的身份，率团出访拉丁美洲六国。连战来到纽约，是为了转机飞赴另一个小国。而马英九则是意外接到连战从酒店里打给他的电话，急急忙忙赶过来的。当连战听说马英九正在为生计和律师生涯而奋斗的时候，他开口就提出了请他回国供职的问题。

“回台湾？这……”马英九那时虽然在谋职一事上先后受到多种磨难，可是在心里仍然没有改变当年下定要在美国寻求发展的想法。因为他为了这一目标已经付出了六年的代价，所以当他见到连战并听到这位老师的指点以后，仍然没有做出明确的表示。

连战温和地笑了："英九，你还是当年的书生意气，几年下来，也看不出有什么改变。真是江山易改，禀性难移啊。其实我已经给你做了榜样了，英九，本来我当初从美国回去的时候，想的和你现在一样，也是做学问，执教鞭。这当然是高尚的。可是，当我在台大工作一段时间以后才发现，许多在国外的好想法，在学校里是无法实现的。所以，你毕业以后，我就突然改变了继续留在台大的想法，应邀到纽约来了嘛！"

"是，这我知道。"马英九对于当年政治系的主任连战如何从政的经历一清二楚。那时候他和周美青正在读纽约大学的硕士，而连战则以教授的身份受台湾当局的派遣，出席联合国第24届大会。作为台湾代表团的顾问，应该是连战弃教从政的第一步。回到台湾以后，他又以"台湾第八届十大杰出青年"的名义参政，并且很快得到蒋经国的起用，派他前往萨尔瓦多出任了"全权大使"。两年后连战再次返回台湾，这次他则正式出任了一个行政职务——"世界青年联盟中国分会的主席"。而让马英九没有想到的是，连战自从进入台湾政治舞台以后，竟然比他在台湾大学教书的时候更露锋芒。看到连战一副春风得意的样子，马英九再想想自己在美国目前所遭遇到的种种不顺，心里不禁泛起了一股难言的酸楚。

"英九，依我看，你与其这样在美国当律师，倒不如尽早下定回去的决心。"那天，连战在酒店里设宴款待这位从前的台大校友，两人酒酣耳热之际，连战终于说出了他的希望："我想，台湾目前正是用人的时候，经国先生主政以后，很注重提携有旅美学历的青年才俊。而你是哈佛大学毕业的法学博士，如果你回去，即便你不想从政，也会得到一个理想的安排。如果你想当律师的话，我敢保证也会比这里强得多。既然如此，为什么一定要在这里坐冷板凳呢？”

马英九的心有些微微的震动。因为摆在他面前的现实是严峻的，自己苦熬了六年多，最后好不容易才在纽约的华尔街上找到一家律师事务所，勉为其难地当了一名见习律师。他不知道如果真能实现自己当初来美国时的理想，还要花费多少时光。而坐在他面前以主人身份摆酒的连战，无疑现已稳稳地找到了可以让他的所学所知都得到发挥的理想位置。马英九看看连战脸上的笑容，再想想自己目前的窘迫，真想马上向面前这位老师倾吐苦衷并希望得到他的支持，然而想起过去许多为理想所做出的牺牲，马英九又把想说的话咽了回去。

“英九，你为什么还要迟疑呢？时间对于任何人来说都是非常宝贵的，你现在很年轻，可千万不要以为总会年轻下去。”连战再次把高脚杯举了起来，笑眯眯地望着陷入沉思的马英九，嘿嘿地笑了，“人生的时光其实是非常短暂的，年轻的时光就更加有限。所以我劝你，不要继续沿着一条走得并不顺利的老路走下去了，你应该像我一样，还是早一天回去吧！”

“让我回台北开律师事务所吗？”马英九不知为什么忽然迸出了这样一句话。

连战还像老大哥一样地笑了：“那当然要看你自己的意愿。你想当律师，想开一家律师事务所，我可以帮助你嘛。如果你不想当律师，也好办，你可以从政嘛！”

“从政？”马英九没想到连战竟然也和他父亲一样，会把律师看低，而将从政当成首要，“这样说来，从政当官在任何人眼里都比律师高出一筹了？”

“当然也不是律师不好，律师有律师的优点，这个职业的收入还是可观的。”连战还像从前在台大时一样，说话时慢吞吞的，讲究循循善诱，“不过，依我的经验观之，从政的优点当然更要多一点。英九，我也要告诉你，从政的人并不都是政痞和流氓，这个领域同样也需要一些有知识有头脑的菁英。因为在我看来，政界是高智商的人才能够胜任的，而没有知识的人是根本成为不了政治人物的。”

也就是从那次见到连战以后，马英九如同一汪止水的心境，开始悄悄地发生变化了。他这种细微的变化甚至连妻子周美青也没有发现。他担心她对于自己改变初衷的做法不能很好地理解。如今因为有了父亲的一通越洋电话，马英九马上返回台湾去，也就变得顺理成章了。

父命难违，时不我待。马英九尽管仍然不想马上返回，可这一次妻子再也不保持沉默了，她说：“英九，父亲这次越洋电话虽然什么理由也没有讲，我想必然含有十分重要的内情。会不会是国民党的高层有人要我们回去呢？”

“如果真有这种事，那么，希望我们回去的人，究竟会是谁呢？”马英九也感到老父亲在电话里的语气与以往大不相同。那么莫非真会是他吗？……

台北的冬天多雨，但是没有雪。

这是由亚热带特有的气候特点所决定的。在台北大直地区的七海官邸里，蒋经国仍然在读马英九在前次返回台湾参加国民党工作会议时的几篇发言。蒋经国越读这些文章和发言稿，越对马英九的才华产生了浓烈的兴趣。就在他信手翻阅马英九在美国《波士顿通讯》接连发表的几篇文章时，门外忽然有人进报：“周主任奉命求见！”

蒋经国取下了鼻梁上的眼镜，他游移的目光仍然没有离开《波士顿通讯》上的一行行英文字母，那是英文秘书宋楚瑜早已经为他译成了汉文的部分。这些出于马英九手笔的文章，虽然谈论的是美国法律与台湾法律状况的对比，然而蒋经国仍然可以从字里行间发现让他精神振奋的共鸣。那是因为马英九的观点与这位主持台湾大政的人有着本质上的不谋而合，而马英九在另一篇文章中谈到的台湾民主化进程，也颇得蒋经国的肯定。他没有想到马英九甚至比他的小儿子还要年轻，如此年纪的青年菁英，就有如此深谋远虑的抱负，不能不说是一个难得的奇才。

蒋经国几年时间思考一个人的任用，这在他的从政生涯中还是极为鲜见的。这时他抬起头来，向门外一看，发现一个穿着笔挺军装的中年人，已经站在那里恭候了。蒋经国知道此人从前曾是他下属的秘书，而现在虽然还兼任“总统府”秘书室的主任，主要工作却已经转到了国民党的文工会。他就是蒋经国一直青睐的前“总统府”第一局局长周应龙。

“哦，你来了，”蒋经国没有欠身，只将他那肥硕的身子在转椅上向他偏了偏，然后示意周应龙马上进来，又看了一眼桌上的英文杂志和刊载着马英九讲话的《简报》，对周应龙说，“你去文工会的事情落实得如何了？”

周应龙双脚跟一碰，郑重地报告说：“回总座的话，我已经去文工会报到了，可是，秘书室这边的工作时至现在还没有最后的落实。主要的是如果宋楚瑜也要调动的话，那么总座身边现在缺少的就是一个英文秘书。而这个人选我们曾经在台北各个机要部门和党政军各部，都进行了系统的筛选，虽然能够胜任英文秘书工作的人不在少数，但是这个人选报告时至现在还压在总座的手里，所以……”

蒋经国这才把放在抽屉里的那份英文秘书人选名单取了出来。他虽然对马英九已经有了许多发自内心的好感，但是当真正想起用一个人时，他还会反复多次地思考。这些年来，特别是他父亲蒋介石 1975 年与世长辞以后，国民党的组织人事大权就一直握在他的手里。

蒋经国的用人之道显然与他故去的老父截然不同，蒋介石喜欢重用从前在他身边供职和侍从室的人员，还有浙江籍的军政人员，来作为他执政的基础人脉。而蒋经国当政后则反其道而行之，他喜欢把当年在苏联学到的一套办法，有机地运用到国民党机构中来。那就是他想用的人一般并不是与蒋家有历史渊源的将领与政要，而是年轻有为的中生代后起之秀。即便一定要用与蒋家有关系的人，也大多开始在这些蒋氏宿臣的后代身上考虑。而马英九则符合他的这一用人条件，因为马鹤凌早年曾经是蒋介石的侍卫。蒋经国想到这里，把那份名单推给了双手垂立的周应龙，说："这些人，都还需要进一步考察一下再说。我想，能不能把选择这一人选的范围再扩大一点，譬如说可不可以考虑一下现在正在国外求学的人，他们之中莫非就没有真正能胜任的菁英吗？"

周应龙早就从宋楚瑜那里听说蒋经国对马英九颇感兴趣，同时也获悉蒋经国曾经向儿子蒋孝勇询问马英九经历的事，现在蒋经国把他找到官邸，询问的竟然是一个小小的英文秘书职位，这才明白了蒋的意图。于是他急忙躬身说道："在国外确实有一些学有所长又精通英语的人，譬如前次总座在台北召开的那次关于海外学子如何归来的座谈会上，马英九的几次发言，就很有见地。据我了解，马英九在美国现在已经获得双学位，而且正在从事律师工作。他的英文水平其实早在读台湾大学的时候，就已经是出类拔萃了。只是我不知道像马英九这样的人，是不是可以回来到总座的身边担任此职？"

"他回来有什么不好呢？"蒋经国等盼的就是周应龙这句话。尽管早在几年前就看中了马英九，而且蒋孝勇也极力向他推荐过这个台大的校友，但是蒋经国在任用麾下人员的时候，从来极少主动向下属提及某个固定的人选，以免落下一个任人唯亲的把柄。而现在周应龙主动提出了马英九这个人，他当然会顺水推舟地表示同意："你说得不错，这个人虽然还很年轻，不过我那次听了他的发言以后，感到他是个可造之才。只是我不知道马英九这个人的英语水平究竟如何。"

周应龙见自己的话已然敲开了蒋经国紧闭的心扉，于是急忙进言："马英九的英语肯定是优秀的。他在台大读书的时候，就可以用娴熟的英语与外国人对话了。有一年他被选送到美国参访，就是当时这个访问团里的专职英语译员。就连美国人听了，也一时感到惊异，他们没想到马英九的英文口语会这样地道。所以，这一点请总座不必担心，我想他肯定是一点问题也没有的。"

蒋经国听到这里，心里有些欣慰。因为他对马英九这个年轻人的观察，其实已经进行很久了。最开始时是在台中县的授枪仪式上，马英九的英武潇洒首先引起了他的注意，后来他亲自接见了赴美访问的一批大学生时，发现这其中居然也有马英九。当然最能引起蒋经国注意的，还是马英九从美国参访归来以后在他暗中支持的"保钓斗争"中的表现。从那时开始，蒋经国已经看中了这个既有头脑又有才华的青年人。他认为自己的身边终究要有几个可以随便交谈的心腹，而马英九就是他看中的人之一。蒋经国想了想，终于下令："好，很好，既然马英九能够胜任，那么为什么还迟迟不下调令呀？"

周应龙见事情已经办成了大半，于是又进言："是这样的，总座，马英九虽然很合适，可他现在毕竟不在台湾。他去了美国以后，一度主张发奋读书，还表示不在那里做出一番事业，说什么也不回来，所以，如果我们通过正常途径去调这个人，恐怕还有些难度呢！"

蒋经国坐在椅子上沉吟了半晌，终于表示了他轻易不肯表示的态度：“对于像马英九这样在海外求学的人才，我们能拉回来一个就是一个。如果能把他调回来，不仅仅是为我解决一个秘书的问题，而且可以通过马英九让更多在海外求学的青年才俊们，看到一种前途和希望。这样做的好处是对我们多年公开声称的重视青年学人，有一个完满的交代。所以，我想你可不可以通过其他非官方的途径，做一下马英九家属的工作。最好不是以我们调回来的名义出现，如果马英九自己学成归来，那是最好的。你可懂了我的意思吗？”

周应龙急忙躬身应允：“我懂了，我懂了。我马上安排这件事。”

周应龙得到了蒋经国较为明确的答复以后，对如何尽快把马英九从美国调回台北任职，确实费了许多心血。他在蒋经国的身边多年，像这样刻意调一个素昧平生的人到身边工作，是从没有过的。他知道马英九是一定要调回来不可，蒋经国把调马英九回来说成是为当局培植人才的一种例证，那就更加说明此事非同小可。

但是，究竟应该如何把蒋经国的这种意思，巧妙而迅速地渗透给马英九的家人，并且让他的家人尽快把蒋经国的善意安排变为事实，这对于与马英九这样的家庭几乎素无往来的周应龙而言，实在是一件难办的事情。周应龙身居高位，虽然早年与马英九的父亲马鹤凌有过一面之缘，但是，那毕竟是极为普通的交往。作为“总统府”第一局局长兼秘书室主任的他，平时根本不会与一个在国民党知青党这样属于官场闲职的马鹤凌有什么往来。既然如此，他现在又能通过什么途径把蒋经国的指示尽快落到实处呢？周应龙知道他必须在调往国民党文工会之前，把马英九的事办好，不然他就会在蒋经国心里留下一个办事不力的印象。

忽然，周应龙想起一个人来，他就是自己的岳父梁孝煌。此人早年在大陆时期就与马鹤凌相熟，彼此又都是湖南同乡。到了台湾以后岳父与马鹤凌还有一些往来，据他了解有时候梁孝煌还和马鹤凌一起参加湖南同乡会。因此，他认为岳父倒是这件事最为合适的中间人。因为如果他亲自出面，万一马鹤凌将蒋经国的意思如实告诉在美国的儿子，万一马英九执意不肯回来，那么不但蒋经国会因此大失所望，而且还容易泄露国民党高层的人事机密。如果让岳父间接透露蒋的意思，那么马鹤凌肯定会马上将此意转达，退一万步说，马英九最后即使不肯归来，他周应龙也不至于有泄露高层人事机密的罪过。岳父梁孝煌毕竟是民间人士。

周应龙想好了主意，马上就去办。当他把蒋经国有意栽培马英九的意思对岳父一说，梁孝煌马上就表示："这样好的事，马鹤凌怕是打着灯笼也难找呢，他的儿子莫非还不知回台湾的好处吗？"于是梁孝煌连夜走进了马家，巧妙地将蒋经国如何爱惜人才，如何有意让马英九回来充任要职等情况，一一透露给了赋闲在家的马鹤凌。正如梁孝煌来前所估计的那样，正在为儿子早一天飞黄腾达而绞尽脑汁的马鹤凌，做梦也没有想到蒋经国居然会看中了他那正在美国当律师的儿子。

马鹤凌当即满口答应，并且决定连夜给儿子打一个越洋电话。尽管此前马鹤凌已经多次对马英九表示了让他早一天回台湾从政的意思，甚至在前次马英九回台湾参加国民党的会议时，老人也一再地要求他早一天回来，可是，那时他要求儿子回来，终究是没有什么底数，所以马鹤凌在儿子面前说话也没有底气。然而这一次大不一样了，是蒋经国这位重要的政治人物发了话，如果马英九再不肯归来，岂不是坐失良机吗？于是马鹤凌在电话中只给儿子下了一道无论如何必须马上返回的命令，其他的意思，都留待马英九到家以后再说。

政治家也会言而无信

马英九终于又回到了中国的土地上。

当他出现在台北桃园国际机场上，望见远处那熟悉的候机大厅时，他的眼睛忽然湿润了。尽管他在美国生活的八年时间里，曾经回过台湾两次，可这次是他带着妻子和女儿一齐飞回这片曾经留下他许多青春记忆的土地，再也不准备离开了。因为在美国做见习律师的短短半年时间里，马英九已经体察到一个中国人在美国人眼里的地位。哈佛大学博士学位虽然在一些人眼里有着特殊的好感，然而在他心中已经清楚地认识到，如果没有在美国从业的经历做坚强后盾，仅靠文凭也很难有什么竞争力的。所以当马英九再次接到父亲从台湾打来的国际长途电话时，他再也不想像从前那样固执己见了。

在做过几场诉讼案的代理律师之后，马英九发现从前在台湾大学读法律系时视若高不可攀的职业，美好的幻想到头来竟然都是一些让人眼花缭乱的泡影。而与法学相关的动人字眼，诸如神圣、正义、威严与为弱势群体仗义执言等等，都与在美国法律界眼见的那些看似威严而实则弊端累累的案例形成巨大的反差。这让马英九的头脑变得格外清醒，他明白自己纵然有着可与美国有执业资格的律师相媲美的法学知识，也不可能实现刚来美国时企望有一天上国际法庭充任为中国领土当辩护人的夙愿。而且，他马英九现在已经是有了妻子女儿的男人了，他肩上不仅负有自身生存的负荷，同时也负有养育子女的责任。特别是八年的美国生活中妻子周美青为他们这个三口之家所付出的巨大代价，尤其让马英九心存歉疚。他知道自己现在再也不能像从前那样凭着主观意念行事，而应该以成熟男子的面目出现在社会上，只有这样他才可以担负起为人夫、为人父的责任来。

“不要急，英九，你千万不要心太急，既然有人已经跟爸爸透露了蒋先生想重用的意思，那就肯定会有结果的。”马英九和妻子、女儿回到了从前他生活过的家中，自己的家显然要比他们在波士顿和纽约临时租用的房子舒适得多。在国民党政治机构服务多年的马鹤凌和秦厚修，在历经多年的平民化生活以后，现在总算得到了一处可供安享晚年的新居所。条件当然要比马英九早年在台北长安东路 18 号那幢破旧的筒子楼好许多了。他发现，在这个家里，父母仍然还为他保持着早年读大学时的那间小小的书屋，里面陈放着他在高中和台大读书时收藏的中英两国文字的书刊，其中就有他喜欢的一些大陆作家的文艺作品。

八年来，马英九在美国接触的多为英文书籍，即便偶尔有读文学书刊的机会，也多为英文诗集和美国人写的长篇小说。马英九在回到台北最初的几天里，心情很愉悦。然而半个月以后，他的心情忽然变得烦躁起来。在马英九心里，当初他们接到父亲电话时所抱有的希冀，都由于归来后迟迟得不到工作安排而变成了虚无缥缈的泡沫。特别是马英九看到父亲每天都在给什么人拨电话，询问有关马英九何时上班但又无确切回复的时候，他就有一种上当受骗的感觉。

马英九误以为只要他回到台北，当局就会马上委以重任，甚至一下子就让他扬名显身，成为政界人士瞩目的佼佼人物。然而理想与现实不知为什么总有着固定的差距，凡是想得简单的事情往往都在幕后隐藏着意想不到的玄机。看惯美国官场风云与司法铁幕的马英九，也善于举一反三地考虑他奉命返回台湾以后为什么又突然被晾在家里无人理睬。他认为，很可能有人误传蒋经国的意思，造成他从纽约律师事务所的断然辞职。另一个可能也许是蒋经国虽有起用他的意思，但由于他与身居高位的蒋经国之间毕竟只有一两次短暂的接触，从来没有任何机会真正走近蒋经国，所以在对他是否使用、如何使用、何时使用一事上，蒋经国尚未做出最后的定夺。这一样来，马英九就如同被人架在了火炉上去烘烤，长时间彷徨的状态足以让他心神烦乱。周美青在这种前途未卜的时候，往往会显现出她特有的韧性与耐力。她劝马英九要学会忍耐，学会克制，学会在苦闷的时候看到希望的曙色。

“可是我不明白，像他这种一言九鼎的人物，为什么不能言而有信呢？”马英九对妻子多年在困境中表现出的机智与较为准确的判断能力，有着深刻的体会与信任。他心里的不安与烦躁也只有她才会理解，所以他只有把归来后始终没有顺利实现尽快参政的种种疑虑与不快向妻子发泄。有几天马英九甚至对自己草率地结束旅美的生活感到后悔。

可是周美青自有她的见地：“你最好不要把这种事说成是言而无信。不错，据我所知，政治人物一般都不太注重信义，有时候说话难免为了政治的需要而此一时彼一时。不过，你回来任职这件事，我认为不会有什么太大的变化。我为什么这样说？就因为爸爸他老人家已经说过，蒋先生现在正在扶持他自己的力量。”

马英九默然。他知道妻子看问题的敏锐性永远高他一筹，看待台湾政界正在演变的局势就像她当初在哈佛大学为生计奔忙时一样，总是善于把图书馆里各种人物的微妙神情与对话加以分析，然后得出她独有的结论。而周美青的结论往往与后来发生的事情有着惊人的相似。马英九沉思片刻又说：“美青，你的分析也许有道理。不过，蒋先生现在在台的形势莫非还会像从前老先生活着的时候那样，自己的用人主张得不到贯彻吗？既然他有意用我，那么还会有人跳出来和蒋先生唱对台戏吗？”

“当然不会有，不过，阻力不一定表现在唱对台戏上呀！”

“那……究竟又是因为什么呢？”

周美青也愁眉打结，叹息着摇了摇头：“这我怎么会知道呢？如果有机会问问爸爸，也许他老人家会知道得多一点吧？”

晚上，在全家人吃饭的餐桌上，马英九终于向沉默不语的马鹤凌提到了他的工作问题：“爸爸，当初您老人家那么匆忙给我们往美国打电话，还说必须要我马上回来，不会是只听到一些传言吧？”

马鹤凌也正在为儿子回台后迟迟进不了“总统府”而感到忧愁。他叹息一声：“英九，你爸是那种听风就是雨的人吗？我要你们回来，当然不会没有根据，要我这么做的人又不是一个平头百姓，所以我才断然决定让你回来。可是我也不清楚究竟是什么原因，你回来以后那边竟然无声无息了。”

马鹤凌的话让全家人的脸色都陡然一变。因为他的话不仅给马英九带来了深深的失望，而且包括周美青和秦厚修在内都心里无底了。马鹤凌很快就感受到一种愁苦和压抑，他想了想说：“不过，你们都请放心，事情不会有错的，昨天我还跟那个人通过电话，他告诉我，暂时就先让英九在家里等一等，他说……”

马英九的心忽然悬了起来，如果说从前他根本不把在台湾供职当一回事，是因为他把人生的全部希望都寄予在美国的奋斗；而今则大大不同了，他必须要尽快在台湾得到一个体面的工作。这不仅是生活的需要，同时也是他心理上甚至脸面上的需要。半晌，他终于问：“爸，那么真正不能马上让我供职的原因会是什么呢？”

“上面的事，我怎么会清楚呢？”马鹤凌此时的心境并不比儿子轻松，精神的压力甚至甚于马英九。他不能眼看着在美国苦苦奋斗了八年的儿子，回到台湾以后竟然无事可为。他有些发火地说："国民党政界上的事情，多年来就是这样，议而不决，决而不断。许多重要的人事变动，往往都会淹没在官场的尔虞我诈之中。有些预先内定的人选甚至会在各种势力的较量中无疾而终。不过，英九这件事是黄不了的，我有这个信心。因为现在是蒋先生说话最算数的时候，和过去已经大不相同了。我想，只要他看中了的人，别人想反对也难以成功。所以，我劝你们都不要再用这种眼光看我了，我能告诉你们的就是这些。至于英九的任命何时才能下来，那要等一等看。我想，时间不会太久，肯定会有消息的。"

马英九还想说什么，可是他见到了周美青向他投来的劝止目光。马英九理解妻子的意思，于是他把想说的许多话都咽了下去。不过马英九的心情，依然还相当沉重，他不敢相信父亲刚才对蒋经国许诺的估计，因为蒋经国希望马英九尽快从美国返回的许愿，并不是亲口对他们马家人说的。而父亲马鹤凌毕竟只是从他人的言语流露中得到了只言片语，万一时局有变，蒋经国完全可以不负任何信誉上的责任。马英九还没涉足政界，却已经感受到政治舞台惊风疾雨的可怖了。

事情果然如马英九和周美青所估计的那样，在是否起用马英九一事上，台湾国民党高层确实出现了与蒋经国截然不同的意见。而这种反对马英九进入政界的思潮就发生在与蒋经国相近的几个官场人物中间。

"回总座的话，马鹤凌的儿子已经回来快一个月了。"台北的七海官邸已经没入一片深深的秋色。T 字形的灰褐色楼宇隐没在夕阳残照之下，蒋经国已经不能像从前那样在官邸里健步而行，如今他把臃肿肥硕的身子深陷在轮椅上，备受糖尿病晚期痛苦折磨的他在暮色中打量着侍立在几步开外的周应龙。听到他的回答以后，蒋经国那张毫无表情的面庞上忽然现出了淡淡的忧思。他听周应龙站在面前的地毯上继续说："只是，有关马英九的职务问题始终没有得到最后的解决，所以马鹤凌很焦急，已经几次打过电话来了，问一问何时才能让他的儿子上班。"

"哦，"蒋经国只是默默地点了一下头，却没有说话。在起用马英九进入"总统府"任职这件事上，最近几天许多让人不快的信息透过国民党一些元老派人物反馈给他。这些人中大多是国民党的中常委，有些人甚至还是他父亲蒋介石在世时权倾一时的军政要人。这就不能不引起蒋经国的重视与深思了，这些人不希望刚刚从美国纽约回来的马英九，在没有任何政治资历的情况下这么快跻身于官场政坛，并不是这些人反对或敌视一个在美国曾经当过几个月见习律师的年轻人，而在于马英九这样捷足先登地进入"总统府"，并可以在蒋经国这样手握国民党重权的要人身边供职，很可能会影响到一些为着英文秘书这个特殊职务苦苦努力多年的人士。甚至一个最让蒋经国感到为难的人就是宋楚瑜。当年同样从美国留学回到台湾并且进入"总统府"供职的宋楚瑜，在到蒋经国身边充任英文秘书之前，经历了许多坎坷的遭际。他的前任是台湾"四公子"之一的钱复。钱复在出任新职之前已经多次向蒋经国推荐了宋楚瑜，而蒋经国对善于应变周旋的宋楚瑜也早有善感，然而蒋经国在起用宋楚瑜时却不得不顾及了他的资历与周围官场大人物们的态度。他是在看好宋楚瑜并且在等待宋楚瑜确已获得众望之后，才逐步把他召至身边并迁升的。

而今马英九虽然已被他看好，但是委实太年轻了。他无论从人望、资质、政历和人脉关系等方面，都与宋楚瑜不可同日而语。一些元老派人物向蒋经国进言说：如果现在马英九刚回来就把他安排在“总统府”，无论给不给他适当的官职，都会在不同程度上刺激甚至打击到宋楚瑜等一些人的情绪。因为任何人进入高层政界，总是应该先有一个接触政治的机缘才会顺理成章，而在一些人眼里的马英九，此前别说从政的资历，甚至与政界根本就毫无瓜葛。一个在美国当律师的年轻人这样迅速地跃进政坛，确实还是国民党多年政治史中的一个异数。正是因为蒋经国听到了许多来自高层人物的担心、忧虑和不平，所以才没有同意周应龙马上下调令给马英九的建议。

周应龙定定地站立在起居室幽深走廊的灯光下面，他无法猜测到轮椅上的蒋经国的心思，却能看得清他眼睛里有一丝不易察觉的踌躇。多年周旋在蒋身边的周应龙，当然知道他眉眼中这一犹疑目光的深层含义。周应龙在忙着执行蒋经国尽快授意马英九离开美国回台任职的同时，也从一些渠道获悉了许多对马英九迅速进入“总统府”不利的说法。周应龙明白，凡是他能听到的消息，蒋经国肯定早就得知了。然而现在周应龙却左右两难了，当初是他透过岳父把马英九请回台湾的，可是如今他在马英九回台以后又无法兑现当初对马家许下的诺言。周应龙正是从轮椅上的蒋经国的微妙神情中蓦然发现了他内心在用人一事上正徘徊的情况，所以他决定进言：“总座，马英九回台现已经引起一些重要人物的注目，甚至有人对马英九这么快就可能进入高层产生种种猜测和非议。不过，总座既然已考虑成熟，那么就要想办法把事情做到实才好。不然，半途而废对两方面都不太好。”

“嗯。”蒋经国坐在轮椅上仍然不肯说话。这几年来尽管他的身体每况愈下，但是他在国民党中央里举足轻重的地位，已经决定了在用人方面的独断与言信必果。本来对于他任用一个英文秘书，是不应该在国民党上层引发震荡的。可是蒋经国的心里非常清楚，一些国民党大佬之所以替宋楚瑜等苦苦在英语秘书的台阶上爬行十余年的旧部抱不平，显然不是眼气一个无足轻重的秘书职位，而在于凡是身为蒋经国秘书的人，一般都同时身兼更为重要的行政或党务重责。而马英九如此浅显的资历，一旦进入“总统府”做蒋经国身边的秘书，也势必很快就会得到与此相应的官职。这样，毫无从政资历、刚刚 31 岁的马英九，很可能就与年长他许多、进入“总统府”任英文秘书已经十年的宋楚瑜平起平坐了。这样的人事安排肯定不会仅仅影响一个即将出任“新闻局”副局长的宋楚瑜，而会震动许多和宋楚瑜资历相似，多年来又始终没有任何升迁机会的中年官员。正因为如此，已经握有任用官员大权的蒋经国就有些犹疑了。现在周应龙再次提醒他马英九任用的事，才轻声问了一句：“应龙，你说说，这件事儿究竟怎么办才好呢？”

“这……总座，用人的大事，当然主意还是由您自己来拿的。”周应龙见蒋经国的态度有了转机，心里开始有了底数。他知道自从“蒋总统”去世以后几年来，蒋经国早已走出了老夫人宋美龄的阴影。他不再需要像从前那样做事时必须瞻前顾后，已经历练成一个善于把自己的意志迅速变成实际行动的铁腕人物。周应龙还清楚蒋经国近几年的用人方针：他不但不用宋美龄在台湾时身边经常走动的人物，而且就连他父亲蒋介石在世时喜欢的人士，也不在蒋经国的重用范围之内。他喜欢任用的往往都是新生代后起之秀，而且越头脑机灵，越有发展前途的年轻人，往往最得蒋经国的青睐。而马英九则正属于这种蒋氏喜欢的人。所以周应龙继续进言：“不过，总座如果一定要我说，我就建议您在用人方面不必过于拘泥于资历。论资排辈虽然是老传统，但总是这样搞，也难以让优秀人才得到用武之地。”

“好好。”直到这时蒋经国的脸上才露出了一丝淡淡的微笑，他把那胖胖的手微微一摆，欣赏地望了一眼周应龙说，“那么，应龙，这件事究竟该如何办理呢？虽然马英九是可造之才，但也不要因为用了他这个人，就得罪了许多在我身边工作多年的同志吧？”

“对对，总座说得有道理。”周应龙的头脑转得非常快，他已经把蒋经国的全部心思都看透了，于是才说出他的想法来，“我想，大家说马英九只是个律师，对政界不懂不通，也不是一点道理也没有。可是，‘总统’虽然想用他，又不能让马英九重新去某个政治机关再混上几年资历，因为那样做总座身边没有英语秘书，犹会影响大事。所以，我想可不可以来个权宜的手法呢？”

蒋经国的眼睛一亮，忙说：“你说你说。”

周应龙说：“可不可以先让马英九到政治大学去？过一段时间再回来，那时候，那些人也就没话可说了，因为许多杰出人才都是从政治大学出来的嘛！”

蒋经国坐在轮椅上再次沉默起来，他想了一分钟左右。终于向周应龙一摇手，说了一句话：“就这么办吧！”

下卷　初涉政坛

马英九的上升，可以归纳为三个因素：

一、个人的基本条件。马英九毕业于台湾大学法律系，美国纽约大学硕士、哈佛大学法学博士毕业，曾任美国纽约市柯布尔迪法律事务所实习律师、美国马里兰大学法学院的研究顾问，算是学养俱优，为典型的学者从政。

二、家庭的特殊背景。马英九出身党工世家。父亲马鹤凌为国民党资深党工干部，曾任北区知青党部书记长、台北市党部副主委，在党内关系渊源甚深，虽非高级党工，但亦属中上级党工。此项家世背景，相当有助于他的仕途发展。

三、蒋经国的用人政策。近年来，国民党大幅起用青年才俊，均以高学历留学归台、学有专长为基本条件。马英九不论从哪个角度衡量，都是最佳的培植人选。他符合“政府”的用人标准。再加上长官的不次拔擢，特别是蒋经国的赏识，地位乃得以扶摇直上。马英九能够有今天的地位，另一个重要的原因，可能要归于他的个性与涵养。

——摘自徐策：《九十年代台湾主导人物》

第十章 “总统府”里的译员

执教政治大学

1981 年 11 月，就在台湾进入冬季的时候，马英九遵从周应龙等人的意见，来到了他从前并不熟悉的一所国民党创办的大学——政治大学出任教职。

对于刚刚 31 岁的马英九来说，从美国返回台湾之前他不会想到，一个已经在纽约华尔街美国人开设的律师事务所里成为见习律师的哈佛高才生，竟然会鬼使神差地来到台北一所大学里当起了副教授。他自知这个工作的临时性，因为周应龙已经透过他的父亲把蒋经国的意见委婉说清：进入政治大学教书，仅仅只是一种从政的必要准备，时间绝对不会很久。周应龙当然不会把蒋经国在起用他时所面临的困难告知马英九，只对他胸有成竹地表示：“只要你好好干，前途是无可限量的。”

当时的马英九对于周应龙含而不露的许诺很不摸底，而且他对改行从事教学也从无思想准备，所以一脸困惑和茫然。不过，他并没有把自己的所有困惑和担忧流露而出，仅仅只是以沉默相对。久经国民党官场的马鹤凌却当着周应龙的面拍胸脯表示：“好，一切都按经国先生的意见办。请周先生只管向经国先生转告，英九完全遵照他的意见去做，教书的时间长短都没有关系，只要对当局的事业有益处，英九他愿意做经国先生同意他做的任何事情。”在这种情况下，马英九还有什么话可说呢？他只能以微笑点头来表示他对工作安排的满意。

后来，马英九在一份英文报纸上看到有关他暂且不能进入官场的原因。那份报纸上写道：“关于外传刚从美国返回台湾的留美人员马英九可能成为蒋经国亲信接班人的传闻，多有谬误。据知情者说，依蒋经国的用人方式，绝对不会由他直接向国民党中常会提出具体人选，更不会因为提拔一人而伤及僚臣。所以才让马英九暂且到政治大学镀金，以取得将来进入政界的资本。不过，马英九尽管具备种种近水楼台的条件，一步登天仍然需要时间。”

马英九第一天走进台湾政治大学的校门，就有一种新奇感。他早年在台湾大学读书的时候，只偶尔从这所由军警站岗的大学校门前经过，却从来不曾走进这所军事化管理的大学。现在他居然成了这所陌生大学的副教授，而且还要在这所学校的讲坛上给那些学生们讲法学与英语课，无论从哪一个角度而言，马英九都有难以言喻的生疏感。这是因为在他的理念中，法学与政治从来都属于两个截然不同的范畴。

马英九的思想深处，永远还停留在以刻板法律条文来规范人生的理念之中。从心里他就不希望有一天染指政治，更没有充当军政官员的初衷。可是，人生的脚步有时会因为种种主观意念所无法左右的因素，情不自禁地随波逐流。他现在之所以忽然从见习律师摇身一变成了政治大学的副教授，与其说是因为在美国从业过程中种种不快促成他渴望改变生活的轨道，不如说是有人在暗中操纵或左右他的命运。

“英九，既然上面安排你去教书，你就去教书好了。其实所谓的政治大学，也不是所有的学生毕业后都一定要从政的，像我就是一个例子。你可以到那里去做学问，就像你当年在哈佛大学边读书边写文章一样，到了政治大学以后，你仍然可以走从前那样的路。我相信你会在那里站稳脚跟的。”走在那由铁树与棕榈簇拥的水泥马路上，马英九眼前出现了一幢黑褐色大楼。那是妻子周美青曾经生活四年的政治大学教学大楼。临行前，周美青发现马英九的心情很不愉快，甚至还有几分不情愿，她就这样开导她的丈夫。因为她在去美国留学之前毕竟是这所大学的学生。而且在校读书时的周美青也曾经误以为进了政治大学，毕业以后就肯定成为政治工作人员。现在没有谁比她更理解马英九复杂的心情了，周美青认为她有必要劝慰他必须适应新的环境。

“可是，我终究没有想过有一天我会教书啊！”那几天，马英九好像一直处于迷蒙的梦境之中。法律毕竟是他前半生苦苦追索的目标。在哈佛大学他读了那么多国际法学的书籍，写过那么多与法律相关的文章，最终的目的不就是为着实现早年他在台湾大学读书时抱定的为法献身的雄心吗？现在回到台湾尽管不遂其愿，可是马英九毕竟还有新的追求，那就是有一天成为国民党中枢机关的一员。在看透了美国司法界的种种阴暗面以后，改行从事政治工作也没有什么不好。早在马英九读大学时期就有过出人头地的欲望，现在进入国民党政界也可以再圆他青年时代尚未实现的旧梦。然而当局竟然安排他去政大教书，这对于雄心勃勃的马英九来说无疑极不适应。

“教书有什么不好呢？”周美青面对马英九归台后的暂时不顺，采取了泰然处之的态度，她说，“教书无论在任何国家都是高尚的职业，如果当真让你在政大教一辈子书的话，倒也未必不是一件好事呢。因为当大学教授既体面又受人尊重，你还可以在那里做做学问。英九，应该说这个职业对你来说还是很理想的。”

马英九走进了一座阳光充沛的大教室，里面早已经黑压压地坐满了人。这些男女学生在那里嘁嘁喳喳地低声议论着，忽然发现一个身材魁梧的青年教师走进了教室，顿时一派悄然。所有学生都被马英九那潇洒的风度倾倒。“同学们好！”

在难堪的沉默过后，教室里忽然响起一阵雷鸣般的掌声。马英九在学生们向他投来的景仰目光中神情庄重，霎时间他似乎又回到了学生时代。此时，马英九从心里感到激动，因为他似乎与这所学校有着特殊的缘分，除了妻子周美青之外，还有一位美丽的小 S，她当年也是这所学校里的优秀学生。多年以来马英九始终都把他在日月潭偶遇的女学生小 S 视为自己的初恋情人。

尽管他与小 S 之间仅仅只有两次远距离的接触，彼此甚至连谈话的机会也非常有限。可是，马英九承认他从心里曾经喜欢过她。小 S 作为他暗恋的对象，直到后来周美青走进他的生活，才渐渐在他头脑深处淡化了。而今，马英九居然鬼使神差地来到政治大学任教，他不知道人生为什么会有如此之多的巧合，或许人与人之间聚散离合，在冥冥之中早有定数。

“同学们，我是学法律的，在哈佛的时候很少读政治性文章。因此得坦承我对政治教育的欠缺，甚至可以说我是一个政治的门外汉！”马英九面对人头攒动的大教室，开始自我介绍。他知道自己将要在这所学校里发挥他在法学上的优势。也就是从这一天开始，马英九暗暗下定了在台湾政大隐下身来安安静静从事教职的决心。他知道自己现在的升迁荣辱，都再也不依他的主观意志行事了。因为见到了在他与蒋经国之间牵线搭桥的周应龙以后，马英九的心里已经吃进了一颗定心丸。周应龙给予他的暗示性点拨，显然不同于几年前他在台湾大学读书期间与蒋孝勇、连战两人的私人交往。蒋孝勇纵然是蒋经国的亲生儿子，可是，他毕竟不能替代蒋经国，私人的友情更不可能成为马英九进入国民党高层的铺路阶梯，而周应龙则大为不同了。马英九已经从曾任蒋经国秘书室主任的周应龙那里，得悉了来自蒋经国的最新信息。这个信息告诉他：进入他所期盼的“总统府”出任要职已成定局，何时实现仅仅只是时间的问题了。

掌声、喝彩声再起。

马英九的头脑很清醒，第一堂法学课他开篇精彩。这一点他已经从那些纷纷为他鼓掌的学生眼神里看到了希望。他知道自己之所以刚刚来到政治大学的讲台上就受到了学生们的欢迎，并不是由于他身负哈佛名牌所产生的吸引力，也不是他时而国语时而英语的讲课迎合了那些求知欲甚强大学生们的心理，而在于他在登上政大讲坛的伊始，就以谦虚谨慎的态度赢得了学生们的喜爱。博得政大师生好感，成了马英九暂借这块平台求得发展的基础，不过，要在政大这块平台上隐居多久，马英九心里尚无任何底数。他知道政治舞台与他从前选择的司法界有着截然不同的规矩，要想有一天梦想实现，首先就必须学会韬晦之功。于是，短暂而充满新奇的大学执教生活宛若一卷绚丽多彩的油画在马英九的面前徐徐展开了。但是马英九不会想到，此时远在大溪慈湖一座水边陵墓里，又发生了与他有关的事情。

走进神秘的“介寿馆”

1982 年 1 月，农历春节的前几天，距台北不远的大溪地区飘起了霏霏细雨。

自从糖尿病再次发作以来，蒋经国已经许久不曾走出台北大直的七海官邸了。但是每年当父亲蒋介石的祭辰到来的前夕，蒋经国总是要来到慈湖这片令人魂牵梦绕的禁区。因为这里暂厝着蒋介石的灵柩。蒋经国只要来到这里，就会翻阅自己随身携带的日记，那其中有他在父亲去世前一段时间的记载，特别让蒋经国难忘的是蒋介石生命的最后一天。那天他在台北士林官邸里记下了这些文字：

4月4日

父亲于夜11时50分，病逝于士林官邸。

儿痛不欲生。——忆晨向父亲请安之时，父亲已起坐于轮椅，见儿至，父亲面带笑容，儿心甚安。因儿已久未见父亲笑容矣。父亲并问及清明及张伯苓先生百岁诞辰之事。儿辞退时，父嘱曰：“你应好好多休息。”儿聆此言，心中忽有说不出的感触。谁知这就是对儿之最后叮咛。

余竟日有不安之感，傍晚时分，父病情形，似无变化，惟觉得烦躁。6时许，稍事休息，8时半三探父病，时已开始恶化。在睡眠中心脏微弱，开始停止呼吸，经数小时之急救无效。

——父亲深夜病逝后，遗容安详，如在熟睡中。当时告知严副总统、四院院长及其他要员和家人来士林官邸瞻仰遗容。极尽悲哀，余头昏不支倒地跪哭。当孝仪要我在《遗嘱》上签名时，余手发抖写不成书。向长辈答礼时亦不记得来者何人。……

“报告，邱副院长紧急求见！”就在蒋经国坐在轮椅上翻阅桌前的一堆日记时，侍卫忽然进报，方知大清早就有人从台北驱车赶到慈湖。这一时期蒋经国的病情虽不稳定，可是国民党朝野之事蒋经国仍事必躬亲。新上任的“行政院”副院长邱创焕驱车进山，就是蒋经国晚年也不肯放手权力的一个明证。

“什么事情？”经蒋经国首肯，片刻便见一位行色匆匆的官员由侍卫陪着，沿着湖畔一条小路，逶迤穿过曲径回廊，来到了慈湖别墅的第一进四合院。蒋经国抬头一看，发现腋下挟着皮包的邱创焕已经喘吁吁地来到了面前。他知道肯定又有什么客人要求他接见，不然主管此事的邱创焕是绝对不会这么早就赶到慈湖的。

邱创焕忙从皮包里取出一份打字报告来，双手恭敬地呈上，说："总座，有一位重要的美国参议员请求接见，所以我才到湖边来打扰。这是这位美国参议员想向总座求问的几个问题，不知是否可以回答他？"

蒋经国只将那张报告瞟了一眼，并没有细看。他的目光仍然还停留在灵寝休息室玻璃柜内的一份《遗嘱》复制件上。那是他父亲去世前授意机要秘书秦孝仪代书的《蒋介石遗嘱》：

> 自余束发以来，即追随总理革命，无时不以耶稣基督与总理信徒自居，无日不为扫除三民主义之障碍，建设民主宪政之国家，艰苦奋斗。近二十余年来，自由基地，日益精实壮大，……全党同志，绝不可因余之不起，而怀忧丧志。务望一致精诚团结，服膺本党与政府领导，奉主义为无形之总理，以复国为共同之目标，而中正之精神，自必与我同志同胞，长相左右。实践三民主义，……坚守民族阵容，为余毕生之志事，实亦即海内外军民同胞一致的革命职志与战斗决心，惟愿愈益坚此百忍，奋励自强，非达成国民革命之重任，绝不中止！……

"总座，这位从美国来的客人，在参议院有一定的市场，如果不见怕有些不妥。"邱创焕猜不透沉默不语的蒋经国的心事，不知他在轮椅上想着什么。只是进一步提醒他说："这个人早在杜鲁门执政时期就坚决地支持我们……"

"我知道，"蒋经国这才回过神来，他对邱说，"像他这样的参议员当然不见是不行的，可是他所提出的许多问题，确实难以作答。不过我可以尽量满足他的要求。你可以去安排一切了。”

“是！”邱创焕没想到事情居然会如此顺利，他应诺了一声，就想告辞而去。不料蒋经国忽然又想起一件事，那就是周应龙离开秘书室以后多次向他询问的马英九安排一事。现在蒋经国终于有了机会，刚好负责外事的邱创焕进湖请示工作，他忽有所悟地说：“你再等一下。”

“总座还有什么吩咐吗？”

“是这样，对于我会见这些美国客人，译员的质量很紧要，所以，我关照你千万安排一个英语讲得熟练的人，担任这次会见的翻译，可懂我的意思吗？”蒋经国直到这时才说出了多时正在思考的话。

邱创焕不知蒋的深意所在，急忙躬身赔笑着说：“这个好办，可以请宋楚瑜来担任译员，他在美国留学多年，口语相当娴熟，从前总座只要有重要的美国客人，都由他来担当翻译的。”

“不妥不妥。”蒋经国竟然连连摇手，似乎有些不满地瞟了邱创焕一眼，说，“你怎么忘记了？宋楚瑜不是早就到‘新闻局’去就任新职了吗？既然楚瑜已经有了新职，怎么好再调他来呢？再说，你们行政部门对于这种事总该有一个长远的打算才好，不能总是这样临时抱佛脚地应付了事嘛！”

“对对，总座批评得很有道理。对于这种外事活动中的译员，其实早就应该做系统周到的安排了，再也不能这样随便临时乱抓闲差了。”邱创焕没有想到轮椅上的蒋经国居然关心起接待工作中的细节来了，甚至还对一个参与会见的英语译员也亲自过问，他忽然紧张起来。由于一时摸不清蒋经国的心思，便说：“只是我刚接任这项工作不久，也不知除宋楚瑜之外，还有些什么人可以胜任译员的工作。我想，‘行政院’方面会英语的人肯定不少，不过，究竟让什么人来呢？还想听听总座的意见再定。”

蒋经国见对方把话已经说到这个份上，脸上露出了微笑，想了想说：“据周应龙说，有一个刚从美国哈佛大学回来的人，英语说得很纯正。不知他回来以后在何处供职。”

邱创焕这才恍然大悟。前些时日他刚进“行政院”任职时，已经听到一些有关马鹤凌儿子将要进入“总统府”，而上层元老派多有微词的传闻。不过那时的邱创焕对此并没有在意，误以为只是一些政客的无聊传说而已。现在他亲耳听到蒋经国的指示，才感到事情不但是真的，而且来头还非同一般。于是他急忙近前躬身说：“对对，是有这么一位青年才俊，据说叫马英九。在美国曾经多次发表拥护总座民主政治主张的文章，他回来以后，听说是去了政治大学任教了。不过，这没有任何不便，我可以打个电话过去，把马英九调来就是了，让他担任会见外客的译员，那是对他的信任，相信不会有什么问题。”

“不不，这样急来抱佛脚的做法并不是可取的。”蒋经国在轮椅上听了他的话，索性借此机会把他和周应龙早已经商定的人事安排落到实处，便信口对邱创焕做了指示，“这样吧，这个叫马英九的青年人既然有高等学历，又精熟英语，而我这边需要译员且最好要有固定的安排，所以，可以把他正式地调过来。如何？”

“当然可以！”邱创焕马上明白了蒋经国的全部心思，同时也看出了他对这个名叫马英九的青年所寄予的厚望，甚至远远超过了他们这些在党政部门供职多年的高级僚幕。以邱创焕的经验，蒋经国自执政以后在用人方面一直持相当谨慎的态度，而今天他居然当着自己的面点名安排马英九，委实有些反常。邱创焕顿时感到马英九非同一般的分量，马上应许下来说：“请总座一定放心，这件事我肯定会安排得体的。”邱创焕领受了这一任务，丝毫不敢迟疑地出了戒备森严的慈湖陵园，火速驱车返回台北去了。

“嘟嘟……”一辆派克小轿车驰过一座座车流拥塞的立交桥。桥下不时飞掠过马英九所稔知的基隆河、淡水河和新店溪。望着小轿车旁闪过的车流，马英九的心忽然变得紧张起来，因为突然而至的一道命令，让他从政治大学的讲台上茫然地进入了一个陌生的领域。这就是他父亲马鹤凌多次叮嘱他的“政界”！

“马教授，‘行政院’的紧急调令，要你马上随车报到！”马英九不知道事情为什么忽然出现了意想不到的转机，本来去年冬天他前往政治大学任教之前，周应龙对他的交代是任教的时间至少一年以上，等待时机再进入政界。马英九得到周应龙的暗示以后，与妻子周美青商议如何在政治大学任教，他们夫妻都认为在此镀金的时间至少也要在两年左右。然而，让马英九始料不及的是，他刚来政治大学不足三个月时间，竟然有两位笑容可掬的陌生官员，亲自到学校把他请进了一辆豪华型小轿车里，然后也不多说什么，就陪同马英九向城区方向驶来了。马英九没有想到政界竟然如此神秘莫测，有时涉及人事的变化竟会发生在瞬息之间。莫非他从现在起就要登上政治舞台了吗？

马英九发现他乘坐的轿车已经涉过往来穿梭的车河，忽然驶上了一条有哨兵警卫的街道。这条路他从前在台湾大学读书的时候曾经来过，那是双十节他混杂在大学生游行的队列里，经过介寿馆检阅台的时候。而今他透过车窗的挡风玻璃，忽然看见了那幢红砖塔楼。他知道那就是戒备森严的介寿馆。

马英九远远望着那幢建于 1912 年、外墙贴有红色马赛克的古典大楼。他知道那是令人望之生畏的介寿馆，蒋介石在世时这里是“总统府”，平时普通民众是无法接近的。而今他望见门前仍有十数名荷枪的国民党宪兵一字排开地担任警戒。马英九虽从没涉足这座大楼，但是他对此仍然比较熟悉。自从 1968 年他考进台湾大学后，就熟知这幢仿欧洲文艺复兴时风格而建的建筑的历史。他知道这幢大楼在日据时期曾几历兵燹，1946 年重修以后适逢蒋介石的 60 岁寿辰，故而将这座建筑命名为“介寿馆”。当时，它只是作为国民党的东南长官公署存在。

1950 年 3 月 1 日，逃台后的蒋介石结束了他的下野生涯，决定“复出视事”，介寿馆便正式更名为“总统府”。马英九透过车窗，远远盯住正门高悬的那块镶有“总统府”三个鎏金字的横匾，眼神里难免有一丝忧郁。虽不清楚为什么突然调他来此，但马英九早已听说一个传闻，介寿馆的新主人蒋经国由于糖尿病等宿疾已进入晚期，在病魔折磨下他已经有近半年的时间不登介寿馆二楼的办公室了。既然如此，为什么刚才到政治大学请他来此的那位便衣官员，却在他登上轿车的时候叮嘱他：“马先生，今天见了经国先生，说话千万要慎重！”

既然传闻中的蒋经国已经病体沉重，为什么还会到介寿馆来呢？莫非是有什么重大的外事活动吗？不然，蒋经国怎么可能在这里见他呢？马英九在路上已经对此行做过种种考虑，如果当真能见到蒋经国，那么肯定会是一个官方的场合。而这种场合中他一个大学的“副教授”为什么能够参与，他能充任的角色就只能是英语译员。想到这里马英九已经难以抑制内心的冲动与兴奋了。

“马先生，请随我来！”还是那位随行的便衣官员，当马英九在“总统府”门前下车时，他再次走上前来，亲切地向那高大的拱门前的台阶上一指，说：“请注意您的仪表，一定要给经国先生以干净整洁的好印象。因为经国先生要求担任他译员的人必须仪容整洁。”

马英九心里又是一震，看起来他刚才在车上的估计已经接近准确了。这位随行官员虽然话语不多，但却已经把请他到介寿馆的意思交代清楚了。马英九不敢怠慢，他情不自禁地弹掉笔挺黑西服上的纤尘，正了正白衬领下的枣红色领带。抬头朝“总统府”正门一看，见正门照例还像以往那样关闭着，不准许任何官员的汽车驶入。他从前听说只有蒋氏父子的轿车可从正门直入，余者不论哪一级官员，只能将车停在距正门十米开外的地方，然后通过正门左右两侧的电动玻璃门走进去。马英九神色紧张，正想向守门的宪兵还礼，却见左边的玻璃大门开启，闪出一位英俊潇洒的青年官员，看样子还不足 40 岁，浑身有一股洋气。他就是靠出任蒋经国英文秘书起家、现在已经改任“新闻局”副局长的宋楚瑜。宋楚瑜近前一步亲昵地拉了下马英九的手，凑近他悄声说：“英九，我们其实早就该熟悉了，因为我们都曾经在美国留学嘛。你当年在台大时我就听说过你的名字了。”

“宋先生，谢谢您！”马英九虽然是第一次见到宋楚瑜，可是他早在大学和美国哈佛时就知道宋楚瑜的名字，所以他感到十分亲切。他紧紧握住宋的手说：“希望多多提携！”

宋楚瑜说：“不必客气，今天经国先生要在这里会见一位美国客人，你是他亲自点定的译员，所以你一定要译好他的谈话。不过你千万不要紧张，经国先生在和客人谈话的时候，他讲的是口地道的奉化方言。听起来并不难懂，而且经国先生很体谅译员，他在谈话的中间，会自动停歇下来，给你留出翻译的时间。只是你千万要注意，把美国人的话再译给他听的时候，千万凑近经国先生的耳朵，因为他的听力不是很好。声音太小了他会听得糊里糊涂，那样可就要误了大事呢！”

“谢谢您的植培！”马英九一边随宋楚瑜步入那高 16 米的宽敞空旷的大厅，一边心里抑制不住兴奋，因为他今天的任务已经得到了最后的确认，而且从前传说有关宋楚瑜反对他继任英文秘书的种种危言，都由于宋楚瑜刚才的几句叮嘱化为乌有了。马英九环顾厅内几根大理石巨柱和光可照人的花岗石地板，心里很兴奋。

“英九，不必这样客气。”宋楚瑜极为友善地说，“我们本来也有因缘，你现在执教的政治大学，其实就是我的母校。我在那所学校里读的是外交系，后来出国留学，我们的经历也有相同之处。只是你读的纽约大学和哈佛，而我在美国读硕士的时候是在加州大学和天主教大学，后来读博士我选中了乔治城大学的政治系罢了。”

马英九忙说：“是的，您应该是我的师长。此前我已经听人说起，您在美国的五年时间里竟然一下子获得了三个学位，这在留学生中是绝无仅有的。和您相比，我真有些望尘莫及了。”

“不要这样说，咱们彼此一样，都是从美国回来以后才进入政界服务的。我刚回来的时候，也先在台湾大学和师大兼了几堂课。后来进入‘新闻局’当普通科员，这时候才有机会来给经国先生当翻译。英九，既然我们都是同路人，那么我就不客气地告诉你了，经国先生虽然早年留学苏俄，熟悉俄语，可是他对英文比较陌生。”宋楚瑜是以过来人的善意，而不是以他当时所就任的“新闻局”副局长的身份，对这位风头正盛、年轻即得志的马英九说这番话的。此前尽管马英九将要出任蒋经国英文秘书的说法，早已在国民党上层广泛传播，同时也传出宋楚瑜对蒋经国如此破格重用一个刚从美国留学回来的人产生了种种异议，可是如今出现在马英九面前的宋楚瑜，则俨然一个老大哥的姿态，叮嘱了一些只有熟人和朋友之间才可能说的话，这令他十分感动。只听宋楚瑜继续说：“所以，你在译美国人表达的态度时，一定要把语义译得尽量明晰透彻。一些重要的语句，还要尽量译成原话，因为这样可以避免经国先生产生错觉。”

“好好，我懂了！”马英九心里高兴，他美滋滋的目光越过大厅两侧盆栽的碧绿棕榈，凝望着矗立在前厅的孙中山的巨大铜塑像，他的思绪又回到刚从美国回来时，和父亲见面那天晚上的景况。马鹤凌为了让儿子尽量了解到蒋经国的意思，还将他带到周应龙家中去。那天晚上，周应龙不但把调他返回台湾的意思委婉相告，而且还对马英九说：“在台湾政界会英语的青年人不在少数，经国先生之所以如此费尽心力地看中并希望你从美国回来，其用意是不言而喻的。当然，他希望见到的你，也并不仅仅只是一个坐在他身边老老实实翻译外国人话的普通译员，我相信你会理解他的深意所在。”现在当马英九出现在戒备森严、平时可望而不可即的“总统府”楼下大厅里，特别是听了宋楚瑜的一番话后，他心里才越加感到自己从美国归来的正确性。

“孙院长，这位就是马英九！”马英九随着宋楚瑜进入电梯，然后向上升去。也不知到了哪一层楼，他们面前的电梯门忽然开启了。他随宋楚瑜匆匆穿过一条铺着地毯的幽深走廊，不久，马英九的眼前就出现了一间阳光明亮的大厅。这显然是一间陈设豪华、富丽堂皇的会见大厅，红色而缀有一朵朵雪白郁金香花的意大利地毯上，摆着几张大大小小的沙发。沙发上已经坐着几个人了，看样子都是有身份有资历的大佬，像是在等待什么人的到来。附近的雕花屏风前一字排开地侍立着几位穿紫红色旗袍的女服务生，她们屏息静气，随时准备听命于人。在这种让人压抑的氛围中，马英九有些手足无措了，因为他毕竟是一个做学问的人，有生以来从没有经历过如此庄重紧张的场面。好在有宋楚瑜在旁为他引荐，来到沙发左首一位国民党高官面前，马英九马上意识到此人就是时任国民党中常委、“行政院长”的孙运璇。从前马英九多次在电视上与此人“见面”，只知道孙运璇祖籍山东蓬莱，来台后一直深受蒋氏父子的信赖，也从没有想过有一天他会和孙运璇这样的高官面对面地相见与握手。

“哦，知道知道，经国先生和邱创焕都已经对我说过了。”孙运璇将初入国民党上层官场的马英九打量一番，询问了一些诸如在美国求学的情况，然后他以长者的姿态拍了拍他的肩头，说，“好好干吧，年轻人，既然你在国外学的是法律，那么就把你的所学都用在政治大学的讲课中吧。”

宋楚瑜接着又把陪同蒋经国参加会见客人的几位高官俞国华、林洋港等人都介绍给他。这时候，侍卫进报说：“‘总统’到！”马英九忽然又变得紧张起来，他虽然已经见过蒋经国两次了，可是那都是在公开场合的接见，而今他是作为蒋经国接见外国客人的译员，要在这次会见中当着蒋经国和几个国民党高官的面展示自己的英文翻译水平，因此他的紧张和窘迫是不言而喻的。马英九看见蒋经国由几个侍卫从轮椅上搀扶下来，蹒跚着来到会见大厅中央的一张沙发前坐定以后，宋楚瑜就主动上前躬身报告说：“总座，马英九已经来了，按照您的叮嘱，我已经把翻译时应该注意的问题都说清楚了，请您放心，马英九在翻译过程中不会出问题，即便有些失误，我还可以在旁纠正的。”

“哦，好好！”蒋经国这才发现他面前的地毯上站着一个有些拘谨的高个年轻人。由于早年间蒋经国曾两次接见过马英九，所以头脑中尚存一点模糊的印象。不过毕竟多年不见，蒋经国仍然将有些拘谨的马英九打量了许久，之后才招了一下手，示意马英九可以近前与他说话。他亲切地问：“你在政治大学讲什么课呀？”

“回总座的话，我现在讲法律课。”马英九近前一步，仍然有些拘谨。

“法律和政治，其实本来就是一对密不可分的孪生兄弟。”蒋经国继续打量着西装笔挺、风华正茂的马英九，发现从这个在国外生活了八年之久的留学生身上，再也寻觅不到当年他在台中市成功岭上检阅台上率领受训学生宣誓时所留下的青涩印象了。看到彬彬有礼的马英九，蒋经国心里十分满意。他喜欢的就是这样既有高深学识又善于应酬官场局面的青年学者。所以蒋经国竟然当着孙运璇等高官的面，和在官场上尚无任何资历的一个小小译员搭起讪来，他说：“依我观之，国民党这些年来始终解决不好民主问题，其根本原因也就在于没有认真地研究法律和法学。好，现在我们有了像马英九这样留学哈佛的法律专业人才，那么我们将来在法律上如果有问题，就可以问他了！”

高官们发出一阵迎合的笑声。马英九在这种气氛中反而有些不自在了。他在这种场合受蒋经国的一番抬举，实在有些受宠若惊了。他毕竟是一个资历浅显的晚辈后生，又如何敢在这里被说成是法学专家呢？就在马英九感到尴尬的时候，有人进报说客人到了，他马上来到位于蒋经国与客人身后的译员席位上坐定。这是马英九第一次参加蒋经国会见外客的谈话，虽然来之前十分紧张，而且也没有任何心理准备，可是，值得庆幸的是，他在担任翻译的过程中，没有出现差错。在整个谈话的一个半小时里，马英九依他在美国多年留学过程中练就的英语对话水平，随机应变地将美国参议员的话准确地译成汉语，然后再把蒋经国那有些难懂的浙江话，机敏巧妙地变成让美国人一听就懂的英语。

关于马英九的这次翻译工作，一位熟知马英九的学者曾经做过这样的描述：“马英九的个子很高大，刚从美国回来之时，不知是不是在美国吃牛排的缘故，身高体胖，当时的体重，竟然高达 90 多公斤。他第一天去‘总统府’上班，恰好蒋经国会见境外友人。蒋经国和境外友人并排而坐，中间隔着一只茶几。按照惯例，马英九的位置，在那只茶几的后面，他所充当的，是翻译的角色。这件事可苦了马英九，以前的英文秘书，包括宋楚瑜在内，个子都不大，也不重，坐在那里，没有任何问题。现在马英九坐在那里，差不多将整个空间塞满了，连动一下都没有可能。尤其是那张矮椅子，看上去有点弱不禁风，马英九始终担心，自己如果动作大了点，弄不好，便将椅子坐断了。真的那样，可是闹出'幽默笑话'来了。所以，他坐在那里不仅不敢动，而且，还不敢完全将自己身体的重量压在那把椅子上。想一想自己今后将无数次在这里工作，马英九有些害怕了。可初来乍到，他又不敢将这一问题提出来，即使想提，也不知该找谁提。没料到蒋经国异常细心，他已经看出了这一点。会见结束，送走境外朋友，蒋经国特意走进来，对正在做收尾工作的马英九说：'怎么样？第一次工作，紧张吗？'马英九摇了摇头，说他并不紧张。蒋经国却和他开玩笑，说你不紧张，我倒是紧张，我担心你把椅子坐断了。后来蒋经国特别交代秘书室给马英九换一把椅子，并让他们给马英九多留一点活动空间。"

从上述叙述中不难看出，蒋经国对马英九的第一印象良好。依蒋经国当时一言九鼎的高位，在会见外宾之后再亲自询问一位刚来的译员工作是否"紧张"，完全超出了一般国民党高官与下级之间的关系。而初出茅庐的马英九能在他刚刚进入政坛就遇上像蒋经国这样知人善任的官长，也是他从政的最佳靠山。马英九的从政生涯，也正是由于幸遇了蒋经国才得以青年得志，后来甚至如鱼得水。

就在马英九赴"总统府"为蒋经国充任接见外宾的译员不久，国民党中常会就通过了一项特殊的任命：马英九出任"总统府"第一局的副局长！

如果说蒋经国让刚从美国留学归来仅几个月的马英九来到他身边担任英语译员，已经让台湾军政两界哗然一片的话，那么 1982 年早春二月由蒋经国亲自签发的这份重要人事任命，则立刻在平静的台湾政坛上激起了轩然大波。因为马英九毕竟只是一个留学生，此前在台湾政界几乎没有丝毫影响，其父亲马鹤凌和母亲秦厚修尽管多年前就在国民党的政治机构服务，可是，无论马鹤凌还是秦厚修，毕竟都不具备与国民党高层联络的特殊桥梁，因此，他们的儿子忽然得到蒋经国这样身居高位的政治要人的青睐，更是一件不可思议的事情。

对于马英九在政治舞台上的突然崛起，舆论界议论之声骤起。有人甚至称马英九是“乘坐直升机飞上政坛的”。因为在当时论资排辈的国民党政界，别说像马英九这样没有政治靠山和政治人脉关系的留学生，不可能回到台湾就得到如此迅速的升迁，即便在国民党军政两界服务多年的一些资深高官，也不可能轻易地进入“总统府”任职。而第一局的副局长，更不是一般普通国民党官员所能轻易企及的职位，因为这个职务是直接受蒋经国领导，并且是随时可以接近蒋经国的。

对马英九的突然迁升，徐策的《九十年代台湾主导人物》这样评论：

> 马英九的上升，可以归纳为三个因素：
>
> 一、个人的基本条件。马英九毕业于台湾大学法律系，是美国纽约大学硕士、哈佛大学法学博士，曾任美国纽约市柯布尔迪法律事务所实习律师，美国马里兰大学法学院的研究顾问，算是学养俱优，为典型的学者从政。
>
> 二、家庭的特殊背景。马英九出身党工世家，父亲马鹤凌为国民党资深党工干部，曾任北区知青党部书记长、台北市党部副主委，在党内关系渊源甚深，虽非高级党工，但亦属中上级党工。此项家世背景，相当有助于他的仕途发展。
>
> 三、蒋经国的用人政策。近年来，国民党大幅起用青

> 年才俊，均以高学历、留学归台、学有专长为基本条件。马英九不论从哪个角度衡量，都是最佳的培植人选。他符合“政府”的用人标准。再加上长官的不次拔擢，特别是蒋经国的赏识，地位乃得以扶摇直上。马英九能够有今天的地位，另一个重要的原因，可能要归于他的个性与涵养。

但是，不论舆论界如何兴风作浪，马英九成为接近蒋经国并在他身边经常参与重大事情决策的人员，成了不争的事实。

冷漠的官场，温馨的家

马英九开始变得行迹神秘起来。

自从他来到“总统府”出任新职以后，每天的工作日程就变得紧张而忙碌起来。这时候他和周美青的第二个孩子出世了，也是一个女孩，还是由马鹤凌做主，取了一个类似男孩子的名字，叫作马元中。

在马鹤凌的心里，他的后代无论男女，都要在名字中有一个“中国”的“中”字。孙女马元中的出世，给这个正在悄悄发生变化的家庭平添了新的喜悦。只是周美青并没有因为马英九进入台湾政界而变得与众不同，她的生活仍然保持着低调。周美青在马元中满月以后，开始主动到社会上去谋职。她知道马英九回到台湾以后，虽然得到了国民党的重用，官职也与日俱升，但是，她发现马家仍然还像从前那样属于清贫之家。在这个家庭里主要是依靠马鹤凌和马英九的薪水生活。而马元中的出世肯定会让这种靠薪水维持生计的家庭变得更加拮据。于是周美青开始谋求工作，她发现在台湾实现她早年投考纽约大学法律系，并且有一天当执业律师的想法有些天真。台湾地域狭小，尽管诉讼案件层出不穷，大街小巷的律师事务所林林总总，但对女律师的需求却极少。这样一来，周美青不得不再像当年在波士顿时期一样，开始把求职的目标转向与法学无关的金融和财贸。

对于妻子的职业选择，马英九一般会采取乐观其成的做法。他尊重妻子的选择，相信妻子会选定一个适合自己的职位。而马英九本人自从进入“总统府”以后，也有种“一入侯门深似海”的感觉。出任第一局的副局长以后，马英九把自己的生活安排得井井有条。由于职业的特殊性，马英九几乎断绝了从前在台大读书时的所有同学的联系，他知道自己职业的敏感性与机密性，再也不允许像从前那样可以与好友同学在一起经常聚餐与消遣。

尽管每天都隐身在戒备森严的“总统府”里，工作几乎忙得透不过气来，可是由于看到了仕途的希望，马英九心情尚好。那时候，他不仅在第一局负责处理国民党的一些重要党务，同时身兼着蒋经国英文秘书的职责。马英九不知道什么时候蒋经国会从七海官邸里打来电话，要自己把某一重要的文件送到他手里；也不知蒋经国什么时候会忽然要他到身边，充任与美国来访客人谈话的翻译。因此在1982年春天的日子里，马英九几乎成了不分昼夜奔走在介寿馆与七海官邸之间最繁忙的人。

无论在“总统府”坐班，还是前往神秘的七海官邸给蒋经国读英文报纸，马英九都有一种林黛玉初进大观园的感觉。他知道自己有“乘直升机和火箭飞进政坛”的种种非议，因此在行动上必须一百个小心慎重。真有林黛玉那种进园“不敢多行一步路，也不敢多说一句话”的小女子心态。他知道这得来不易的官场地位，绝不可因为他的一点不慎而受到影响。进入官场以后的马英九已经意识到这样的道理：从政虽然会让人得到暂时的虚荣，然而也处处如履薄冰。资历尚浅的马英九，置身在国民党高官如林的环境中，必须每日每时谨小慎微，否则就会被官场中意想不到的飓风吹倒甚至跌进深渊。

不过，马英九在刚刚走进“总统府”的时候，处境与心情却十分苦闷。刚来的时候他感到处处陌生，仿佛在这座阴森森的大楼里，每一个角落都隐藏着可怕的杀机。其实马英九在刚进“总统府”的一个月内，工作并不繁忙，他之所以每天“忙得不可开交”，都是他自己找的。那是他必须要“守时”和“坐班”。有时整整一个白天是喝茶和看报打发寂寞和无聊，但是偏偏在下班的时候，主管局长一个电话打了过来，告诉马英九说：“今天晚上有重要的安排！”他不知是发生了什么重要的军机大事，还是蒋经国有什么重要的贵宾需要他去担任英语译员，只好在那空荡荡的办公室里苦苦坐等。一直等到晚上10点，才得知原来什么事情也没有发生，这时主管局长会赏给他一餐夜宵，然后才能回家。恼得马英九只能回家以后暗中对妻子周美青偷骂：“这是什么鬼地方？简直就是在空磨时间！如果早知道是在这种地方打发无聊的光阴，当初真不如继续在纽约律师事务所里当律师了。因为当律师总还是对社会做一点有益的事，可是在这里却是每天空熬光阴，唉，真不是我希求的理想地方啊。”

周美青劝慰说：“英九，你不该这样厌恶环境，而应该适应环境。官场毕竟有官场的规律，清闲和孤寂的职业，总比那些每天忙个不停的职业好得多嘛。再说，我和家里都希望你从政，就是为着将来有一个更光明的前途。如果你心里有这个目标，就会把眼前的困难看得平淡。”

马英九心里积郁的怒气索性都一股脑儿对妻子发泄出来：“是啊，我既然来了，就已经下决心适应这种平淡的工作环境了。可是我无法适应的是，在这种可恶的官场里，实在是太压抑了。有时候我本来心里有话想说，但是略思量一下，才发现实际上所有心里话都是不能对任何人讲的。因为所有身边的人，都好像是监视我的敌人。每个人心里都各有一本账。美青，你说，如果人每天都生活在这种憋闷的环境里，即便将来能升官，又有什么意思呢？我不明白官场为什么会是这样一种局面。”

周美青在苦闷的马英九面前永远都是豁达和开明的。她说：“官场里为什么与律师事务所不同？为什么和我们求学的大学不同？就在于在官场里求得仕途的人，都是城府县深的高智商人物，这些人集聚在一起，肯定会尔虞我诈。如果不相互戒备，不相互竞争，又怎么会有各自的官途呢？所以，你还是要有一个‘忍’字！懂吗？在官场里生活首先要学会少说话，多做事，忍字当头，万事便可迎刃而解了！”

马英九在无聊的时候，会一个人来到“总统府”的后楼阳台上，他从这里可以俯瞰大楼背后的空寂院井。原来这幢大楼是井字形的结构，两幢大楼之间各有一个幽深的天井，而楼与楼之间的所有办公室，几乎都是围绕着这两个幽深天井建筑的。马英九后来才知道，整座“总统府”的大楼内有办公室三百多间，会议室也有十几个，粗略地计算一下，在这幢古老陈旧的大楼里，有几百名职员在办公。不过，每当马英九沿着楼梯上上下下，在经过那些办公室门前的时候，又会发现这些不时传出说笑声的“部委局厅”，事实上大多数人都在闲聊，埋头做事的人几乎是凤毛麟角。

马英九渐渐熟悉了“总统府”里的一切。他也随着时日的推移，渐渐适应了这种外表看来紧张肃穆而内里实则软懒涣散的大楼内幕。这幢大楼里共设有三局三室一处。他所供职的“总统府”第一局，主管着国民党的政务，第二局主管军务，第三局则主管综合事务；而三个庞大的办公室的功能则是，第一室为“总统机要室”，第二室为“总统侍卫室”，第三室为“总统人事室”。

三局三室之外还有一个管理财政事务的会计处。它的权限在于每月给这幢大楼里的大小官员们发放薪金。此外，马英九还发现这幢大楼的顶层有一个平时无人办公的机构，名字叫作“国家安全会议”。它隶属于“总统”蒋经国，是早年蒋介石就设立的机构。第一局局长刘星在向马英九介绍“总统府”内设机构的时候，曾经这样告诉他：“蒋总裁之所以要设这样一个部门，主要在于根据‘动员戡乱’期间的需要，为决定和研究重大战略事件才增设。可是，这几年由于经国先生生病，这个机构好像有些名存实亡了。”

“唉唉，怎么让我到了这种毫无生气的机构里任职呢？”马英九在经过近一个月时间的观察之后，甚至萌生了回台湾政治大学教书的念头。当他回家把自己这个想法说出来时，自然遭到了父亲和妻子的反对。马鹤凌说：“国民党机构的重叠和人浮于事，是多年形成的。莫非你一个人去了，就会改变这种消极的状况吗？”

周美青的意见是：“既来之，则安之。古来官场就是如此，我对你现在的处境只提供两字的忠告，还是‘忍耐’二字！英九，什么时候你学会了忍耐，什么时候你就会在那里站住脚了！”

马英九在空寂而又喧闹的“总统府”开始学着坚守，这是妻子多次叮嘱之后才做出的决定。既然已经步入了官场，那么就一定要在这里一步步走上去。马英九明白“总统府”是国民党政治高层集聚之地，种种可怕的权谋，都会在笑脸的背后发生与酝酿。正是因为如此，马英九处处小心，不多时他就深谙了“总统府”的秘密。他发现在这幢大楼里的几百名编制中，只有几十人是可以与蒋经国直接取得工作联系的，其余绝大多数男男女女，连见蒋经国一面的机会也没有。马英九屈指一数，这包括“副总统”、秘书长、副秘书长和侍卫长在内的几十人，还包括他们有二十多人在内的秘书。这些秘书之中又分成了三六九等，重要的秘书只有三至五人。他作为英文秘书，当然是这几十个可以接近蒋经国的特殊群体中最重要的人物之一。

马英九也听说，“新闻局”副局长宋楚瑜就是英文秘书出身，这个特殊的角色虽然表面上听来不足引人注目，但这一角色正是蒋经国须臾也缺少不了的人。如果继续上溯至蒋介石执政的年代，也是在这幢大楼里，还曾经有过秦孝仪和楚淞秋两位重要的秘书，秦孝仪后来成为蒋介石和宋美龄的心腹，出任了台北故宫博物院的院长，而楚淞秋则出任《中国时报》的社长。还有一个人，就是操持马英九进入“总统府”的周应龙，也是秘书出身；而现在国民党“外交部”任要职的钱复，也曾经是蒋经国的英文秘书。当马英九在心里把所有的前任都一一计数以后，开始渐渐意识到他在这幢大楼里的实际地位。

现在摆在马英九面前的困境是，尽管蒋经国信任他和重用他，然而在他身边却始终有一些不友善的眼睛，在暗暗窥视和监督。马英九感到，自己的一言一行，甚至随便给家人和朋友打一次电话，也好像有人在暗中窃听。马英九有时也会对自己的前途发生动摇，他心中悲观产生的基点就在于看到这些英文秘书一个个升迁的同时，也看到了一些让人不如意的负面。如果他真想在这幢大楼里获得光明的前程，仅仅像现在这样满足于为蒋经国不定时地担任英语翻译还是难成大事的。

马英九清楚，英语翻译工作仅仅是偶尔为之，重要的是他必须要在这幢大楼的第一局里站稳脚跟。如果真能取得蒋经国的特殊信任，他还必须要得到秘书长和副秘书长的青睐，不然他就永远会在第一局坐冷板凳而无法像宋楚瑜等人那样迅速飞升。在马英九上面的秘书长和副秘书长都是有着深厚资历和基础的国民党要人。即便他进入“总统府”内部供职，也必须要按部就班地循序渐进，才能得到升迁。而几位副秘书长又都是那样年轻，并且一个个几乎都有着在美国获取双学位的资历，与张祖贻副秘书长等人相比起来，马英九才知道在他面前横亘着多么大的障碍。就以张祖贻为例，此人的英文功底也相当深厚，而且跟随蒋经国多年，经历过官场中的风风雨雨。马英九暗中观察张祖贻等人的工作作风，发现他们这些人所共有的特点只有一个，就是少说话，轻易不肯在他们的上级面前暴露任何隐藏在内心深处的想法。

至于另一个深得蒋经国看重的青年才俊，便是“总统府”第一局的局长，他是马英九的直接上司刘星。此人城府甚深，没有留学的经历，政治大学毕业后先在新闻研究所供职，是一个没有靠山的苦学生出身。

刘星所以得到蒋经国的信任并出任第一局局长，就因为他的低调为人，虽然手里握有重权，可是却从来不肯轻易在同仁面前显示。让马英九暗暗吃惊的是，刘星是依靠自修学会英语的，而且他的口语水平甚至让自己这个哈佛高才生也闻之敬佩。可是，尽管刘星如此有才华，又是那么深得蒋经国的信任，但外界甚至连刘星其名也不曾得知。这样的人才更加适合于官场中的游走与升迁，与刘星这个顶头上司相比，马英九忽然感到自己外露的地方过多了。他也从刘星的身上悟出了一个道理：如果他真想在这个深不可测的官场里求得一官半职，甚至渴望有一天飞黄腾达，必须首先改变自己多年形成的外露性格。特别是他学生时代喜欢出风头和轻易发表演讲等做法，毋庸置疑都是官场生活中的大忌！

“英九，你不要气馁嘛！”对他说这种话的人，又是他从前在台大读书时认识的老师连战。马英九回到台湾以后，再次见到连战的时候，正是他在“总统府”里极为不顺的痛苦期。有一天，连战驱车从“行政院”来到介寿路，进了“总统府”大楼，竟然在走廊里意外地与穿着一身蓝色笔挺西装的马英九迎面相遇。而马英九当时的心情不好，额前的愁眉打了结。他见到已经出任“交通部长”的连战，当然脸上露出由衷的笑意，连忙把连战拉进自己的办公室。

关上门后，他们进行了一番倾心的交谈。马英九告诉连战自己返回台湾的心路历程以及归来以后所面临的种种不快，言语之中流露出来的失望让连战心领神会。这位现在已经升任台湾当局“交通部长”的老师，仍然以他惯有的乐观情绪感染面前初入官场的学生。连战以过来人的姿态告诉马英九：“其实我们都有一定的共性，那就是知识分子看不惯那些老政客和老兵痞们的强悍作风。是不是呢？有的时候与那些老官僚们打交道，彼此一语不合，甚至还会吵起来。大有秀才遇见兵，有理讲不清的味道。可是，如果我们真能让自己融入在这个不习惯的官场里，久而久之，你就会悟懂一个道理，最后的胜利，还是属于你的。”

“这是个什么道理？请老师指教一番。”马英九听连战这样高深莫测地讲话，便急不可待地向他请教。

连战笑眯眯地望着他说：“这没有什么奇怪的，英九，我为什么说你将来会是胜利者呢？就是因为你有那些老官僚们没有的知识呀！官场是什么？官场就是斗智斗勇的地方，任何有高深资历的人进入这个场合，最终他们需要的都是以智慧来战胜对手，而绝对不是什么鲁莽和强悍。我本人就是一个例子嘛！英九，你是知道的，我连战也是教书的出身，前几年我在萨尔瓦多那些小国当什么狗屁‘大使’，实在是受尽了外国人的气。因为几乎所有国家现在都看不起咱们‘中华民国’，而大多数国家早已经承认了中华人民共和国，这是一个任何人也无法改变的事实。这样，我在那里的处境要比你现在坏得多，可是我还是忍过来了。在官场行事，重要的就是靠一个‘忍’字啊！”

马英九点了点头，他不得不承认连战说得在理，但是他仍然无法摆脱自己目前的难堪处境，便诉了一阵苦楚，说："可是我仍然看不出将来我能在这个充满黑暗、倾轧、猜疑和尔虞我诈的地方会有什么出息。因为和那些在这里混了10年、20年甚至30年的老官僚们相比，我马英九永远也不会占上风的。"

连战却将手一摇说："你说得不对，英九，你为什么如此悲观呢？你要知道你现在的处境已经让许多人眼红了。哪有一个刚从国外回来的洋学生，还没有任何从政的资历，就一步登天地当上了'总统府'第一局的副局长？这样的先例至少在我的记忆中还不曾有过。现在经国先生对你的重用，早已经超过了任何人，你为什么还说你不能在这里出息呢？依我说，你应该很满足，因为你现在实际上已经成了官场里的异数！"

马英九说："这个所谓的副局长，手里究竟有什么权呢？老师也许还不知道，我现在的职务虽在，可是实际上就是一个每天处理公文的大秘书罢了。像这样每天都埋在文件堆里混日子，真不如到律师事务所里当个自由律师好呢！因为当律师至少不会受到一些人的窥视和暗地里的嘲讽。在这里真有度日如年的感觉呀！"

连战继续点拨说："英九，这就是你对官场的误解了。其实古今中外的官场，大都是如此。尔虞我诈是免不了的，因为到这里来做官的人，比不得普通律师事务所里的律师。这里每天都有人在思谋着迁升，所以也就肯定会有人在彼此明争暗斗。没有角逐与争斗，也就失去了官场固有的特色了。英九，你现在还有点太嫩，不过不要紧，你的开局良好，刚进来就坐在有利的位置上了，这样可以便于你一步步走上坦途。至于有人妒忌你，眼红你，你不要在意这些。索性就让他们眼红好了，路还是要靠你自己坚定地走下去的。"

马英九与连战的这次交谈虽然只有十几分钟，可是对他心里的震动却很大，就像前次在纽约相遇时一样，连战每次对他的开导，都在马英九心里产生了一定的影响。

两个月以后，马英九已经融入这个既涣散又紧张的国民党最高权力机构。他开始习惯那些平时无事时在办公室里高声谈笑，有时甚至还敢敞着房门打扑克的机关生活了。他学会了沉默，也学会了在同仁们面前闲聊和一张报纸看半天的办公方式。当然，马英九毕竟无法让自己真正变成一个颓废的人，这是因为他始终受到蒋经国的亲自栽培。所以，他进入第一局时间不久，许多本来属于局长刘星主管的事情，都逐渐集中到了马英九手里。这样，他开始紧张而忙碌地做事了。除了大量的文件需要他负责处理之外，马英九还要主管国民党的党务。有时还要跑到七海官邸去，面见蒋经国报告紧急而重要的情况。这样一旦忙碌起来，马英九郁闷的心情反而开始好转了。

尽管马英九那时的工作十分繁杂，可是他对妻子周美青的关爱却没有因此而有丝毫的减弱。因为他永远都不会忘记周美青与他在波士顿共同度过的艰苦求学生活的岁月。他也清楚这个充满喜气的四口之家，周美青所付出的辛苦代价，绝对不比他少。所以即便马英九现在已经走上了从政的坦途，再也不必为生活而忧虑，却从心里更加怀念他们从前在国外的生活，而周美青的贤能与困境中所给予自己的温存，永远都是马英九品尝不尽的甘美。

马英九有时甚至忙到入夜时分才能归家，只要他有时间，都会在归来的中途吩咐司机停下车来，然后独自到夜间营业的超市或餐馆，给妻子买一些诸如苹果卷和萨其玛之类的小点心，以便让她夜里充饥。尽管这些诸如灯影牛肉、话梅、冰糖和芒果之类的小食品，在别人眼里看来是微不足道的，可是周美青却知道这些点心与水果，都证明马英九对她十几年风霜感情的痴心不改。

她常常会从这些小点心中品味到一股特殊的温馨。而马英九担心周美青长期不吃牛奶之类的食品会影响到她钙质的吸收，所以只要有出国的机会，一定设法采买她在美国喜欢服用的钙质代食品。这种小点心在马家始终不断，周美青在记者采访她的时候，只要谈到马英九，她都会这样说："我很满足，如果你们不相信，可以到家里去看他设法托友人从国外给我捎回的小点心，那种台湾没有的小点心里含有丰富的钙质，他对我的心意往往都会从这些小点心里得到见证。"至于从政以后的马英九，每当面对记者或者友人的询问，他也会对周美青表示出相同的满意。

马英九对媒体表示："我不喜欢因为自己工作的关系，让家庭生活受到干扰。我太太是一个有专业学养的职业妇女，和大部分职业妇女一样，每天大清早就要开车送孩子上学，再赶去办公室抢停车位，下班回家还要督导孩子的功课。因此，除非她愿意，我从不要求她参加我公务上的应酬，我觉得这是夫妻间彼此尊重的当然结论。我尊重我的另一半，相信我的坚持也应该是21世纪新好丈夫的标准。"

第十一章　渐渐悟出官场学问

掩饰病情外泄

七海官邸对于马英九来说，历来都充满了神秘感。

他记得早年在台北长安东路 18 号楼生活的时候，就开始留心距他家不远的蒋家住宅。也是从那时起，马英九一直都视蒋宅为可望而不可即的禁地。但是，自从 1982 年他出任“总统府”第一局副局长以后，这座国民党逃台初期蒋介石出资在台北大直地区为美国海军陆战队军官们修建的招待所——后来成为蒋经国一家人新居的七海官邸，几乎就成了他经常出入的工作地点。

马英九每天前来七海官邸的任务是，给蒋经国送达机密文件、国民党中央社刚收到的国外英文电讯稿、事关国民党的外电报道和一些刊载重要国际新闻的《华盛顿邮报》《纽约时报》和英国、法国、日本和德国等的英文报刊。

“英九，阿爸他对你的工作很满意。”马英九再次见到校友蒋孝勇的时候，是在戒备森严的七海官邸中正楼。几年不见，马英九发现当年在台大校园里求学的蒋孝勇，仍然还像当年一样保持着不露声色的低调。只是他感到蒋孝勇比大学时代更成熟，更谨慎了。尽管这些年马英九在美国，而蒋孝勇自从大学毕业后就一直在台湾的商海里浮沉，行踪也有些诡秘，但是马英九在国外对有关蒋孝勇经商的信息也十分关注。

“谢谢你，孝勇。”马英九在楼下会客厅里静候侍卫传话的间歇时间，与忽然走进来的蒋孝勇坐在一起闲聊起来。

蒋孝勇却说："你不应该感谢我，而是我应该感谢你。因为有你在阿爸的身边工作，减少了他老人家许多心中的烦恼。特别是你能够不断地提醒他老人家注意身体，许多可能危害他老人家的麻烦，都让你英九兄事前就想到了。"

马英九有些不好意思地笑了，他没有想到当年在台大校园里结识的蒋孝勇，在经过七八年的商海打拼以后，浑身毫无可憎的商人气。他仍然文质彬彬，丝毫没有蒋家公子的傲慢与凌人的盛气。半晌他才说："孝勇，其实所有一切都是我应该做的，有什么值得感谢的呢？倒是我应该感谢经国先生，如果没有他的支持与提携，我也许刚走进'总统府'就倒下了，因为我毕竟是一个做学问的人，初进官场真有些不习惯。"

蒋孝勇颇有同感地苦笑一声："其实我在商海里一开始也是不习惯的呀，英九兄，你也许还不知道，我这几年也是喝了几口水才找到了岸边啊，因为我和你一样，都有一个习惯的问题。我毕业以后先到了一家私营企业当董事长和总经理，原以为凭着我的本事是可以驾驭鸿霖公司的，可是哪里知道经商也并不像我当初想的那样一帆风顺。就在我经营鸿霖公司的第二年，闹出了一件震动台湾商界的大案子，那时候你在美国，也许根本不了解内情，其实我是冤枉的。"

"有这样的事？"马英九故作惊讶之态，其实他在美国早已经从报纸上了解到有关鸿霖公司涉及电影拷贝盗版的案件。

蒋孝勇叹息一声说："本来那次抓盗版不关我们鸿霖公司任何事情，可是，没有想到警方在逮捕专事盗版的昌运公司老板的时候，他供认说自己的所有盗版活动都与我们鸿霖公司有关。真是岂有此理！我们鸿霖公司又怎么知道他们昌运公司在搞影片的盗版呢？后来警方终于搞清楚了，原来昌运的那个老板在我们鸿霖公司里占有股份，也是我们鸿霖的常务董事。这样就涉及了我们。其实我对你说实话，在这起案子里我什么好处也没有得到，得到的只是名誉上的损害！”

马英九也替他唏嘘一阵，但也感到无可奈何，便问：“孝勇兄现在还鸿霖供职吗？”

“我早已经退出了，因为那起盗版的案子以后，我下决心退了出去。”他叹息一声说，“从这起案子发生以后，我变得慎重多了。凡是可能涉及官司的生意，即便再有油水，我也宁肯不做。因为我毕竟是蒋家的人，做任何事情都不仅考虑自己，也要考虑家人的声誉，特别是家父的声誉，更是紧要得很。我后来进了中兴电工机械有限公司。在那里，我才渐渐熟悉经商，也才明白了一个商人所必须面临的困境。所以我对你说，英九，你既然已经进入了政坛，就要有吃苦和受人妒忌的思想准备。须知天下之事，几乎没有一碗饭是好吃的。做什么事情都需要付出代价才行。”

“我懂了，孝勇兄，你刚才的话很富有哲理，你的经验也给我敲起了警钟。”马英九正与蒋孝勇谈得愉快，忽见上楼通报的侍卫走了进来，他知道蒋经国已经同意他上楼汇报工作了，于是急忙与蒋孝勇握别，临分手时他再次说，“请你放心，孝勇，我会尽心尽力的。绝不会辜负你对我的一片诚意！”

蒋经国的病情仍然在加重。

如果说马英九早年在台湾读书及赴美读书期间，间接听到的许多有关蒋经国的身体状况传闻，都曾让他感到不可思议，那么现在当他渐渐接近这个被外电多次传说因糖尿病晚期而无力视事的蒋经国时，才深切体会到外电报道不虚。马英九刚到“总统府”第一局任职的时候，有些多年在蒋氏身边供职的人，曾经多次向马英九提起他们当年是如何跟随蒋经国一同下乡，如何到农村，特别是那些高山族聚居的边远地区踏察访问的往事。可是，马英九充任蒋经国英文秘书以后的几年时光里，他未曾见到过蒋经国亲自下乡。1988 年蒋经国去世后，马英九回忆起这段难忘的时光时说："当时经国先生身体已受糖尿病、视网膜脱离及白内障等疾病所苦，极少出远门，因此英九未有机会随同下乡，平日虽仅做传译工作，但经国先生偶尔会在送走外宾后垂询：'英九，有没有事啊？' 这时即是英九个人的'国是进言时间'。经常借此反映舆情，报告社会脉动。"

这一时期马英九与蒋经国的接触情况，由此可见一斑。从他自己的寥寥数语之中，不难看出马英九与蒋经国之间日渐亲密的关系。

马英九眼中的蒋经国，身体一天不如一天。特别是进入 1982 年以后，蒋经国的糖尿病更为严重了，为了防止他的病情出现意外，国民党中央决定成立以荣民总医院副院长姜必宁为首的特别医疗小组，直接监督医治蒋经国的病。由于蒋经国视力的减退，他几乎不能再读任何文件，马英九进入七海官邸的时间似乎比往常更多了。他除了为蒋经国读阅英文报纸和文件之外，许多国民党上送和下发的机要文件，蒋经国也大多要求得心应手的马英九代阅代读，然后，蒋经国以笔画圈。至于接见外国客人，到了这一年秋天，已经越来越少了。马英九知道，蒋经国外事活动的减少，一是由于他身体状况不允许，二是因为台湾被从联合国驱逐，世界各国与台湾保持"外交关系"的剧减。所以那个秋天是马英九进入政界以后最为寒凉的时节。

马英九来到官邸以后，发现蒋经国即便在楼上楼下行走，也多由侍卫们搀扶，如果到户外去散步，只能用轮椅代步。有时候，马英九读文件和报告重要的事情，也都是在轮椅旁完成。

让马英九最担心的事情，终于还是发生了。

那就是由姜必宁担任召集人的医疗小组，为蒋经国做了一次眼睛手术，术后不久，医疗小组发现蒋经国的心脏出现了问题。姜必宁透过马英九向国民党中常委发出紧急通报：蒋经国和蒋介石当年一样，由于疾病日危，他的心脏疾病越来越突出了。与此同时，马英九的家人也向他反映，许多百姓都发现，蒋经国出现在电视镜头上的次数突然减少了。

自然，马英九对此心知肚明，可是他即便在家人面前也不曾透露与此相关的秘密。马英九发现，由于蒋经国体力的渐渐不支，他再不能像前几年那样，可以带着侍卫们乘车到各地去视察和漫山遍野到处跑了。他知道，蒋经国外出次数的减少，绝非因1981 年 10 月那次下乡视察过程中突遭大雨袭击，被身边侍卫的雨伞意外地擦破了眼睛，从此就胆战心惊了，而是因为蒋经国肥硕的身体确实难以行走。作为蒋经国的机要秘书，马英九已经明确地感受到蒋经国的体质随着糖尿病的加重而越来越差，心脏不时会发生停跳。到后来，他甚至在七海官邸内几步路的行走也变得艰难起来，而且行走时还出现了大口喘息的现象。

让马英九感到最为担心的一次，是 1982 年 3 月 29 日上午。按照当天日程的安排，蒋经国必须要到台北市圆山“忠烈祠”去参祭孙中山先生。这是马英九以“总统府”第一局副局长负责七海官邸事务的开始阶段。那天，由马英九等人陪同蒋氏在事前预定的时间驱车离开七海官邸的时候，姜必宁叮嘱马英九说：“刚才检查的结果表明，总座不宜出行，如果他受到刺激，很可能会发生病变。”

可是，马英九仅仅只是蒋经国身边的工作人员，他无权也无法改变蒋既定的重要日程，于是他就上前委婉地把姜必宁等人意见报告给坐进汽车里的蒋经国，希望他能改变主意。可是蒋经国听了以后，根本不加理睬，仍然固执地吩咐说："按照既定的时间到会场上去！"马英九无奈只好请求姜必宁带医疗人员和器械随行。

8点钟，马英九陪同蒋经国由大批侍卫簇拥着，乘车准时来到了台北市区内的"忠烈祠"。这时，电视摄影机的镜头早已对准了蒋经国，可是，谁也不曾想到，从前一贯靠轮椅代步的蒋经国，居然要从轮椅上站起来。他要在电视镜头前面自如地行走，自己步上主席台。马英九百般苦劝："总座，这样是不行的，因为电视摄影师是现场直播，一旦出现问题就会造成影响，所以还是希望您谨慎行事。"

"不，不会的，我行，我能够自己走到台子上的。"蒋经国拒绝了马英九的好意。马英九无可奈何，只好看着他离开轮椅，一步步地蹒跚而行。为防止意外，马英九慌忙吩咐医生护士和侍卫跟随前去，准备在万一发生意外时从旁加以保护。就在这时，让马英九感到痛心的事情还是发生了。蒋经国在那一时刻忽然变得双腿沉重起来。马英九紧走几步，追了上去，他忽然看见，就在蒋经国刚刚登上"忠烈祠"的水泥台阶不久，身体就突然摇晃起来，脚下不稳，险些跌倒在台阶上。幸好几个侍卫眼疾手快，上前将他扶住了。

"总座，还是坐在轮椅上吧！"马英九出于种种考虑，上前再次劝阻，可是蒋经国仍然把他推开，坚持咬牙自行。马英九只能在他身边紧紧随行，他看见蒋经国行走慢如牛步。虽然从门前到祭拜堂之间只有二百米左右，平时他可以走得很从容，可是这一次蒋经国却走得满头大汗。他来到祭拜堂上的时候，已经气喘吁吁了。当礼仪兵们将一只大花篮抬到蒋经国面前的时候，按礼仪只需要蒋经国走上前来，用手轻轻扶一下花篮上的白色缎带，即可完成所有的程序。然而就这么只需他用手轻轻一扶的动作，蒋经国当时竟也做不来了。他只是抬起了一只手，轻轻抚摸了一下花篮，然后就由侍卫们左右相扶，从原路返回了。

当天晚上，马英九在介寿馆看到这条电视新闻时，才知道电视公司经过他的提醒对上述镜头做了精心的修剪。虽然将蒋经国走上台阶时步履维艰的镜头完全剪掉了，可是在画面上仍然留有许多他体力不支的痕迹给观众。这使马英九忽然感到紧张，他自知作为英文秘书从此就更加困难了。因为蒋经国这么早就出现了与蒋介石当年一样的危状，是他完全没有估计到的。

嗣后不久，又发生了一件让马英九和全体官邸医疗小组成员都大为担心的事情。

也是在圆山“忠烈祠”镜头前露马脚事件发生之后，紧接着就是 4 月 5 日的公祭活动。那天是蒋介石逝世的七周年纪念日，每年清明节，蒋经国都要在“中正纪念堂”举行盛大而隆重的拜祭活动。而且，每年这一天，蒋经国都要亲自出现在台北“中正纪念堂”的祭拜大厅里，向父亲的遗像三鞠躬。

4 月 4 日清早 6 时，马英九在驱车经过纪念堂的时候，发现有关部门已经在紧张地工作，全力筹备着次日的公祭活动。而且，他从那些奉调而来的仪仗队和军乐队在纪念堂前的演练中，不难看出明天由蒋经国作为公祭主角的这个纪念活动，对于步履越来越艰难的他来说，无疑又是个窘迫场面。

“经国先生，明天可否改由其他人来代替您去致辞呢？”马英九清晨进了七海官邸，心里就在想着明天的事情。鉴于几天前在圆山“忠烈祠”镜头曝光中失策的教训，又考虑纪念堂门前的台阶要比“忠烈祠”还要高耸难行，他粗略计算一下，足有一百个台阶，依蒋经国这时的身体状况，马英九担心极了。如果再发生前次的窘局，他作为“总统府”第一局副局长、蒋氏身边的秘书，将无法确保蒋经国身患重病的秘密不向外界泄露。

“英九，你是担心我……走不上那么高的台阶？”蒋经国马上就理解了马英九的善意提醒。这次他竟然通情达理，完全理解了马英九发自内心的好意。不过他并不想完全放弃这次公开活动，沉吟半晌，反问马英九说：“可是，我如果不去那里致辞，社会上不是也同样对此表示怀疑吗？”

马英九说：“这当然是一件不好办的事，不过，您再也不能出现前次那种体力不支的状态了。因为电视新闻会全程拍摄的，与其那样，倒不如以另一种形式来表达对蒋公的致敬。”

“哦？”蒋经国注意地听着。

马英九谨慎地进言：“比如您可不可以去慈湖谒陵，那不也同样是对蒋公致敬吗？况且，到慈湖的路程虽然远一些，毕竟可以乘车代步。而且进入陵园以后，一路上都是平地行走，那样不会有任何问题的。”

“好吧！”蒋经国深以为然地对马英九点了一下头，他当然也不希望次日在“中正纪念堂”前再次出现之前的状况。蒋经国本人也感到最近一段时间身体一日不如一日。他只要一走路，就会气喘如牛，而且脚步十分沉重，踉踉跄跄，几次都有跌倒的危险。在接受马英九的建议以后，蒋经国就让秘书王家骅通知“行政院长”孙运璇前来官邸。他决定明天在“中正纪念堂”的活动，改由孙替他去主持并致辞。马英九没有想到经常固执己见的蒋经国，这次竟然听从了他一个小秘书的意见，甚至果断地改变了早已经过国民党中常会批准的重要日程。这也足以说明现在的马英九在蒋经国心里占有一定的分量。也就是从那时开始，马英九在负责英文翻译与处理相关外事的同时，也格外关注起蒋经国的饮食起居和日常工作了。

马英九时时都在为蒋经国担忧。虽然蒋经国躲过了“中正纪念堂”的公开活动，可是仍然有其他一些需要出头露面的事情要做，特别是一些重要活动必须要在电视屏幕上出现。当然，在一些接见外国来客的活动中，蒋经国完全可以伪装成健康的状态出现在公众面前。他可以原地不动地站立在雕花屏风前，让那些前来与他见面的外国客人依次向他走来，然后他在那里与客人一一握手。而后的电视画面上，只需出现蒋经国坐着与客人交谈的情景就可以了。所有这一切，也都是作为第一局副局长的马英九首先精心设计与安排，然后获得蒋经国的首肯与国民党中常会的批准，最终得以实施。蒋经国对于马英九的所有细心工作，当然心领神会。他知道，自己当年看中的青年才俊，不但具有一定的英语翻译能力和国际政治方面的知识，同时也具有越超他人的应变能力；特别是当他在外事活动中面临尴尬僵局的时候，每次都是头脑机灵的马英九在旁为他做出修补和变通，使得晚年已经有些迟钝的他，在许多复杂多变的外事对应中转窘迫为从容。也许这就是蒋经国后来一定要继续重用马英九的潜在原因。

可是让马英九为蒋防不胜防的事情，绝对不止这几件。直到这时，马英九才发现他的“总统府”第一局副局长，并不像他刚上任时所想的那样简单。因为马英九真的置身在紧张的政务中才愕然发现，尽管他如此精心设计，还是难以掩饰蒋经国那明显转危的孱弱病体。许许多多需要蒋经国公开露面的重要活动，也并不是他一个小小副局长就能推掉和改变的。最让马英九为难的是，每年的 10 月 10 日，台北都必须要举行一年一度的“双十节”。而蒋经国作为国民党主席和“总统”，他又必须出现在介寿路前的主席台上进行一年一度的“国庆”阅兵。这种活动在蒋经国身体健康的时候当然不值得一虑，可是现在他的体质明显下降，而且行走越加艰难。在这种情况下，如果让他像往年那样长时间伫立在众目睽睽的检阅台上，对于蒋经国来说简直就是在活受罪！

这种事情如果继续采取其他手法是无法掩盖其窘的。马英九不愧是一个认真而善于动脑子的秘书，在“双十节”之前，他就绞尽脑汁，如何才能让蒋经国既能登上介寿馆楼前的那个高大的检阅台，又不在楼下经过的那些军队和学生们面前露出他已经无法长久站立的秘密。马英九终于想出了可行的办法，可以将一把高背大椅子，放在主席台上，四周再用一些鲜花将椅子完全挡住。这样蒋经国就可以稳稳地坐在那椅子上，安然不动地完成阅兵。蒋经国听了，笑着点了头，国民党中常会也一致通过。在“双十节”当天，由于马英九的精心布置，蒋经国不能站立阅兵的秘密被有效地掩饰了。

不过，马英九仍然感到不够。因为他在电视转播镜头上还是发现了一些不尽如人意的马脚。这是因为一些特写镜头可以将蒋经国那换了一只假眼的情况暴露给电视观众。同时，另一个秘密也让细心的观众获知了，那就是蒋经国脸上出现了明显的浮肿。这与多年前经常在电视上看到的蒋经国大相径庭。也就是说，懂得医理的人都会从蒋经国浮肿得非常严重的近镜头中，看出他正生着十分严重的疾病。虽然他的脸上仍然挂着和悦的笑容。

让马英九忧虑的事情还是出现了，也就是这个时候，蒋经国生病的秘密悄悄被泄露出去了。最先见于媒体的，当然还是敏感的美国报界。马英九几乎每天都在查阅从美国、英国和日本邮来的外文报纸。作为第一局的副局长，马英九深知他有保守蒋经国身体情况秘密的职责，一旦蒋氏的病情外泄，他当然有无法推卸的责任。在他上任第二年的 4 月 25 日，美国一份华人主办的《中报》头条，刊出一篇来自台湾的消息：《蒋经国重病住院的传闻可信度相当高》。

记者写道：“蒋经国因糖尿病复发及其他并发症住院的消息，近日在台北和日本政界盛传，美国政界虽未闻此传言，但以美国对蒋经国一动一静的了解，这种事情应该无法逃过他们的耳目才是。美国情报单位定期派人或委托人，趁访台或晋谒之便，观察蒋经国之身体状况。诸如气色、握手、言语、行走、站立等，皆仔细报告。另外，凡蒋经国在电视或者公开场合出现之镜头，美国亦不放过，无不搜集其详。这些资料汇集来美以后，再由病理专家联合诊断。美国之所以这样做，当然是关心台湾政情。尤其是台湾处于强人政治即将落幕，可能的接班人已被蒋经国一一剪除，第三代'交班'计划又快马加鞭进行的时候，一切岛内外不可测的因素都充满着爆炸性。如果美国不弄清情况，局势就有可能脱出掌控，无法影响三十多年来第一次没有政治强人的国民党体制继承。蒋经国这次生病住院，可信度相当高，未必都是空穴来风。"

马英九读到这些外电的时候，额头上沁出了冷汗。他知道自己已经失职了，国民党中常会一再关照马英九，一定要严格控制蒋经国患病消息外泄，这一指示对于马英九来说当然格外重视。他几乎下令封锁所有外国新闻记者在台湾的采访，自从他上任以来，与宋楚瑜主持的"新闻局"配合得相当紧密，只要是有外国通讯社的记者提出采访蒋经国，都千方百计以种种借口加以婉拒。在马英九经管"总统府"第一局的时候，几乎没有同意任何一位记者进访蒋经国。即便非常重要的美国客人来访，马英九也尽量劝阻蒋经国出面会见，实在不得不见面的，接见的时间也多控制在极短的时间内，而且马英九每次都亲自充当译员，凡是蒋经国说的失误之处，他都随机应变地予以订正。由于马英九掌握得体，很受蒋经国的赞赏。可是没想到百密一疏，还是出现了意想不到的破绽。有人把蒋经国生病而且病情非常严重的情况，透露到美国去了。

马英九的为官之道："不粘锅"

几辆小轿车沿着万木葱茏的阳明山仰德大道疾驶而下。

马英九就坐在其中的一辆轿车上。时光已经是 1984 年的夏天，眨眼之间马英九在“总统府”任职已有三年之久。

就在刚才阳明山中正楼里举行的国民党中央全会上，马英九的名字突然出现在数百名当选的国民党中委名单中。如果说马英九仅仅以高票顺利当选为国民党的中央委员，也许并不会引起中正楼里的震荡，大大出乎会国民党高官们意料的是，刚从美国回到台湾、在“总统府”第一局仅仅供职三年多的马英九，在这次全会上居然以其浅显的从政资历轻而易举地当选为国民党中央党部的副秘书长！

这个选举结果让马英九本人也感到意外。马英九当时亲眼看到中正楼会议大厅里唱票时引起的一阵阵骚动。此前在许多国民党元老派眼中只是一个小小英文秘书的他，忽然变成了众人瞩目的人物。因为谁都清楚马英九现在当选的这个“副秘书长”，绝对是一个在国民党高层举足轻重的角色。

“马英九是什么人？”

“一个刚从国外回来的留学生，他怎么能当选如此重要的职务呢？”

“莫非他的身后有什么重要的政治靠山吗？”

马英九坐在会议的主席台上，望着台下黑压压的一片骚动的人头，耳边隐隐传来一阵愤愤不平的声浪。有些年长他几十岁的老官僚甚至从座席间站了起来，向台上翘首寻觅着坐在主席台席位上的他。马英九虽然表面上保持冷静，可是心里却异常紧张。他知道自己现在忽然获得了这样重要的职务，完全是蒋经国对他的信任和破格任用。如果以他从政的资历来参加选举，充其量只能当选一个国民党的候补中委，而像他父亲马鹤凌这样在国民党政治系统服务了大半辈子，早年还曾经在蒋介石身边任过侍卫官、在蒋经国的“救国团”里供过职的国民党资深党员，最终竟然连一个国民党中央全会的代表也选不上，而他则后来居上，一下子就在众多国民党高官中颖脱而出，突然成了实际掌管国民党党内事务的“副秘书长”。

此时的马英九心里十分不安。

他心里清楚这次意外胜出的背后，曾经有过几多权派之争的较量。而国民党内部的阻力之大也是他从前根本没有预见到的。马英九当然不会不知道国民党内部的组织程序和青年官员晋升所必经的论资排辈，在蒋经国这个当然的主席之下，所有党权都已经集中在十几名中常委手中了，而具体行使这些权力的则是国民党中央党部的秘书长和副秘书长。然而秘书长实际上只是个名义官职，这次连任的马树礼极少视事，因此党部的实权将来肯定会握在他这个常务副秘书长的手里。而马英九现在的党内职务、级别几乎就相当于“行政院”的副院长，像这样引人注目的角色，如今突然落在他的肩上，就连马英九自己也难以置信。因为他进入国民党的政坛体系时间毕竟太短暂了，甚至还没有他在美国读硕士和博士的时间长。在三年多的时间里一般人即便有三头六臂，也不可能击败那么多在国民党内服务多年的军政要人。

最让马英九心中不安的是，早在 1969 年他尚未出国留学时就以大学教授身份参与国民党官场事务的老师连战，这次也不过只当选为国民党的中央委员，而他则捷足先登，一下子就成为国民党中央党部的执行人了。

马英九越是与自己身边的官员们相比，越发感到自己的这次晋升很可能会引起别人的妒忌。譬如前“副总统”陈诚的儿子陈履安，也是早在多年之前就进入政界服务的高级官员，而且又有其父的余荫可以凭借，然而现在却只当上个“科学发展委员会主任委员”，论级别显然低了马英九半级。

至于蒋经国的第一任英文秘书、台湾“四大公子”之一的钱复，论其资历显然强过马英九，但是在这次选举中竟也屈居“外交部次长”，比马英九整整低了一级。还有宋楚瑜，现在虽然升任了“新闻局长”，可他与马英九这个党部“副秘书长”相比起来，也难免大大逊色。因为从上述这些国民党中生代要员之中随便拿出一个来，无论从资历、人望和服务时间的长短而论，马英九都无法与他们相比。不过马英九此次确确实实地走在所有中生代人士的前面了，莫非这仅仅是马英九的运气使然？

凝望着车窗外疾掠而过的山峦、树丛和起伏的云海，马英九心里忽然有种不安的忐忑。他在获得殊荣与权力的同时，也始终保持着头脑的冷静。他懂得“祸兮福所倚，福兮祸所伏”的哲理，也知道这些年间国民党内部为了权势而引发的无情角逐，自蒋介石逃台以来就一直没有停止过。特别是蒋经国继任以后的十几年中，这近于白热化的权势斗争非但没有一刻停息，反而变得越加白热化了。有人早在这次国民党全会召开之前就已风闻马英九可能跃升的小道消息，马英九也听到一些诸如“如果马英九不给经国先生当英文秘书，他是绝对不会乘上直升飞机上台的”之类的非议。这些来自朝野的幕后舆论很让马英九心神不安，有时他的心情甚至还因此相当沉重。平心而论，马英九在蒋经国身边当英文秘书，三年多的时间他一直是十分谨慎的。有时甚至到了谨小慎微的地步，尽管有不时出入七海官邸的方便条件，然而马英九并不是那种希望靠近水楼台来获取利益的人。

在三年多短暂的从政生涯中，马英九之所以渐渐取得了蒋经国的信任，绝不是因为他善于逢迎和阿谀，而在于他进入官场后养成的一种“不粘锅”的内向性格，他在派别斗争中的“不粘锅”才是取得蒋经国好感的根源。马英九自知他如想在国民党的官场里生存下去，首先就必须要保持自己的洁身自好。在蒋经国身边当秘书的几年时间中，马英九已经看出蒋经国对国民党内部存在各种不同派系、不同山头的角逐有着发自内心的种种忧虑。同时他也悄悄地观察出，无论资历多么深和才能多么大的官员，只要他沾染上拉帮结伙和搞山头的恶习，都无一例外地会受到蒋经国的厌恶与排斥。也许马英九正是在蒋氏身边悟出了这一道理，所以他对国民党内无论哪一个派系，都本能地保持着固有的距离，他希望与任何人既不亲近也不疏远，若即若离，心照不宣。而且他在蒋经国身边肯定会听到许多机密要事，不过他对这一切始终守口如瓶。他在官场中难得的长处，也许正是蒋经国喜欢他和栽培他的主要原因。

马英九对任何人都保持若即若离的态度，在三年的秘书生涯中反而尝到了甜头。他所以在为官中寻找到这样一条规律，也多亏妻子周美青的暗中点拨。周美青曾经多次悄悄提醒马英九说："你如果真想在政界站住脚，千万要小心不被某一种势力所左右。对任何人的交情都不可太深，人际关系要点到为止，千万不可亲一伙疏一伙。那样一来，你就会成为某一派系的人脉，既然有一伙人拼命地支持你，就必然会有一伙人拼命地反对你。与其那样反倒不如我行我素的好。"

就这样，马英九开始信奉自己的"三不主义"——不与任何人私交过深、不与任何人结怨过深、不与任何人说不该说的话。即便他对自己的顶头上司，马英九也坚持这种若即若离的态度，如此三年下来，他就得了一个"不粘锅"的雅号！

当这个雅号传到蒋经国耳朵里的时候，蒋氏心中对马英九的好感就加深了一层。他认为只有具备马英九"三不"的精神，特别是万事"不粘锅"作风的官员，才是他身边最为可靠的人。不然，马英九纵然善于逢迎，也难以得到蒋经国的青睐，当然更不可能把"副秘书长"这样重要的职位交到一个刚刚三十多岁的年轻人手上。

尽管如此，马英九突如其来地跃上国民党副秘书长的高位，仍然让一些比他资历高、人脉关系深厚的政治人物心头不悦。马英九对此早已看在眼里，听在耳中，可他就是不动任何声色，也从不对任何人评论某某人的长短。即便他不时可以看到局外人难以看到的外电新闻，即便他可看到许多让他不快的报道和传闻，可是马英九仍然能够沉得住气。

例如，有一段时间里，报界传说最多的是他与前任蒋经国英文翻译宋楚瑜之间的纠葛。马英九对此不以为然，但他还必须要把这些有关的报道看在眼里，以便做到心中有数。一家美国出版的英文报刊事过多时以后曾经有过这样的评论："有报道说，对此最为不满的是宋楚瑜。这次提拔，在职务上面，宋楚瑜落到了马英九之后，虽然宋楚瑜后来也担任了国民党中央党部副秘书长，甚至担任了国民党中央党部秘书长，进入中常委，但就担任副秘书长的时间来看，比马英九晚了 3 年。这也就是说，马英九由蒋经国的英文秘书到国民党中央党部副秘书长，仅仅用了 3 年时间，而宋楚瑜走完这一历程，用了 13 年时间。多出整整 10 年，他心里能平衡吗？宋楚瑜可是那种天不怕地不怕的性格，不得理都不肯饶人，何况此事在他看来，是得了大理。他自然不敢对蒋经国有什么不满，但私下里和马英九比一比，生点闲气，那还是有这个可能的。"不过马英九对这些外国记者的评论大多不屑一顾，他的心胸也从不积存这些有害于他与同仁关系的一孔之见。在马英九看来，人生的任何升迁都与机遇有关。所以他对任何人投来的诧异目光多能宽而谅之。

马英九虽然得到了高官桂冠，可仍然还像从前一样不卑不亢。

他还是每天很早就起来跑步，长跑已是他二十多年的习惯了。这一习惯起源于他那从小就喜欢长跑的父亲马鹤凌的言传身教。吃过早饭以后，马英九还是第一个走进介寿馆，然后开始处理日常事务。只有蒋经国需要的时候，他才乘车进入大直地区，来到那戒备森严的七海官邸。在蒋经国的面前，马英九除了汇报紧要公务和读阅当天英文报刊上的重要文章之外，如果蒋经国不问什么，马英九是不会轻易多言一句话的。

马英九喜欢孤独和恬静，然而自从进入政界以后，这种平静的生活状态开始发生变化。早在台大读法律系的时候，马英九就喜欢独往独来的生活。并不是他不喜欢交朋结友，而是他希望把大量的业余时间都花在读书上。他极少出席毫无意义的私友聚餐，特别是对那些官场中形成习惯的每天必要凑在一起吃吃喝喝的作风深恶痛绝。然而，马英九越是这样我行我素，越是喜欢深居简出，越要遭到一些猜测和非议。对此他大都一笑置之。

可是，新的干扰又不能不引起他的注意。那就是马英九在成为政治要人以后，许多相识和不相识的女人，便会主动地寻找上门。一些女青年特别喜欢马英九那张明星似的脸孔，所以她们就千方百计通过种种渠道，希望有幸与马英九结识。有些陌生的女人甚至主动给他打来柔情缱绻的电话，对此马英九接到以后就会很客气地谢绝，并且不等对方把想说的意思表达完毕，就断然地挂断了电话。当然，还有一些数不清的情书，会通过邮局寄到马英九供职的“总统府”或者国民党中央党部大楼的办公室。对于这些陌生女人的求爱信，当然要比接听电话更好处理一些。马英九常常吩咐他的秘书：“今后凡是再有这样的信件寄过来，一律不必拿到我的办公桌上来。”

秘书有些为难：“那么该怎么处理？就这样给人家退回去吗？”马英九想了想说：“退回去也不礼貌，不如就地封存，不要扩散。因为人家毕竟也是好意嘛，如果这样张扬出来，也是对人家的不尊重。不过一定不许把这些信送到我的办公室里。因为这样的信与我的工作无关！”

虽然马英九绞尽脑汁回避这些来自内部与外部的艳丽女性的骚扰，可是，仍然还有一些不如意的事情频频发生。一位生得年轻漂亮的女护士周小姐，一次在电视上见到了马英九，当时就被这位风华正茂、有才华有地位的“帅哥”所打动。于是周小姐设法搞到了他的电话号码，开始不间断地把电话打进马英九的办公室。

马英九曾经接过几次，每次他都婉言劝说周小姐放弃这种毫无意义的追求。可是，马英九越是婉拒，周小姐对他的痴情越是强烈。她言称周美青和她都姓周，但是周美青绝对没有她漂亮。后来她见马英九不肯再接听她的电话，就把电话突然打进了马家。而接电话的人偏偏是马英九的夫人周美青。

当周美青听明白这位女护士的来意以后，并没有像普通人所想的那样当场怒骂，而是委婉地劝解周小姐另寻如意郎君。可是，这位已经深深患上单相思的女护士，哪里听得进周美青的这些话。一天傍晚，台北正下着滂沱大雨，周小姐竟然早早冒雨守候在马英九下班的必经之路上。见到马英九的汽车开过来，她就不顾一切地扑上前去，结果一头撞在汽车上，竟然昏了过去。

这件事很让马英九伤心和为难。他伤心的是周小姐暗恋他已到了痴迷忘我的境地，绝非那种普通马路求爱者可以相提并论；让马英九感到为难的是，周小姐为爱而殉情的精神纵然可贵，然而已有家室的他自然不肯为了一个女人而破坏了自己的家庭。

马英九让秘书把撞昏了的周小姐送往荣民总医院进行抢救治疗。可是，只要周小姐从昏迷中清醒，就会高声呼叫马英九的名字，甚至一怒之下，断然将手臂上的输液管统统拔掉。这样的事情发生过多次，马英九当然不会因此答应她的无理要求。所幸的是，周小姐后来在医生和护士们的护理治疗下，精神渐渐有所恢复。在此期间，马英九并没有亲自到医院探视这位近于疯狂的求爱者，因为他担心如果自己亲往探视，很可能会引起周小姐的进一步误会，同时也容易被媒体误传，造成对他与周小姐都极为不利的负面影响。不过据说马英九曾在事后暗暗发出这样的叹息："这位善良的周小姐，我很同情她！"

这样的事情几乎到了防不胜防的地步。

当然，最让马英九难以处理的，还是从前熟悉的女友。一天，他在办公室里忽然接到一个女人打来的电话，虽然十多年不通音讯，可是电话里传来的声音听来仍然十分稔熟。马英九绝对不会想到，直接把电话打进他的办公室，要求与他见面并深谈一次的女人，居然就是早年他在台大读书时在日月潭一见倾心，嗣后又一起飞往美国访问的高傲少女小S！尽管当年他从心里确实对小S产生过感情的冲动，然而那种暗恋在他结婚以后早已成了记忆中的往事。虽然那是他的初恋，也是不成功的暗恋，马英九也许一辈子都不会忘记有一个他曾经喜欢过的小S。但是，现在毕竟他已经和周美青结婚了，而且据马英九了解，这位当年在政治大学读书时小有名气的小S，也是名花有主的少妇了。所以马英九对小S希望与他见面并深谈的要求，马上就以委婉但却坚决的语气回绝了。他告诉小S："过去的事就让它成为记忆好了，我们现在都已经是成了家的人，我想，再也没有见面和深谈的必要了。"

当这类消息传到马英九的妻子耳中时，周美青对此往往泰然处之，她对马英九走红后所采取的绝对信任态度，是普通女人所难以做到的。她对记者询问时曾经这样说："马英九太有名，大家都认识他，走到哪都有人要签名、握手、拍照，他哪有机会乱来啊！全台湾的人都在帮我监视着他呢！"

周美青自从美国回到台湾以后，并没有依靠马英九的权势生活，她也不希望生活在马英九的光环之下。周美青仍然像从前在波士顿时期一样，喜欢低调做人处事，而不喜欢外出张扬。1982年以来，周美青就凭着自己在纽约大学获得的硕士学位，考进台湾一家商务银行供职。周美青从一个小职员做起，几年下来她以自己勤勤恳恳的作风赢得了上司的喜欢，并且很快升为主管干部，直至晋升为室主任。周美青回到家里以后相夫教女，平时喜欢深居简出，凡是马英九在某些官方场合中亮相，一般都看不见周美青的影子。她希望躲在马英九的身后，老老实实当一个不引人注意的贤妻良母。

身居高位后的马英九，对于身边的女人特别警惕。特别是一些年轻漂亮的女同事，越是漂亮的女人马英九越是心存戒意。他给自己暗中拟定的处事原则是："行有行规，每一行都要遵守行规。我绝对不能碰财与色，因为这是政治行规，这一点任何政治人物都应遵守。"

为了避免引起不必要的猜疑，马英九无论在"总统府"第一局办公室，还是在国民党中央党部的副秘书长办公室，凡有年轻女职员进来找他谈话，或者请示重要工作的时候，马英九一律要将房门大大地敞开着，以便让他与任何女人的私下接触都暴露在光天化日之下。特别是盛夏到来的时候，如果某一位女职员走进他的办公室，请求马英九签字的时候，他在签字的时候一定要高高地把手腕子悬起来，保证不与女职员的手臂和衣服发生摩擦。在马英九的国民党中央党部办公室中，甚至高高悬挂着一条中堂条幅，上书"君子慎独"四字，以为自警。

马英九身居要职以后，格外注意自身形象，看重操守的大事小情，这些情状往往透过各种渠道传进蒋经国的耳朵里。蒋氏对这位喜怒不形于色的下级，越发地看重了。马英九也十分珍视蒋经国给予自己的这种信任。一次他前往匈牙利首都布达佩斯执行公务，夜里，居住在旅馆里百无聊赖的马英九一个人十分苦闷，不得不和几位朋友来到美丽的多瑙河畔散步。晚风中刚好遇上几个漂亮的妓女到这几个外国人中拉客。当时几乎所有朋友都没有逃脱艳丽外国女人的诱惑，唯独马英九以巧妙的手法，逃出了那些衣饰华美、香气诱人的匈牙利妓女强行拉客的重围，一个人又跑回了下榻的旅馆。

还有一次，马英九以法学博士和青年学者的身份，前往苏联进行学术访问。夜里，他就下榻在距莫斯科大学不远的酒店中，结果这家酒店里集聚着十几个打扮入时、风流艳美的风尘女子。她们见了风流倜傥的马英九，便一拥而上。马英九以不懂俄语为由，谢绝了这些女子。可是就在马英九准备逃脱的时候，一位面孔白皙的俄罗斯姑娘突然从人群里站了出来，居然以纯正的英文与马英九搭话。

这位姑娘让马英九左右为难。因为刚才他就是以英语与她们周旋，而现在如果故意装成不懂英语，肯定难以脱身。而且那位会讲英语的少女，生得天生丽质，英语水平尤其引起马英九的好感。在这种情况下，马英九甚至在刹那间乱了方寸，因为他对这位既漂亮又娴雅的姑娘产生了同情。于是马英九故意询问她多少钱。

姑娘流利地答道："三百美元。"

马英九听了对方报出的高昂嫖资，刚好找到拒绝她们纠缠的理由，于是手一摆说："对不起，你们的价格已经大大超过了我们核定的公务人员出国旅费标准，所以我无法满足你们的要求。小姐，请你自重，既然你有这么好的英文功底，为什么不从事其他正当的职业呢？如果你肯听我的劝告，我是可以给你二百美元的，但我绝对不能同你共度良宵，因为这样做有违我做人的良知。”

马英九在出任国民党中央副秘书长以后，虽然权位俱显，但是能够在顺境之中如此自我珍爱，那些从前对他上台如此之迅速持反感态度的人，也渐渐对马英九产生了几分敬意。当初提拔他上台的蒋经国听到这些反映后，对马英九更加器重。

只是马英九和蒋经国的接触并不是外界所传的那样亲密，他是只有重要事情需要汇报才走进七海官邸的，平时也不能随便见到蒋经国。因为那时蒋经国的疾病已经开始走向晚期，他公开露面的次数变得愈来愈少，从1985年开始蒋经国几乎很少再进国民党中央党部的大楼，即便前去“总统府”议事时间也极为有限。至于蒋经国正式会见外国客人，在病重期间就变得屈指可数了。随着中共在国际上与国民党开展的外交争夺战，不但许多有影响的国家纷纷弃台湾而去，最后甚至连非洲为数不多的几个依赖台湾供给贷款的小国，也纷纷阵前倒戈，接连公开承认中华人民共和国。在这种情况下马英九前去“总统府”或圆山饭店为蒋经国充当译员的机会也变得与日俱减，最后甚至到了几个月都没有翻译工作可做的尴尬境地了。

蒋经国交办的大事——草拟“解严”方案

眨眼就到了1986年的深秋。

马英九注意到蒋经国在这一年“双十节”到来的时候，精神状态不佳，有时候甚至显得格外紧张。这是因为以荣民总医院姜必宁副院长为首的医疗小组，已经再次给蒋下达了必须减少公开活动的病情通知。国民党中常委们对蒋经国的病况都深感忧虑。

作为副秘书长的马英九更是对马上就要到来的“双十节”感

到忧虑。因为这一天蒋经国被安排的节目实在多得惊人，别说是一个已经病得不轻的暮年老人，即便像他这样身体健康的年轻官员，如果一项不减地跑完所有安排的程序，也需要花费相当的体力。

但是，马英九发现蒋经国在那份由他上呈的《“双十节”日程报告》上竟然用一根红铅笔写了一个大大的“蒋”字。这表示蒋经国完全同意参与“双十节”从清晨到下午的几项公开活动。马英九看到蒋签字的这份报告按程序马上就要付诸实施，但他心里却开始七上八下地变得紧张起来了。因为 10 月 10 日这一天，对于生着重病的蒋经国来说，无疑将要面临最大的体力考验。

“没关系，英九，我能挺得住的。”马英九清早准时驱车进入七海官邸，他发现幽深的庭院里早已准备好几辆大大小小的轿车。这其中不仅有蒋经国的防弹座车，侍卫们乘坐的吉普和秘书们乘坐的轿车，同时还备有几辆白色救护车和医疗小组主要成员乘坐的车子。在一片紧张的忙碌之中，马英九忽然感到有种莫名的紧张。蒋经国平时起居生活的小楼前面也忽然增加了警卫人员。这样的“双十节”让他感到非但没有任何喜气，而且还给人一种如临大敌的感觉。马英九来到楼上，发现几个侍卫正在给蒋经国更衣，蒋经国见马英九的眼神中流露出一丝担忧的神色，笑了笑，说：“一切都按既定的程序进行，我没有什么问题。”

“那好，总座，就请她们进来吧！”马英九知道今天的所有节目，蒋经国都准备全力以赴地登台表演了。于是他就向门外一招手，应声走进一位穿白大褂的化妆师和一位理发师。自从参与七海官邸的日常事务以后，马英九就知道蒋经国每有重大的公开活动之前，为了在电视屏幕上亮相的需要，事前必须要进行“化妆”。这种情况让他联想起演员们在登台唱戏前的必经程序，原来政治家在公开露面的时候也需要化妆。化妆师和理发师便是承担这种特殊工作的机要人员。化妆师与理发师的主要任务，就是要把蒋经国那病容毕露、憔悴多皱的面孔，尽量变得容光焕发。而已经露出的丝丝华发，在必要的时候则需要增加一点漆黑的亮色。

这些办法也都是马英九进入国民党中央决策层以后力荐并开始实施的，几次下来以后，效果竟然不错，因此很受蒋经国的赞许。马英九把蒋经国的轮椅移到那面巨大镜子的前面，化妆师便开始了紧张而细致的工作。马英九看见镜子里的蒋经国确已十分苍老了，头发里不但混杂着丝丝白发，而且灰黄的发丝也变得日渐稀疏了。尤其是他那双已经做过手术的眼睛，如果不戴一架眼镜的话，往往会给初见他的人以神色木然的感觉。

“英九，我前次叮嘱你办的事情，是否有了一点眉目？”蒋经国在镜子前做好了所有公开出场的准备之后，他的轮椅便由两位护士推出了气氛压抑的起居室，然后来到楼下大厅。在进入电梯缓缓下楼的时候，马英九没想到蒋经国竟当着女护士和侍卫的面忽然向他发出询问。他心里一沉，知道有些话不好在这种场合报告，因为夏天的时候蒋经国在叮嘱他对“解除戒严”一事进行专题研究的时候，曾经一再关照他说：“这件事是一定要保密的。除了你和几个工作人员之外，任何人都不许告诉。就是几个中常委也暂时不能说。”可是今天，马英九无论如何也搞不明白一贯视“解严”问题为绝对机密的蒋经国，为什么会当着几个护士和侍卫的面直接询问他。

“这……”马英九腋下夹着一个黑色的皮包，那里面就有蒋经国视为至关重要的《关于适时“解除戒严”的方案》。这是马英九在 7 月某一天前往七海官邸向蒋汇报工作的时候，蒋经国亲自交办的一项绝密任务。

马英九在制定这个方案的时候，特别在方案上方加了“绝密”二字。他记得蒋经国当时是坐在轮椅上郑重向他做过交代的：“自从国军来到台湾以后，我们就开始实施了‘戡乱’时期的‘戒严’，眨眼之间已经三十多年过去了。在这么久的时间里，我们的‘戒严’不能说没有起到应有的作用，可是，现在的国际形势迫使我们必须考虑何时解除这个‘戒严令’的问题了。因为如果我们继续这样坚持下去，西方国家就会说我们台湾地区没有丝毫的民主和自由了。英九，你可听懂了我的意思吗？”

“是的，听懂了。”马英九躬身点头。这是他第一次亲耳听到蒋经国讲关于“戡乱时期戒严令”有可能在某一天得到解除的问题。在当时的台湾“戒严令”是一个让人讳莫如深的敏感话题，他深深地体会到即便是身负重望的国民党元老派人物，平时也不敢轻易涉及“戒严”这类问题。至于马英九本人则更是不敢越雷池一步。然而蒋经国居然抛开国民党的高层大佬们，单独对他谈起这件大事，让马英九心里暗暗一怔。虽然他连称已经听懂了，但在心里仍然还保留着深深的疑虑。他不明白蒋经国为什么在自己重病缠身的时候，忽然想起这个与他疾病毫无关系的事情。

此时蒋经国忽然回转身来，把郑重的目光投向马英九带着深深困惑的脸，再一次重复自己的话：“英九，我是说，‘戒严’这个概念究竟是什么意思？这些年来我一直就没有弄懂。虽然当年是先‘总统’在世的时候，由他老人家极力主张的事，可是任何法令总会时过境迁的。在当年‘戒严令’无疑对守卫台海地区的安全起到至关重要的作用，然而现在究竟还有没有作用了呢？这就是我最关心的事情。”

“总座的意思，我懂了。”马英九尽管对蒋氏所说的“戒严”和“解严”，在广义上早已有了充分的理解，但对蒋经国为什么要在这种时候，突如其来地提起此事还是一头雾水。因为马英九作为下级，不好过于直露地向坐在轮椅上的蒋经国随意发问。几年来的经验告诉自己，在这种非常重大的问题上，他只能悄悄倾听蒋经国的每一句话，然后把他的话进行充分的思考与理解，最后再变成他自己的行动。

马英九没想到蒋经国现在再次提到了这个问题，他只好当众做了回答，说："关于'戒严'的英文语义，就是军事管制的意思。从我们的法律条文上来讲，它是不符合法律的，因为军事管制限制了民众的自由。"

"哦，哦哦，好，我懂了。"蒋经国被侍卫们推出了电梯，来到小楼前面的停车场上。就在他被侍卫们扶进汽车的时候，蒋经国再次回过头来，望着守候在车前的马英九，郑重地叮嘱说："英九，这项工作需要马上进行了，我要在最近就做出一个重要的决定，到时候你的方案可要起作用的。"

接下来，一列车队浩浩荡荡地驶出了七海官邸，然后沿着戒严的马路径直向着介寿路的方向驶去。马英九的座车就在这列长长的车队中间，他在车里想的还是蒋经国刚才说的那番话。看起来经过几个月秘密研究的《解严方案》，很有可能就在近期由绝密转为公开了。想到自己负责的这个《解严方案》将要付诸实施，马英九忽然感到很紧张，因为这毕竟是他上任以来直接负责的第一项重要大事。

从当天上午 9 时开始，马英九就推着轮椅上的蒋经国上上下下，一会儿出席在"总统府"礼堂里举行的中枢"国庆"纪念典礼，一会儿到休息室里让护士为他打针。为了让蒋经国进出介寿馆方便，早在一年之前就已经特意为蒋经国安装了一部新式电梯。现在这部电梯终于派上了用场，马英九陪着他来到了大礼堂，但是蒋经国仍然需要坐着轮椅才能进入会场，至于讲话则可以由他代读。几分钟后，马英九就陪着蒋经国出现在距大礼堂几步之遥的另一间会议厅里，蒋经国依照惯例要在这里会见前来参加“双十节”的各国驻台“使节”和他们的夫人们。尽管这一时期的台湾“外交机构”已经相当萧条，可是马英九仍然需要陪蒋在人群里穿梭往返，还不时要把外国人说的话，俯下身来悄悄告诉给轮椅上的蒋经国。他看见蒋经国脸上的笑容是勉强的，因为那些外国“使节”实在寥寥无几，早年国民党在大陆时期外交官蜂拥而至的隆重场面再也不见了。

这种尴尬的局面一直持续到中午 12 时，马英九发现蒋经国虽然坐在轮椅上进行各方的应酬，但已经是额头沁汗了。尽管如此，按照程序他们还必须要把轮椅上的蒋经国推到介寿馆楼外那高大的阳台上去。那阳台下早已经集聚了数十万学生和士兵。好在蒋经国因有马英九等人预先设计的鲜花作为掩护，来到阳台前面时下面的人根本看不见蒋经国是坐在轮椅上向他们发表马英九代拟的《“双十节”致词》。这样的场面一个个应酬下来，已是下午 2 时了，当马英九等人把蒋经国送回七海官邸的时候，他已经在不停地大口喘息了。

1986 年“双十节”前，一天，蒋经国忽然召见马英九，对他说：“英九，我将要会见一位外国记者，所以要先把你请到这里来，我准备在这次会见记者的过程中，把我们将要‘解严’的事情，公开地透露出去。你认为现在是时候了吗？”

马英九没有想到蒋经国在如此重大的问题上，居然以商量的口吻在会见记者之前征询他的意见。这是几年来他在蒋身边工作深得信任的明证。因为马英九知道以蒋经国的性格，他在决定重大问题之前甚至连“副总统”李登辉和几位中常委也不曾透气。马英九知道蒋经国对他提出的《解严方案》报告已经亲阅了多遍，现在终于到了公开的程序了。于是他点头支持说：“总座，既然对‘解严’一事已经反复思考多时，索性利用国际舆论进行公开也未尝不是好事。”

“我想，在台湾的政治民主，主要应该体现在我们蒋家是否还有人继续执政这件事情上了。”蒋经国坐在轮椅上，似乎在自言自语地思考问题，也像征询在推他轮椅亦步亦趋的马英九。

马英九在如此重大的敏感问题上，并不敢随便开口。因为蒋经国所说的继位一事，正是当时国际舆论的焦点。特别是一年前在美国旧金山发生“竹联邦”行刺华裔作家江南的血案以后，在台湾负责多年情治机关的蒋孝武黯然下台，远避于新加坡，当了一个不引人注目的商务代表。马英九从蒋经国近期的言行中已经隐隐感觉到一个重要的决定刻不容缓地摆在他的面前了，那就是在公开“解严”的同时，也要对朝野议论较多的蒋家世袭王朝的问题做一个公开的表态。聪明的马英九对此事采取了缄默以待的态度，他无法理解蒋经国为什么要在蒋孝武外放新加坡以后，对本来可以继任的三儿子蒋孝勇也完全采取放弃的态度。

当天下午，蒋经国在介寿馆会见大厅里接见美国《华盛顿邮报》著名发行人格兰姆女士的时候，果然亲口说出了这样一句话:“我们会在制订‘国家安全法’之后，解除戒严，开放组党！”蒋经国接着又说，“现在外界对于蒋家人接班一事，有种种不合实际的传说。我可以负责任地告诉报界，我们蒋家的人，不能也不会，担任下届‘总统’。”当马英九听清了蒋经国这句话的含义以后，坐在那里沉吟了足有半刻钟。因为这样的表态昭示着一种发自蒋氏内心的痛苦抉择。马英九深知如果他把蒋的这句话准确无误地译给从美国来台的这位女报人，那么不需要多久，格兰姆就会将这个消息迅速传到美国，然后再由颇具影响的《华盛顿邮报》很快传到世界各国。

“译过来嘛，英九，你还在犹豫什么呢？”蒋经国坐在沙发上，已经感到身后马英九的细微动作。他也明白马英九此时的心情，可是自己对此事早已下定了最后的决心，所以他转过头来，把催促的眼神投向了凝然不语的马英九，示意他尽快把自己思考多时的决定通过格兰姆发往《华盛顿邮报》。然后他要把自己的诺言变成不容改变的现实。马英九再也不敢迟疑了，于是他把蒋经国上述两句包含许多用语言无法表达内涵的话，准确地译给了格兰姆。

马英九敏锐地察觉到，就在蒋经国对格兰姆的谈话在美国发表不久，台湾传媒也很快把这些英文变成了华文。接下来，一系列政治气氛的微妙改变，都随着蒋经国的谈话而悄然发生了。早在蒋经国对格兰姆谈话之前，1985 年 8 月 16 日蒋经国接受美国《时代》周刊记者的采访，第一次谈到自己对接班人的看法。蒋经国明确地表示："至于将来'国家元首'一职，由蒋家人士继任一节，本人从未有此考虑。"马英九意识到蒋经国对自己的身后大事已经有了较为明确的意见和决定，不然他是绝不会一次比一次谈得更加透彻，更加坚决。

也是这一年的冬天，蒋经国再次在七海官邸召见马英九，他要求马英九把他关于"解严"和"开放党禁"两件大事尽快落实。马英九根据蒋经国的授意，漏夜在灯下起草三份十分重要的文件。一份是"'动员戡乱'时期集会游行法"，另外两份则是"'动员戡乱'时期'国家'安全法"和"'动员戡乱'时期人民团体法"。马英九在负责这三个法案的起草时，不时将遇到的难题直接向蒋经国报告，蒋经国给予马英九的指示是："'解严'后当然应该更宽，不能更严，否则就是换汤不换药。"马英九正是从蒋经国的这些为数不多的语句中，感受到他并不像某些政客在为应付局面而刻意玩弄政治权术，显而易见，蒋经国是在国民党经历了无数政治上的挫折之后，才产生了发自内心的理念改变。

到了翌年夏天，1987年7月14日，蒋经国发表了一个解除台澎地区的军事“戒严”命令。7月15日零时起，由蒋经国授意、马英九拟定并修改多次的所谓“‘动员戡乱’时期国家安全法”正式在台湾实施。一个在38年前由其父蒋介石亲自发布的“戒严令”，现在由蒋经国以最大的毅力和决心更改过来了。在这次“解严”过程中，没有人比马英九更为详知蒋经国如何痛下决心，又如何经过反复多次的权衡利害，最后终于在病逝前一年夏天变成了现实！

2003年蒋经国逝世15周年前夕，马英九在台湾发表了《纪念经国先生》的长文。其中回忆起蒋经国指示他负责“解严”的经过时，这样写道：1987年7月15日，“国家安全法”开始实施行，同日台澎地区正式解除实施了38年的“戒严”，象征民主改革的列车正式激活。当年12月25日，经国先生坐着轮椅出席在台北中山堂举行的“行宪纪念日”大会，当时民进党籍“国大”代表在台下高举白布条抗议、鼓噪，经国先生不以为意，先向代表们简短致意，然后由“国大”何宜武秘书长在喧哗声中宣读“总统”讲词，重申民主改革的决心。经国先生离开会场前，特别转头深深看了看鼓噪的人群一眼。当时经国先生的表情和现场情景，让英九留下永难忘怀的印象。“国大”抗议事件一周之后的1988年元旦，“政府”正式解除了实施30多年的报禁，不再限张、限地及限登记。1月12日下午，×××先生召集的充实“中央”民代机构项目小组举行会议，通过英九负责草拟的改革草案。英九原本计划翌日晋见经国先生报告，但第二天上午中常会经国先生并未出席主持，下午1时许，他竟因大量吐血而撒手人寰，不及亲耳听到这个好消息。

马英九似乎已经从蒋经国的上述做法中，观察和体会到他那时正在为自己的身后事做最后的努力。因为那一时期的蒋经国，身体已经格外孱弱。有时在官邸的起居室洗澡也需要侍卫们帮忙，至于外出参加各种活动，早已经变得力不从心了。

“英九，我准备接受本岛记者的采访，你也来参加吧！”这一年的 11 月，台北又飘起了绵绵细雨。寒风不时吹进全然与外界封闭的七海官邸，马英九就在此时驱车驶入了官邸。

自从三个文件在台湾公布以来，马英九发现蒋经国虽然身体每况愈下，可他对传媒的采访居然一反常态地热衷起来。在马英九的记忆中蒋经国从前是极少会见记者的，这也与他的性格不无关系。但是自从 1986 年夏天以来，蒋经国竟然带病频繁地接受记者的采访，有时谈话的时间甚至大大超过医疗小组给他限定的会客时间。现在他听到蒋经国的吩咐，才知道蒋经国急于有话要说的心情忽然变得格外强烈起来。此前蒋经国只接受外国媒体的采访，而且也限定在美国几家主流传媒的层面。可是到了 1987 年他居然想接受岛内媒体的采访了，这对马英九来说不能不是一个信号：蒋经国想通过媒体所要表达的意思越来越深刻，许多从前坊间私下议论的敏感话题，现在几乎都变成了蒋经国的公开谈话。

那天，马英九参加了台湾《远见》和《天下》两杂志记者对蒋经国的长时间采访。这件事不仅对蒋经国来说是绝无仅有，即使对马央九也是极为特殊的。因为他的职责是英语翻译，而蒋经国对岛内记者谈话，根本就不需要他在场，可是蒋经国竟然特别要求马英九在场，从中不难看出蒋经国对马英九的倚重。

马英九注意倾听着蒋经国的谈话，在记者询问他健康状况时，蒋经国是这样作答的：“谢谢大家的关心，我经常做健康检查。据医院的报告，目前我的健康状况良好，除了腿部因受糖尿病的影响行动不便外，一般均很正常。我照常处理公务。”

马英九没想到蒋经国对自己的身体状况竟然如此乐观，他深知实际情况远比蒋经国的自我感觉要严重得多。这一年来推动革新的决心和远见，无论是宣布“解严”、迈向更开放的民主政策或更自由的经济政策，都受到国内外的普遍推崇，但是，在这些开明的政策宣布后，社会上却有许多说法和脱序现象，一般批评是行政效率及执行措施未能配合政策。记者请蒋经国就以上情况谈谈看法。

蒋经国答道：“最近我曾经说过：‘在一连串改革之中，不免会有若干变动，也会产生一些新的现象。’你所说的说法和脱序，也许就是其中一部分的负面现象。不过，我也曾说过：‘我们要有革新，会有变动，但绝不能盲目乱动，更不能轻举妄动。也就是一定要做到在安定中求进步。’这是我们必须守住的原则，我想政府的各个部门必将依循这个原则，依据有关法令去贯彻，去执行，否则一切改革都难以落实。”

马英九格外注意的是蒋经国在谈到开放老兵赴大陆探亲的态度。蒋经国首次揭开这一台湾民众最为关心的敏感问题。他说：“‘政府’同意国人前往大陆探亲，完全基于伦理亲情的人道立场，并无其他考虑。当然，访亲的国人因此能够亲自体验海峡两岸同胞生活的悬殊，也可以比较两种不同制度的孰优孰劣，从而判断中国的未来究应采取何种制度方能符合国家利益与人民福祉。”

蒋经国的这一谈话，让在场的马英九思绪又回到了一年前，他受蒋氏之命参与运筹谋划另一项重要的决策——开放国民党老兵回祖国大陆探亲的内幕。回想起当时参与此事运作的来龙去脉，马英九的眼前仿佛又出现了那些国民党老兵黑压压地在“行政院”门前静坐的可怖场面。

第十二章 “开放探亲”的台前幕后

老兵静坐风波

关于蒋经国去世前做出开放国民党老兵回大陆探亲一事的决策经过，马英九在纪念蒋经国文章中回忆当年的情景时说：“经国先生晚年另一为人称道的政策，就是体现人道主义的大陆开放措施。两岸隔绝近 40 年，许多来台三四十年的民众（尤其是老兵）思乡心切，却受限于政治因素而不能成行。随着冷战落幕，大陆方面改革开放基调确定，国际局势开始转变，新的契机渐渐浮现。1987 年 3 月间，在一次外宾晋见经国先生之后，他照例问英九有没有事。当时国民党籍‘立委’赵少康、洪昭男在‘立法院’质询时，建议政府开放老兵赴大陆探亲，台北街头也有老兵身穿上书‘回家’的长衫游街请愿。我便向经国先生率直反映此事，没想到经国先生早已注意及此，立即指示我向张副秘书长祖诒先生报告。”

就在这件事发生不久，马英九随几位国民党高官在一个阴雨连绵的黑夜中，驶向蒋经国的七海官邸。守候在大门两侧的荷枪士兵正欲上前拦阻，却发现小轿车上挂着不许阻拦的黄牌，便急忙放行。两辆小轿车飞快地从官邸揖门前面掠过，然后沿着一泓人工湖旁的柏油路向官邸深处驶去，最后停在一处绿树环绕的小楼前面。

从第一辆车上走下来的是“行政院长”俞国华，后一辆车里先后走下张祖诒和马英九。三人的神情都有些紧张，在绵绵细雨中他们直奔小楼前的大理石台阶，“总统府”机要秘书王家骅早在门前迎候。他刚想向俞国华、张祖诒和马英九寒暄，不料却被俞国华打断了，急问：“经国先生睡下了吗？”王家骅说：“他刚想睡下，可是由于接到了俞院长打来的电话，听说你们有急事要报告，所以现在经国先生正在楼上等候着。”

俞国华和身边的马英九悄悄说了句什么，就拉着张祖诒急忙随王家骅向楼上走去。马英九显然已经熟悉了这经常奔走在“行政院”“总统府”和七海官邸之间的工作，自从孙运璇突患脑中风并辞去“行政院长”以后，此任便改由素与蒋氏家族有姻缘关系的俞氏三弟兄之一的俞国华接任。马英九开始习惯和任何官员打交道，在出任国民党党部副秘书长后，已经接触并参与处理许多重大的机密要事。现在他和俞国华等人夤夜来到七海官邸，就为着国民党老兵们包围“行政院”前来请示病中的蒋经国。

楼道里一片幽静，灯光在子夜里发出淡淡的幽亮，四人踏上厚厚的地毯，来到一间会客室里坐定。这时候马英九的心情十分紧张，他无法想象病情越加危重的蒋经国是否受得住他们将要报告的紧急情况。在静候蒋经国到来的片刻时间里，马英九默默凝视着面前那只独角鎏金香鼎里袅袅升起的一股淡蓝色香烟，鼎中檀香飘起的烟雾正弥漫在客厅墙壁上一幅巨大的照片前。那是身穿长袍的蒋介石与西装革履的蒋经国伫立在花莲行馆门前的旧照，父子俩以迷惘的眼神凝视前方，这无疑是当时台湾风雨飘摇中的一个缩影。这幅二十多年前的合影给这灯光暗淡的房间里平添了几分阴郁的气息。

“经国先生。”内室的房门悄然开启，马英九和俞国华、张祖诒慌然而起，只见王家骅和女护士推着电动轮椅缓缓地走了进来。轮椅上的蒋经国面庞微胖，脸上已经现出了疲惫神情。马英九急忙上前为蒋经国掖好敞开的睡衣前襟，然后屏退了女护士，亲自将蒋经国推到枝形大吊灯的下面来。蒋经国疑惑地打量午夜前来官邸的俞国华和马英九，再望了一眼垂手而立的张祖诒，说：“莫非又是那些老兵在闹事吗？”

“正是正是，经国先生。”俞国华慌忙掏出手帕来拭汗，他说，“还是那些闹着想回大陆的老兵们，他们从今天下午开始就包围了我们‘行政院’。这次老兵闹请愿和前几次有所不同，看样子他们是非要我们马上拿出一个主意来才行。如果再不做出决定，恐怕就要出大事了。”蒋经国不语，他把目光移向俞国华身边的马英九说：“大约有多少人闹事？”

“大概有一千多人吧？”张祖诒抢先报告说，“总座，这些老兵来者不善，他们显然是有预谋有组织地和‘政府’作对。这些老兵今晚不但都带着衣服、行李和寝具，有人还带着锅碗灶具，都来到了‘行政院’门前的广场上，黑压压地席地而坐了。现在虽然天下着雨，可是这些老兵们仍然没有走开的意思……”

蒋经国心里蓦然一惊，虽然在一个月前他已经指示马英九和张祖诒着手研究开放探亲的方案，但是他没有想到国民党老兵们的行动竟然会如此紧急，这次竟然聚众前去“行政院”的门前静坐。喜怒不形于色的蒋经国眉毛一蹙，问俞国华说：“他们为了回大陆和亲人相见，请愿就是了，为什么还一定要带着灶具和行李呢？”

俞国华有些胆战心惊地说：“这些来闹事的老兵，扬言要在‘行政院’门前埋锅造饭，他们说这次一定要让当局首脑表态，如果还不答应他们回大陆，他们就要在‘行政院’的门前一直坐下去，也许两三日，也许五天八天，反正他们非要逼迫我们允许他们离开台湾不行了。经国先生，真是太棘手了！”

蒋经国坐在轮椅上一语不发，呆怔怔地望着墙壁上那幅他和父亲的合影。他茫然的眼神离开俞国华那张苍白的脸，那眼神好像在责怪俞国华的无能。马英九见场面有些尴尬，急忙上前在蒋的耳边悄悄说："总座，为了控制这批老兵闹事，'行政院'确已做了很大的努力，劝阻显然已经无效了。因为这些被'政府'的一拖再拖激怒的老兵们，再也不同意给我们研究解决的时间了。他们现在在'行政院'门前的广场上，有哭有骂，还有人向'行政院'的大楼投臭鸡蛋，有人甚至用砖瓦把大楼的玻璃窗都砸碎了。俞院长是万般无奈，才下令调来了五千名防暴警察，以防'行政院'的大楼被人破坏。"

"调来了警察？"蒋经国又吃了一惊，他在轮椅上努力地挺直了腰杆，困惑地望了一眼马英九和张祖诒，然后把愠怒的目光投向连连拭汗的俞国华。问道："谁让你调警察来？莫非你还胆敢镇压这些闹事的老兵吗？他们当中有许多人都是我从前的部下，他们跟我到台湾来已经几十年了，你怎么能……调警察对付他们呢？"

马英九没想到蒋经国在这种时候竟会替那些闹事的人说话。俞国华急忙表白说："经国先生，那些老兵实在闹得太凶了，您可以问一问英九和祖诒他们。他们是我用电话请来观阵的，老兵们不但用砖瓦石头砸大楼的玻璃，大吵大骂，而且还几次想冲进'行政院'的大门。扬言要我俞国华当天就给他们一个答复。天呐，回大陆探亲这样的大事，如果没有经国先生的指示，我怎么敢答复他们呢？当然，我下令调来防暴警察，也是不得已而为之。不过我并不是想向老兵们开枪，而是让那些警察们组成一道人墙，严加防范。为了防止那些发了疯的老兵们向大楼里猛冲，与军警发生冲突，我已经给大楼里所有工作人员下了一道命令，从明天早晨开始，所有'行政院'的属员，一律不走前门，都从后门进入大楼里办公。经国先生，这样做真是迫不得已呀，如果我们不能尽快拿出应急之策，怕是真要闹出大事来的啊！”

马英九的脸色严峻，他在这种场合什么话也不能说。张祖诒却忍不住对蒋经国说：“老兵们确实做得太过分了。我记得总座早就对老兵回乡探亲的事情做过指示，最初是‘立法院’提出来的，5月份时总座就指示我和马英九搞了个可行的方案，只是不知我们提出的方案为什么到现在还得不到批复。”

“你们呀，什么也别说了！”蒋经国心绪烦躁，连连地摆手，打断了张祖诒的话，望着俞国华说，“你们‘行政院’也实在是太无能了，为什么要在这时候调派什么警察呢？你又下令所有属员明天起从后门进楼办公，这成何体统？俞院长，你们为什么不能派一些人员到那些静坐的老兵中间去，和他们交谈疏导一下呢？那些人可都是我们的老部下啊，他们并不是我们的敌人！”

“总座，您不必急，不必……”马英九见蒋经国因为紧张和愤怒，脸面涨得发红，连连发出悲苦的感叹，便上前劝慰说，“俞院长报告的情况确实如此，有些老兵根本就不听劝告，他们就像疯了一样，几乎每个人都拿着砖瓦石头，眼睛瞪着，凶得真有些怕人。谁还敢到他们中间去劝说呢？”

“可是……”蒋经国咳嗽了一阵，忽然抬起头来，面对俞国华说，“如果你想用警察镇压，那就势必引起更为严重的后果。你、你……”就在这时，王家骅见蒋经国咳嗽得更加厉害，慌忙取来一块手帕，马英儿接过来，送到蒋的嘴边，发现他咳出了一块鲜血！顿时吓得俞国华和张祖诒大吃一惊，大家都慌忙扑了上前，马英九紧紧抱住了咳嗽不止的蒋经国，急切地呼叫：“总座，总座，您不要这样……”王家骅见蒋经国忽然咯血，急忙操起桌上的电话，拨通了医疗小组的专线：“请荣民总医院的姜必宁副院长马上带人到官邸里来……”

子夜过后，蒋经国才渐有好转。他睁开眼睛一看，发现自己的床榻前挂着输液瓶，晶莹的药液正沿着那根透明的输液管汩汩流动。这里是他楼上的起居室，幽幽灯影里出现了几张熟悉的脸孔，除了闻讯赶来的蒋孝勇和蒋方良之外，还有几位医疗小组的医生和护士。俞国华已经离开官邸，他是赶回到“行政院”布置防范措施去了。而马英九、张祖诒和王家骅几人却始终守候在蒋经国的床前。这时，蒋经国已经从昏迷中苏醒过来，马英九等人悬着的心才开始放下。

“英九，俞院长他为什么不在了？”蒋经国第一个看见的就是马英九，这几年他几乎就是蒋经国身边最为信任的下级。马英九忙说：“总座，不要紧的。俞院长已经先回‘行政院’去了，他在那里要设法把局面稳定下来，也许一切都会好起来的。”

“姜教授！”蒋经国这才知道刚才他突然昏迷的过程中，俞国华已经回到“行政院”去处理老兵闹事事件。想到风雨飘摇中的“行政院”，他眼前就会现出一大群黑压压的闹事老兵的身影。于是蒋经国叫了声守候在一旁姜必宁，低声询问：“我的病……究竟怎么样？”姜必宁马上近前说：“不要紧，刚才只是因为意外的刺激，有一点轻微的昏迷，其实您的身体一直都很好……”

蒋经国厌恶地皱眉说：“不，你们这些年对外一直在说我的身体如何健康，这我是很理解的。可是现在我在问我的身体状况究竟如何，你应该告诉我实话。”姜必宁望一眼身边的蒋方良和蒋孝勇，欲言又止。蒋方良凑近蒋经国说：“其实你的病况并没有太大的变化，姜教授每次给你做 CT、超声波检查，都向我如实地作了报告，你的心、肝、脑、脾、肾，都没有任何病变……”

“哦？”蒋经国疑惑地望着面前的幢幢人影，最后他又把信任的目光投向了马英九，说，“可是，刚才我好像记得，是吐了一口血的。”马英九不肯说话。姜必宁过来说：“是有一点血，不过那并不要紧，那是因为您刚才过于激烈的咳嗽，引起静脉曲张才出的血。现在已经没有任何问题了。”

蒋经国将信将疑地摇了摇头，说：“静脉曲张？姜教授你什么也不必隐瞒，我知道我自己这些年一直都在患着糖尿病。我不懂医学，可是我知道这种病的晚期许多器官都会衰竭的。刚才的吐血是这种病的先兆吗？”

“不会的，肯定不会的。”在得到姜必宁肯定的答复以后，蒋经国的脸上浮出一抹轻松的微笑，他转头询问床边的马英九说，“现在那些在‘行政院’门前静坐的老兵们，是否已经撤走了？”马英九面有难色，见蒋经国用眼睛在盯着他，便说：“俞院长已经回去处理了，请总座不必为此分神了。”

蒋经国哪里肯依，继续追问他：“我是在问那些老兵们现在到底撤离‘行政院’了没有？莫非他们一定要在雨中静坐到天明吗？”张祖诒几欲开口，却又不敢说。蒋经国震怒了：“你要如实回答我。”张祖诒只好如实相告：“总座，刚才我已经和‘行政院’通了电话，老兵们现在还没有撤走。”

“他们怎么？”蒋经国的脸又涨红了，只听马英九解释说，“老兵们多次与防暴警察发生冲突，非要‘行政院’马上答复他们的请求不可。如果不答复，他们就一定要静坐下去，直到有结果才离开。”

蒋经国听了马英九的话，忽然怔住了。他的脸庞由红变白，两只黯淡的眼睛里闪烁出一抹悲苦阴忧的幽光。他咬了咬干裂的嘴唇，一声不响。起居室里一下子变得沉寂起来，所有人的心里都笼罩着悲哀的阴影，姜必宁和王家骅见蒋经国忧心忡忡的样子，显得有些爱莫能助。马英九自从来到蒋经国身边，从没有经过如此难熬的时刻。半晌马英九才说：“总座，您只管放心好了，我想俞院长那边一定会处理好这件事的。”

“英九，刚才我做了一个梦。”蒋经国把迷惘的目光移向落地窗前那金丝绒的窗帷，自言自语地说，“唉，老兵们都是离家三四十年的人了，没有不想家的道理。这也都是人之常情啊！”蒋经国几句发自肺腑的话，让在场所有人都愕然一惊，马英九等人面面相觑，谁也猜不透蒋经国为什么忽发此言。

“王家骅，备车！”突然，蒋经国一骨碌从床上爬了起来，他突如其来的举动让姜必宁等医疗小组成员大为震惊。医生们都扑上前紧紧抓住了蒋经国那只连着输液管的左手，大家都叫：“经国先生，不要动！”可是蒋经国却推开了姜必宁，冲着惊呆了的马英九和王家骅说：“你们还愣着做什么？马上备车，我现在就要到‘行政院’去！”

“总座，您现在不能到那里去！”马英九和张祖诒等人都拥上前劝阻，蒋方良和蒋孝勇也慌忙上前，可是蒋经国这时心意已决，他喝止了身边所有企图拦阻他的人，决然地对马英九和张祖诒说：“你们不懂，那些老兵们……我如果不亲自去劝，他们是肯定不会走开的！”

“颍考项目”与蒋经国的决策

几辆黑色小轿车在黎明破晓时分，鱼贯驶出戒备森严的七海官邸，然后沿着路灯昏暗的长街疾驶而去。

蒋经国披着一件大衣，倚坐在一辆防弹车中。他的左边是马英九，右边是张祖诒，后座上是姜必宁副院长和两位抱着氧气袋的女护士。一夜没睡的蒋经国面色憔悴，一双忧郁的眼睛透过车窗，凝视黎明时从车旁掠过的黑黝黝的屋宇和树丛。不知从什么时候起霏霏小雨已经停歇了，但是天宇上仍然密布着浓黑的雨云。他忽然闭上了双眼，将头无力地倚在靠背上。马英九想着自从受命于蒋经国负责起草有关国民党老兵回大陆探亲文件以来，期间所经历的种种曲折。

“总座，关于《老兵回大陆探亲的暂行办法》草案，遵从您的叮嘱，昨天我已经转交给‘总统府’的‘第一文胆’张祖诒。”马英九依稀记得那是在今年的6月间，他在新竹附近的角板山下慈湖别墅内，见到了正在那里休假的蒋经国。马英九已是第二次向他报告有关老兵回大陆探亲的问题了。

那天，慈湖天气晴和，景色宜人，远山如黛，湖水碧波。一艘小舢板缓缓离岸，划向湖心。蒋经国坐在船头，两个侍卫一左一右地摇桨。马英九坐在船上向蒋经国汇报：“自‘立法院’第一次正式提出尽早实行开放探亲政策以来，此事已经纳入了我们的议事日程。虽然我们已经在悄悄地运作，可是外界并不知情，因此现在有些‘立委’仍旧还在配合新闻媒体，散布各种与此相关的舆论……”

蒋经国问：“‘立委’们都说了些什么？”

马英九手托着文件夹，正襟危坐，侃侃地说道：“当然还是一些老话题。‘立法委员’王新衡最近还撰文说‘台湾经济虽有重大发展，但是政治上仍然保守’。他还说……”蒋经国阴沉着脸，说：“说下去！”马英九说：“王新衡还说：‘国民党最高决策层在政治上仍然是保守和封闭的。’他认为总座自1978年接替严家淦出任‘总统’以来，变得越来越保守了。特别是在开放探亲和尽早突破两岸封锁的政策上，不断受到朝野的抨击。他说您的保守政策正在不断受到严峻的挑战！”

蒋经国眯着眼睛，凝望湖面上的潋滟波光，唇边浮现出一抹冷笑，问：“王新衡说我面临挑战？他有什么根据？”马英九道：“他认为1977年底的中坜暴动事件、尼克松与北京的建交和稍后不久发生的美丽岛事件，都构成了台湾政局的紧张。特别是能否尽早开放大陆探亲，更是总座能否走向民主政治的试金石……”

“他……胡说八道！”蒋经国忍不住愤然大怒，因气愤而使他血压升高，胖胖的圆脸也涨红了。他扶着船舷的手在微微的颤抖，半晌又说：“有人说我年纪越大就越固执和保守，可我晚年的几项举措都是朝野有目共睹的嘛。1985 年是我首先否定了传位予子的定论；1986 年又是我在国民党十二届三中全会上，大胆地解除了‘戒严令’，容许反对派人士组织政党；张学良长期囚禁，也是我主政以来才给他真正的自由，怎么现在竟然有人说我保守呢？”

马英九见蒋经国气得浑身发抖，急忙劝解：“总座的种种民主政策，确使台湾出现了难得的民主开放气氛。可以说在中华民族历史上也将起到先导的作用，只是‘立委’们现在吵骂不休的，还是老兵们回大陆的问题，看起来这才是当务之急！”

“我们何止考虑到了老兵？”蒋经国打断马英九的话，说，“今年 5 月，我得知‘立法院’多数委员的提案以后，当即就指示你与张祖诒共同拟定一个开放探亲的草案，作为我们对民众和‘立委’们的回应。我对于来自民间的呼声，从来都不是麻木不仁！如果这个草案能够得以通过的话，到那时候不仅仅是老兵，就是普通民众也可以回大陆探亲呀！他们怎么能总是为此吵骂逼人呢？”

“这些‘立法委员’实在难缠！尽管总座已经决心拟定开放探亲的草案，可是他们还在鸡蛋里挑骨头，不顾事实地到处指责！”马英九企图劝慰并排解蒋经国内心的愤慨，又说，“他们说您虽然迫于形势同意开放探亲，但还是设下了许多限制，与中共提出的‘三通’政策远远不能合拍！他们甚至诋毁总座执政十余年来的施政功绩！”

蒋经国见马英九欲言又止，忽然故作大度地冷笑起来，道：

“说嘛说嘛，我倒很想听一听‘立委’们的奇谈怪论！”马英九接着报告：“他们和民进党一样，对总座进行非议。有人说什么在总座任职期间，最大的政治失败是三件事：高雄事变、江南谋杀案和十信经济舞弊案。他们说您虽然有意开放大陆探亲，但是在中国统一的问题上，却始终没能有任何突破性的进展。”蒋经国愤然打断了马英九的汇报，说：“不要说了，我心里有些心烦！”

小船靠岸以后，侍卫们搀扶蒋经国步上岸来。

四面楚歌的蒋经国来到慈湖别墅，这里原是仿照奉化溪口丰镐房的格局建成。院宅屋宇，青堂瓦舍。两层四合院，雕梁画栋，斗拱飞檐。暂厝蒋介石灵柩的院宅里，栽着几棵枝桠繁茂的龙柏。远远望去平添了这院宅的肃穆与阴冷。

“总座，请！”王家骅和几个内侍，早已恭迎在套院的中门前，蒋经国在马英九和一群侍卫们的簇拥下，坐着轮椅，来到了栽满茶花和桂树的恬静宅院。

正厅门楣上“先故‘总统’蒋公灵寝”几个大字，金辉炫目。光线阴暗的厅堂里，他一眼便望见了黑漆大理石基座上的蒋介石灵柩。蒋经国由马英九扶着，从轮椅上缓缓地站了起来，然后他手拄着藤杖，战战兢兢地趋前一步，遥望着灵柩上方墙壁的大幅蒋介石戎装遗像，慌慌然地鞠了一躬，然后他戚然肃立，痛苦地闭上双眼。在冥冥之中，蒋经国似在追忆那早已逝去的岁月。他在寝堂里向蒋介石的灵柩默祷有顷，忽然转身走了出来。蒋经国站在高高的青石阶上，茫然凝望在夏风中发出飒飒轻响的龙柏，两条八字眉在眉心蹙成个“川”字。半晌，他转回身面向伫立在回廊下的马英九，问道：“那个关于开放老兵回大陆探亲的草案，现在何处？”

马英九腋下挟着文件夹走上前来，毕恭毕敬地说：“草案正在张祖诒秘书长手里做最后的润饰，遵照您的吩咐，准备马上送给李登辉和中常委秘书长马树礼，请他们分别以党政系统的角度，进一步研究探亲政策的实施办法。”

蒋经国忽然吩咐说：“英九，你马上就回台北去，把那份《老兵回大陆探亲的暂行办法草案》缓送中常委们讨论！”

“缓送？”马英九闻言愕然，此前一贯积极主张开放老兵回大陆的蒋经国，不知为什么见到了慈湖蒋介石的灵柩，又忽然改变了主意。但是敏感的马英九很快就理解了蒋经国为什么要改变主意，一贯至孝的蒋经国不想违背慈湖行馆中亡父蒋介石在世时坚决不与大陆妥协的主张。所以马英九马上躬身说：“是！”

“总座，您看！”张祖诒的声音把马英九从沉思中引回到眼前。他看见蒋经国这时也睁开了眼睛，前方忽然传来一阵阵嘈杂吆喝声。蒋经国吃了一惊，急忙探头窗外，只见破晓前的阴空之下，“行政院”那四层大楼阴森森地矗立在那里，嘈杂声和叫骂声正从“行政院”楼前广场上传过来。偌大的广场上人头攒动，刚刚被夜雨淋湿了的国民党老兵们，左一簇右一堆，骂骂咧咧，嘈嘈嚷嚷。有一大群心绪烦躁的老兵们，正与广场上维持治安的警察发生冲突，双方已经剑拔弩张。叫骂声夹杂着呵斥声，场面显得紧张可怖。蒋经国双眉蹙成了疙瘩，他万万没有想到事态会如此严峻。

“总座，还是回去吧！”马英九不无担心地劝阻，“我相信天色一亮，他们就会自动地散去！”蒋经国听了却无言地摇了摇头。

“总座！您现在是一个病人！”姜必宁见广场上人山人海，也变得紧张起来。他说：“我作为您的保健医生，有权要求您必须马上回到七海官邸去！如果您到老兵群里去，那是非常危险的。万一您被他们拉拉扯扯地纠缠住，病情很难说不能转重，我可是负不起责任的啊！”见蒋经国不肯开口，连许久不说话的马英九也忍不住了，他叫道：“总座！您千万不能下车，万一那些发了疯的老兵们发现了您，我担心他们会做出意想不到的蠢事来！”

“都……都不要说了！”蒋经国烦躁地打断了大家的劝阻，喘了一口粗气说，“不会的！我相信这些老兵不会把我怎么样的。因为当年我曾经带领他们开山筑路，我又当过他们的辅导会主任委员。我相信他们与我有相当的感情！”

马英九还不肯罢休，劝道：“可是这些人现在都是回家心切，他们都疯了一样，总座不可不防呀！”

“唉！也怪不得他们！怪不得他们！这些可都是我们蒋家欠下的债呀！”蒋经国凝望着昏暗晨光中人声鼎沸的广场，无限痛楚地摇头叹息，说，“英九，当年这些人都是随着先故‘总统’从大陆来到台湾的。当时我们向他们许诺过，多则五年，少则三年，就可以反攻大陆，可是谁知道，眨眼之间就是几十年光阴呀！这些人在大陆上还有妻子儿女，又怎么能不想归乡团聚呀？他们有家归不得，又得不到‘政府’很好的照顾，他们心里有火有气。包围‘行政院’的行动在你们看来是有些过格，可是在我看来，他们这些老兵的行动也还算是相当客气呀！他们本来可以包围我的七海官邸。如今却与‘行政院’为难，我怎么可以让俞国华代我受过？我又怎么能对此事置若罔闻呢？”

蒋经国一番发自肺腑的话，使马英九、张祖诒、姜必宁和王家骅都闻之黯然，相觑无言。最后，大家还是七手八脚地把蒋经国送下了汽车。

远方天际刚刚露出一抹熹微的晨光，又被一团团汹涌而至的雨云遮住了。历经了一天一夜苦熬的国民党老兵们，一个个都被夜雨淋得湿透，有的蹲在水汪里愤然地大发牢骚，有的三五成群地集聚在一起，架起了锅灶，正在生火造饭，呛人的柴烟袅袅升起，也有的在湿漉漉的水泥地上铺起柴火睡觉。更多的人则气汹汹地集聚成一彪人马，再次向近在咫尺的“行政院”大楼发起攻击。那群疯也似的老兵们，在接近由警察们组成防卫人墙的时候，再一次与荷枪的军警发生了冲突。老兵们怒吼着，叫喊着，不顾一切地冲向“行政院”大门，惊慌失措的军警们见状慌忙举起了枪刺，也有人举着警棍，不顾头脸地向冲上来的老兵头上狠狠地打了过去。就在一场可怖血案将要在“行政院”前发生的时候，广场东面的老兵人群中忽然有人叫喊起来：“蒋先生来了！”

广场上顿时响起一阵怒不可遏的喝喊之声。几乎所有担任警卫的军警都闻声大惊，刚才那群企图冲进“行政院”闹事的老兵们，早已放弃了与军警的拼斗，一下子向人群骚动的广场东南方向拥了过去。那些在锅灶前生火烧饭的老兵，还在睡觉的老兵们也都从地上爬了起来，发疯似地向那骚动的人群冲了过去。

在广场的东南角上，警察们又围起了新的人墙，在军警们的簇拥下，果然有一辆轮椅推了过来。马英九就在蒋经国的轮椅后面，当发现愤怒的老兵们黑压压地向着蒋经国拥过来时，他有些担心地对张祖诒说：“如果这样下去，肯定会发生危险的。”张祖诒也毫无办法。马英九只好来到蒋经国身边，担心地说：“总座，还是回到汽车里面去吧，万一发生什么意外情况，也好马上离开这里。”不料蒋经国却不以为然地摇了摇头说：“不要紧，我是来和老兵们商量解决问题的，他们当然不会伤害我。”

马英九这时发现，广场上已经拥过来上千人，这些老兵们发现军警在前面阻拦他们接近蒋经国，都愤怒地冲上前去用拳头狠狠地捶捣军警的后背，拼命地向军警的包围圈里拥挤过来。老兵们看清了由马英九、张祖诒和姜必宁等人护卫的一辆轮椅上，果然端坐一个披着军大衣、脸色苍白的官员。他就是在电视上见过多次的“总统”蒋经国！只见他神色憔悴，不时向军警后边的老兵们挥着手。

“蒋先生啊，你还认识我陈茂生吗？”突然，马英九看见从军警后面挤过来一个披着棉军大衣，头发蓬乱，六十多岁的老兵。他那浙江口音让坐在轮椅上的蒋经国愕然一惊，他只觉得那人口音很熟，但对陈茂生这个陌生的名字显然毫无印象了。蒋经国正在寻找那个老兵，可是几个军警已经揪住那个老兵的头发，正在连推带搡地往人群外边推去。蒋经国见了勃然大怒，厉声喝止警察：“放他进来！”马英九急忙上前救出那个老兵，把他拉到蒋经国的面前。那蓬头垢面的老兵上前就抓住蒋经国的轮椅，哭叫道：“我是陈茂生啊！当年我是汤恩伯六十七师炮团的，也是您奉化的老乡啊！您怎么不认识我了？真是贵人忘事多，当年您在‘国防部总政战部’当主任的时候，不是亲自指挥我们团从大陈岛撤退的吗？当时我们都不肯来台湾，可是您拍着我的肩膀说，‘咱们到台湾只是暂时的，再过三年五载，我蒋经国保证和你们一齐返回大陆。’您怎么忘记了？”

马英九没想到这老兵竟敢当着蒋经国的面说这种话，他担心蒋经国受不了，急忙上前去劝那老兵退出去，可老兵仍然在哭叫：“蒋先生，您说话还算不算数？当初你说三年五年就能回家，可我在岛上一待就是几十年，我家里还有刚结婚不久的妻子呢，那一年她刚好怀了孩子。孩子如果活着现在也有四十多岁了呀！你总该让我们回家去看一看呀！”

“记得了，记得了。”蒋经国唯恐陈茂生继续纠缠，急忙拉住他的手摇了摇。马英九和姜必宁等人忙把蒋的轮椅推过来，希望他能从人群里逃出去。没有想到蒋经国却叫马英九把轮椅停下来，马英九这才发现一个下巴上生着乱蓬蓬山羊胡子的老兵，猝不及防地突然跪倒在蒋的面前，连连磕头说："蒋先生啊，可见到您了，这么多年了呀！"

"你是谁，快起来说话。"蒋经国望着那磕头如捣的老兵。马英九急忙上前把那人从地上扶了起来，可那老兵竟哭得更凶："蒋先生哎，您当然记不得我，可我还记得您呢。我是老三青团啊，我在虎岗夏季青训班里受训的时候见过您。那时你给我们讲过话，您是要我们这些当兵的都树立虎岗精神。"

"哦，想起来了，我想起来了。"蒋经国俯下身去，仔细打量那哭成了泪人一般的老兵，说，"你有什么要求就只管说吧，不要这样哭了。"

"要求？"老兵用手拭去了脸上的泪水说，"我今天就是来向您蒋先生提要求的。请您放我们回大陆去吧！不看僧面看佛面，我今年快 70 岁了，今生今世怕再也见不到您蒋先生了，我再也不想守在这里了，我说什么也不能把老骨头丢在台湾啊！我求您开恩了呀！"

"你这么大年纪也来胡闹！你在大陆连妻儿都没有，也跑到这里来兴风作浪？"张祖诒有些气愤地向老兵喝喊一声。不料那老兵也不示弱，当场反唇相讥说："胡说，谁说我在大陆没有妻儿？告诉你，我不但有前妻，还有九十多岁的老母亲。看在我一生都在台湾效力的份上，也该让我回去了，可你还在那里恶语相加？"马英九见事不好，急忙上前去劝。蒋经国伸手把跪在面前的老兵扶了起来，说："你的心情我理解，我能够理解！"

"蒋先生，您光理解有什么用呀？"老兵非但不听劝解，反而对坐在轮椅上的蒋喊了起来，"我们要的是'政府'的行动，我们可是给你们卖命几十年了，可你们如今竟不如共产党开明。前几年共产党放了全部战犯，有十个老兵想回台湾来探亲，这本是天经地义的事，可你们就是百般不允许他们回到台湾来。天理良心啊，你们的事情做得太绝了呀！”蒋经国不语，马英九没想到这个老兵竟敢当着众人之面揭蒋经国的短，有心把他推出去，可是他发现蒋经国仍然在那里耐心地倾听老兵的谈话，就只好放弃。就在这时候又来了一个大个子老兵，他来到蒋经国的轮椅前面，指着自己的瘸腿说：“蒋专员，我这条腿可是在战场上打折的呀，我本来是不想回大陆的，可是我想来想去，觉得还是回去看看。这几十年我在台湾过得好苦呀，每月不过是有一点点救济款，那能够什么用呀？我这伤残人身边没有人手又怎么行呢？我这辈子没儿没女，可我在大陆的莆田老家还有兄嫂，我日夜都在想念他们啊。请您就行行好吧，让我回大陆的老家，哪怕能见上亲人一面就死，我也心甘情愿了。”

“好好，”蒋经国见那瘸腿老兵说得可怜，也动了恻隐之心，连连点头说，“‘政府’也有‘政府’的难处，不过请你相信我，我蒋经国是有决心去解决这件事的。一定要力争早一天让大家回到大陆去，和你们的亲人见见面。”

“蒋先生，您就开开恩了！”马英九看到这种场面，忍不住也想落泪了。他没有想到当初蒋经国要他秘密草拟的“颍考项目”，竟会遭遇如此悲壮的场面。当初蒋经国指令马英九对国民党老兵返回大陆探亲一事进行研究和论证的时候，他已经感到这是一件比不久前已经公布的“解严方案”更为困难的大事。马英九的父母亲也都是国民党的老兵，因此他对于蒋经国安排自己来负责这个项目，从心里有一种强烈的共鸣。这也是一年前他为什么要把老兵们期盼返回大陆的愿望报告给蒋经国的思想基础。

马英九记得他在领受这个重要的任务以后，为在拟定老兵回大陆探亲方案过程中免于泄露秘密，还为这个绝密方案取了一个特殊的名字，叫作“颍考项目”。这其中还有一个典故：马英九在无意中读阅《左传》，发现其中有一篇题为“郑伯克段于鄢”

的故事。《左传》中说，郑庄公为一个名叫颍考叔的人所感动，受其至孝所动，所以决定与自己失和多年的母亲相会。而郑庄公最后终于如愿以偿。马英九觉得郑庄公不计旧怨，与母亲和好如初的历史典故，与当前蒋经国交他办理的老兵回大陆探亲一事有着异曲同工之妙。于是他索性把这个方案更名为“颍考项目”。

现在当他亲眼看见那些在蒋经国面前又哭又骂的老兵，心里很不是滋味。因为他作为这个方案的参与者，深知蒋经国的人道精神和他已经为这项探亲计划所付出的精力。只是蒋经国在处理此事过程中，不时会遇上意想不到的难题，所以才致使这一方案至今尚未执行。马英九感到痛心的是，面前这黑压压的愤怒老兵们却对蒋经国的一番苦心毫不知情。他多么想当众说出真相，以让那些愤怒的老兵们放开轮椅上的蒋经国，但他知道在这种气氛紧张的时候，自己任何一句不慎的话都可能成为老兵们火拼的导火线。

“蒋先生，您就开开恩吧！”这时，马英九再次听到身边响起一阵老兵们的哭泣叫喊之声。刚才还被军警们拦在外围的一批老兵，再也忍不住了，都纷纷冲进了封锁圈，黑压压地跪倒在蒋经国的轮椅前面，马英九从来没见过这种让人震惊的场面。一阵阵震耳欲聋的呼喊声再次响起：“蒋先生，可怜可怜我们这些老兵吧，我们可都是为你们蒋家打了半辈子仗的人啊。”“蒋先生哎，只要您允许我们回大陆，下辈子就是让我变牛变马也来报答您！”“蒋先生呀，我们想回大陆，已经盼了几十年啊！……”

马英九眼里汪着泪，他看见轮椅上的蒋经国方寸大乱，他已被身边的哭声、喊声深深地打动了。蒋经国望着警察们身后那些越聚越多的老兵，忽然冲动地从轮椅上站起身来。面对一张张愤怒的脸孔，他忽然举起一双颤抖的手，双手抱拳，声音哽咽地当众说道：“诸位同胞，只要大家都听我的话，马上退出这个广场，一切都好商量，一切都好商量！我敢对你们说，大家回大陆的时间不会太久了！”

11 月，台北又飘起了雾蒙蒙的雨丝。

这一天，蒋经国在七海官邸召集一个紧急会议，主要研究有关国民党老兵返回大陆探亲的议题。蒋经国向参加会议的国民党党部秘书长马树礼问：“那个探亲的评估方案究竟研究得怎么样了？”

马树礼急忙接过马英九递给他的一份题为“颍考项目”的绝密文件，送到蒋经国的面前，说：“总座，这个开放老兵回大陆探亲的方案，早在去年 6 月就由马英九起草拟定，后来又由‘总统府’张祖诒副秘书长加工润饰，现在可以请您过目了。”

蒋经国以手挡住，说：“我早已经看过多次了，只是不知你们从党政系统的立场上对它探究得如何？”

马树礼急忙表示：“我们非常理解经国先生的急迫心情和早日开放探亲的决心。这个方案经过我们几次研讨，一致认为是积极可行的。”马英九在旁补充说：“这份方案已在去年 8 月 3 日进行了论证和研讨。当时与会的不仅有‘行政院’方面的秘书长，还有中央党部的秘书长宋楚瑜，大家都一致认为开放老兵到大陆去探亲，已成势在必行之事了！”

马树礼解释说：“这个方案，去年 9 月在由您亲自主持的中常会上，已经原则上通过。本来应该马上公布实施，后因种种原因，一直拖到现在，不知……”

“现在，一时一刻也不能再拖延下去了。”蒋经国的胸口紧张地起伏着，因为他的身体过于衰弱，加之连续多日为此事操劳，面色忽然变得憔悴而苍白。他断然地挥了挥手，对所有参与这次会议的国民党要人们说：“马上就公布开放探亲的政令！越快越好，我们再也不能优柔寡断了！”

马树礼和马英九等人急忙站起来，向轮椅上的蒋经国郑重地表示：“请经国先生放心，关于开放老兵探亲的具体事项，我们也做过具体的考虑，这件事准备让红十字会尽快出面接洽处理，不会再耽搁时间了。”

“好好，这是我现在最关心的大事了！你们赶紧去做吧。”蒋经国说完这句话，又剧烈地咳嗽起来，他苍白的脸顿时涨得紫红。有人慌忙取来了湿毛巾，为蒋经国揩汗。马树礼、马英九和一批国民党高官们都紧张万分地围了上来，这时有人惊叫一声：“血！”大家惊愕地望去，发现护士手中的毛巾已被蒋经国口中咯出的鲜血染红了……

1988 年 1 月 13 日，深夜，台湾中央社突然发布一条讣告：“蒋‘总统’经国先生于今天下午 3 时 50 分，因心力衰竭崩逝，享年 79 岁。主治医师、荣民总医院副院长姜必宁，今晚报告了蒋‘总统’经国先生病逝的经过。他说，‘总统’于今天上午 7 时 30 分起床时突感身体不适，……延至 3 时 50 分心跳停止，瞳孔散大，而告崩逝……”

就在台湾各界忙于为蒋经国举行大殓并在大溪安葬灵柩的时候，蒋经国生前具体负责处理国民党老兵开放探亲的马英九，亲眼看到自从国民党公布开放探亲政策并实施以来，位于台北市新生南路的红十字会，在短短几天内就拥进了数万名归心似箭的国民党老兵，两岸亲人重逢的序幕拉开了。

尾声：仕途，潮起潮落

1988 年对于在台湾官场一贯得意的马英九来说，无疑是一个黑色的年份。

早在蒋经国治丧期间，他就已经看到一种对他不利的苗头。在蒋经国问鼎国民党政坛时期，李登辉虽然名义上是“副总统”，可是这个“农学家”出身的官僚却始终不肯在官员们面前显露头角。马英九那时在蒋经国的七海官邸里出入如履平地，李登辉每次只要见到他，肯定会主动走下汽车来，向这位英俊的英文秘书赔着笑脸打招呼。还有的时候，李登辉有话需要向蒋经国说，也都要通过马英九为他从中疏通或安排时间。而李登辉在马英九的眼里，从来都是一个老实忠厚的学者，特别是李在“副总统”任上一直奉行不拉帮结伙的做法，深得马英九的认同。这与马英九的“不粘锅”性格几乎如出一辙。

可是，当蒋经国猝然离去，李登辉依例当上了“总统”以后，马英九才惊愕地发现，他忽然变成了另一种模样。在蒋经国治丧期间，李登辉就开始露出他隐藏多年的政治野心，故意日夜出现在守灵的现场，表示他对逝者的怀念与悲楚，让人见了会以为李登辉是一个重情义的人。马英九注意到的另一个情况，就是李登辉为了得到国民党代理主席的职位，在治丧期间开始不断带着夫人奔走在宋美龄、张群等一批国民党元老派人物的官邸里。更让马英九心里产生疑虑的是，李登辉上台以后对他的态度发生了明显的改变。

李登辉在夺取国民党的党权以后，很快就用手中的权力罗织自己的班底。而从前深受蒋经国器重的马英九，虽然还保留他从前担任的国民党副秘书长的位置，但在职务上李登辉只给马英九一个“行政院研考委员会主委”的虚衔。好在俞国华、李焕和郝柏村三人先后组阁时，每次都给马英九一个相当体面的职务。虽然得到一些无关紧要的兼职，可是马英九仍然能够体会到当年他刚进入仕途并受蒋经国倚重时期青年得志的势头，再也不会出现了。虽然李登辉在削弱马英九权力的同时，也不断对这位有才华的青年官员施以拉拢的手段，但马英九一直保持着他多年形成的“不粘锅”处世哲学。他对李登辉不断向他抛来的橄榄枝大多采取视而不见的做法，谨慎地应付着并不顺利的仕途。

让马英九尤其感到难以应付的是，1990 年 2 月，当李登辉再次遇到“总统”选举挑战的时候，他为了击败和瓦解蒋纬国和林洋港共同结成的强大“竞选”阵营，曾经多次向马英九发出暗示性的召唤。然而，马英九却对李登辉暗送的秋波不加理睬。马英九心里始终还惦记着蒋经国对他的提携之恩，所以在蒋家人参选的问题上，他保持着不偏不倚的“中立政策”。后来，当以蒋纬国和林洋港为首的非主流派与以李登辉为首的主流派在选举关键时刻的相互拉票斗争中，马英九仍然没有站出来支持李登辉。所以，当李登辉采取种种手段最后击败了蒋纬国和林洋港的联手竞选，并再次稳坐在“总统”位置上以后，开始大肆在国民党内清洗反对他的政治势力。马英九虽仍然当选为国民党中委，却丢掉了国民党党部副秘书长的职务。

所幸的是，连战在 1993 年组阁时，不顾李登辉的压力，仍然重用马英九为“法务部长”。马英九知道他前来供职的“法务部”，多年来始终是台湾政坛上的一个“冷衙门”。他面对着这个无人重视的“法务部”，深感世态炎凉之苦。他发现在这个偌大的“法务部”大楼里，每天几乎见不到几个人影，大多数办公室的门都关闭着。即便偶尔有人上班，也是喝喝茶水，看报聊天。官员们无所事事的景况和“法务部”无法可依的凄凉现状，让马英九心灰意冷。如果说他自1981年返回台湾从政以来，始终处于国民党权力竞争的中心，那么如今马英九开始步入一个地地道道的清水衙门。这对于过惯紧张生活的马英九来说，无疑是一种无法忍受的失落。

他想利用在“法务部”供职的机会，把从前在美国两所大学学到的相关法律知识，都有机地应用到他的“部长”工作中来。然而，当马英九真正想在“法务部”做几件事的时候，才发现将自己的法治思想尽快变为行动，是一个多么艰难的事情。

“英九，你写来的几份报告我都认真地看过了。”马英九不是一个甘于沉沦的人，尽管他明显意识到自己的仕途正在走下坡路，可是仍然不甘心在“法务部”这个凄冷的清水衙门虚度时日。自从他上任那天起，就动手开始整肃职员和官员们的纪律。马英九自己每天7点钟上班，比普通职员提前一小时来到办公室，然后就开始逐间办公室巡视，凡是迟到早退的官员，只要被马英九发现，一律给予张榜公示的处罚。如果发现哪个部门有人胆敢利用司法职权私收黑金、索贿受贿，马英九轻则下令检讨悔过，重则给予除名。如此一来，从前纪律涣散、各行其道的“法务部”开始渐渐有了一点生气。在这种情势下，马英九决定要在台北和台中几个重点地区开始“打黑除恶”的斗争。这是因为马英九上任之初就收到许多民众寄给他的检举信。在这些信中他了解到台北和台中两地黑道势力十分猖獗，两地不时发生诸如强奸、焚尸、聚赌和逼良为娼等恶性事件。

马英九在向“行政院长”连战打的报告中，列举了上述种种黑恶势力的恐怖行径之后，明确表示他的“法务部”要以铁腕手段对台北和台中两地黑恶势力大开其刀。连战见到他的报告以后，十分高兴。他发现马英九还像当年在国民党党部当副秘书长时那样，他的学生并没有因为仕途不走运而产生消极和抱怨的情绪。

连战对马英九这份上任后的请战报告亲笔做的批示是："打黑就要狠狠地打，查赌就要不惜一切代价地查。黑和赌历来就是一对罪恶的孽生兄弟，必须双管齐下，才可彻底扫清社会的毒瘤。"马英九得到连战的全力支持以后，配合台湾的保安、内政和警察等部门，于 1994 年 5 月开始了一次来势凶猛的"夏季扫黑攻势"。在马英九的重拳出击之下，多年来盘踞在台北和台中等地的黑恶势力遭到了重挫。大量地下赌场和私营妓院，也在马英九倡导的"夏季战役"中遭到了致命的打击。许多有根基的黑社会团伙第一次面临毁灭性的灾难。台北和附近一些监狱在"夏季攻势"开始以后，大有人满为患之势。

当马英九真正把"法务部"的职权变为可在台湾引起巨大震荡的"扫黑行动"之后，从前一度在官场和民众眼里是"清冷衙门"的"法务部"，开始成为人们关注的热门机构。许多媒体的记者每天天色微明就拥进"法务部"的大楼。记者手中的镜头当然都想对准重拳出击的马英九，可是马英九接受从前在国民党中央党部过多出头露面引起负面影响的教训，他来到"法务部"后，改变了惯于在电视上频频亮相的做法，谢绝一切记者的采访。他主张以事实来改变"法务部"在民众心目中的不良影响。在马英九拒绝接受传媒采访的情况下，记者们不得不把采访的重点放在那些推动台湾"扫黑斗争"的中下级官员身上。这样，每天的台湾报纸和电视上都能看到马英九的"法务部"在行动。

台湾一位陈姓报人在他写的《现代包青天——最纯洁的政治明星》中，这样谈到马英九来"法务部"后的情况："马英九给人的印象，总不外是英俊，是美男子。加上台大毕业与美国哈佛大学法学博士的头衔，又帮马英九增添了一个学富五车、才高八斗的形象。再加上马英九为人温文儒雅，更使马英九成为国民党政坛中的异数。其实，马英九能让外界对他的第一眼就有好印象，是因为马英九让你觉得‘干净’。但是在担任‘法务部长’之前的马英九，就像台湾流行歌曲里的偶像歌星，政坛上的马英九只被外界认为，马英九因为长得帅，英俊潇洒，是许多妇女选票的政治情人，而被社会各界昵称‘小马哥’的马英九，总给人是个‘偶像’‘情人’的印象，再加上马英九曾被票选为‘台湾女性十大梦中情人’，所以马英九变得不像一个有能力的政治人物。‘马英九’这三个字反而像是一个演艺圈的名字，但是，不见得是一个成熟、值得信赖的政治人物。‘小马哥’时代的马英九，在他英俊风采下，总令人感受到更多的脂粉气，而令人难以寄以信任。但是，从担任‘法务部长’开始的马英九，则显露了他阳刚的风格。‘小马哥’开始转变为‘包青天’的形象，而且还是一个英俊潇洒、白面书生的现代包青天！长期以来，‘法务部长’这个位子，在台湾政坛上一直是个冷板凳，对国民党政治人物而言，‘法务部长’代表的不过是一生从政的终点站。因为在国民党的政治生态中，司法一直是政治的工具，充其量，司法只是政治的‘皇后’，而在国民党权力结构中，司法的政治代表人一直是由‘司法院长’代表，‘法务部长’在国民党权力结构中并没有太大的实权，也不敢真的去发挥‘法务部长’的实权。但是马英九一来，就炒热了‘法务部’这个冷衙门……”

“法务部”成为众目睽睽的“新闻热点”以后，马英九虽不露面但他仍然成为某些社会力量为之注目的人物。特别是那些遭到清洗和毁灭性扫除的黑社会团体的家属们，为了营救陷身监狱里的罪犯，他们都把营救和减轻罪罚的行贿目标锁定在威望陡起的马英九身上。许多人都在打探马英九的家庭住址，甚至有人天刚黑就守候在马家的楼下，准备随时进门塞上贿金。可是，马英九和妻子周美青对这种情况早有防范。凡是在傍晚时分和清早来到他们家中的客人，一律谢绝进入。门前挂有“概不会客，有事请到‘法务部’详谈”的牌子。

马英九两袖清风、为人刚直的善名，就是从这时候开始传到社会上的。

马英九在“法务部”供职以来，其雷厉风行的工作作风让他在职员和官员们心中树起了威信。特别是马英九发动的“扫黑斗争”，打击了一批多年来破坏台湾社会风气的黑社会人物，使台湾社会秩序发生了根本的改变。当初那些妒忌和眼红马英九、甚至眼看着李登辉把红得发紫的马英九打入“法务部”这个冷宫的官员们，做梦也没有想到 43 岁起执掌“法务部”的马英九，居然一鼓作气地在这无人重视的“冷衙门”中再次崛起。

李登辉等人的排挤非但没让马英九从此滑入政治舞台的低谷，反而让马英九在民众眼中成了一个与众不同的“廉政官员”。因此，已经早有人在暗中伺机对马英九进行新的打击，特别是李登辉派系与黑金派系两股力量，时时都在暗中窥视马英九的一言一行。可是，由于马英九多年行迹谨慎，从不肯与官场之外的劣迹人物发生任何关系，因此即便有人暗中准备加害，也一时难以找到迫使马英九下台的借口。

马英九依然我行我素。他在以“法务部长”身份行使职权并不断“扫黑除恶”的同时，不仅要当国民党里的钟馗，而且还注意保持自己惯有的平民形象。马英九在“法务部长”的任期内，在工余时间喜欢搞一些民众性的体育运动，其中以他从小就喜欢的长跑最为突出。此外，马英九还以平民身份参与红十字会的募捐和献血活动。他希望自己既在官方职能上成为让黑恶势力闻风丧胆的“扫黑”英雄，同时也不想让自己变成人人惧怕的“铁面杀手”。尤其是业余生活，他希望自己尽量成为一个普通百姓。当了官的马英九有时甚至还和他在银行供职的妻子周美青，带着他们的两个女儿上街购物、看电影和参加各种娱乐活动。马英九的清新政治明星形象，开始打破国民党多年形成的高高在上的官僚格局。许多传媒能够拍下来并刊发在杂志和报纸上的马英九照片，大都很平民化，有些照片甚至还刻意体现马英九和百姓在一起参加体育活动的场面，因此冷面无情的“法务部长”，有时又变成了一个面带笑容的“平民先生”。

1996 年春天，不甘寂寞的马英九再次向“行政院长”连战请战：要求查办一批贪赃枉法的“政府高官”。这一次连战在接到马英九提交的报告后，尽管仍从心里支持他的行动——希望马英九在前次“扫黑斗争”大获全胜的基础上，再来一个“肃贪惩恶”的新政绩，然而连战毕竟是一位经验丰富、遇事冷静的官员。他在支持和批准马英九“肃贪”报告的同时，又私下叮嘱马英九说：“肃贪不比扫黑。扫黑只是针对那些在社会底层兴风作乱的地痞流氓和社会残渣，可是肃贪斗争肯定要伤及官场人士。这其中既有一般的公务员，也会混有一批身居高位的重要人物，因此我劝告你在肃贪风潮中一定要倍加小心。”

马英九当然理解连战这番话的深刻含义。可是，他之所以要在“扫黑”基础上再发动一个“肃贪”斗争，其用意也是不言而喻的。除他就任“法务部长”后不断接到一批来自社会各层面的检举揭发信件之外，马英九身为连战“内阁”的成员，也亲眼看到和听到许多令人无法容忍的社会阴暗面。这些以贪污受贿为主体的官员们，正盘踞在国民党中央乃至地方的各个团体。马英九把“肃贪”的目标首先投向了台湾地区的各市县，无论是手握重权的市、县长，还是那些小有影响力的“立法委员”们，都在他这次强力“肃贪”的打击范围之内。到了这一年的冬天，马英九的“肃贪斗争”终于取得了较为满意的成果，他一下子就把台湾境内近三百名涉嫌贪污受贿的市、县议员和官员们，丝毫不留情地起诉至各级地方法院。

可是，这次马英九虽然整肃了一大批贪官污吏，却没有再像一年前他刚上任获得“扫黑”胜利后那样，受到当局和传媒的广泛赞扬。让马英九意想不到的是，竟然有人利用他的这场“肃贪”斗争在暗中大做文章。马英九这样黑下脸大动刀斧，尽管平息了一些反对贪官污吏的激愤民情，但是在不同程度上却触及和伤害了某些高官们的利益。所以，当春风吹绿了台北新店溪两岸的茵茵绿草，淅淅沥沥的淫雨再次让台北进入梅雨季节的时候，一个暗中“倒马”的阴谋正在紧锣密鼓地筹划着。马英九已经有所察觉，在这股直接对他刮来的阴风背后，似乎有某些手握重权的大人物。

有人已经开始在“立法院”的讲坛上攻击马英九的“法务部”了。马英九注意到，有些人是利用去年入冬时台湾发生的几起刑事大案，不怀善意地大做他和“法务部”的文章，其中引人注目的是民进党一些人，利用去年 12 月发生的民进党部女主任“彭婉如被杀案”和 11 月间发生在桃园县的“刘邦友县长官邸血案”，大肆攻击马英九的“失职”。马英九知道这两起血案的发生，首先要由警察和治安部门负责，而他的“法务部”在案发之前根本就不可能对这类血案采取任何防范措施。然而一些人却利用了民众对警方迟迟不能侦破案件和缉拿凶手激起的仇恨，趁机向马英九泼污泄愤。马英九心里明白，眼前发生的所有一切，都与他不久前重办的近三百名贪官污吏不无关系。当然，“立法院”遭到指责与攻讦的原因，还可以让马英九联想到许多表面上与此案毫不相关的重要政治人物。

1996 年 5 月，马英九一怒之下向“行政院长”连战递交一份辞呈。

“英九，彭婉如案和刘邦友案，公众都知道和你领导的‘法务部’没有任何职责上的关系，既然如此你为什么一定要辞职呢？”连战对马英九始终有种难以忘怀的好感。这种好感既有台大期间的师生友情，也有共同步入仕途以后凝结下的真诚感情。虽然马英九自从蒋经国病逝以后就开始处于仕途的下坡路，但是作为长者的连战始终视马英九为他的挚友与知己。所以当连战接到马英九的辞职报告以后，首先想到的就是诚意挽留。

“谢谢您的好意挽留，但是我去意已决，无论如何也不能继续留任在‘法务部’了！”马英九在困难的时候看到连战流露出来的真诚，心中充满着深深的感动。但他对于辞去“法务部长”一职早已做过认真的考虑。多年前，由于蒋经国多次透过种种渠道向马英九表露出来的起用意愿，使马英九毅然放弃了一度苦苦追求的律师生涯。自从投身仕途以来，马英九由不适应这尔虞我诈的官场险恶环境，转而因蒋经国的不断提擢而渐渐变得顺风顺水。风春得意的官途直到蒋经国与世长辞又变得风雨飘摇。马英九再次感受到自己本能地不适应。特别是来到“法务部”这清冷衙门后，马英九仍然希望以自己嫉恶如仇的性格，去改变环境，并用手中权力惩恶扬善，以便让自己在恶欲横流的官场中独善其身。现在当他发现自己上任伊始发动的两大战役——“扫黑”和“肃贪”接连取得了预想的结果，便已从心理得到了极大的满足。至于因此而遭到的一系列非议和打击，已让马英九从心里厌恶了官场，于是他下定了最后辞官的决心。

马英九再次回到阔别多年的台湾政治大学。

这所学校对于他来说是永远都不会淡忘的。虽然 1981 年他从美国返回台湾的时候，仅仅在这所学校执教两个多月，然而这所学校却给马英九心中留下了难以忘却的记忆。这所学校的教授和讲师，大多是他的朋友。这几年来马英九尽管在国民党中枢机关谋职，然而他只要有时间就会回到学校。看不惯官场尔虞我诈的马英九，在经历过痛苦的反思之后，忽然感到回学校教书才是他最理想的选择。他知道美国的政坛要人们从政不顺之后，也大多选择到学校教书作为回旋之地。而今马英九没有想到自己居然在政坛上活跃 16 年之后，还会再次从喧嚣归于沉寂。这所美丽的学校竟然变成了他厌倦政治舞台后的世外桃源。

从 1997 年冬天开始，马英九就在这所校园里重温法学课。尽管马英九是一位失意的政治人物，但在学生们心中他仍是一颗不灭的“明星”。即便在大学的课堂内外，马英九身边也始终追随着许多青年学生，尤其是那些年轻漂亮的女生们，她们喜欢围在这位学识渊博、既有从政经验又有法学知识的教授身边。

马英九的操守是众所周知的，尽管身边始终围聚着那么多漂亮的姑娘，但他心如止水，不为所动。尤其是在经历过政治舞台的大起大落之后，当年喜欢激动的马英九忽然变得冷静与沉稳了。世间的风风雨雨、官场上的世态炎凉为他平添了更多的理智与沉着，看惯人生起落浮沉和品尝过甜酸苦辣的马英九，会重新以睿智的头脑分析和面对眼前所发生的一切。

然而人生的走向，往往不以人的主观意愿为转移。尽管马英九经过蒋经国去世后的政坛失意，重新开始了在台湾政治大学的执教生涯，然而不久，外面世界不断袭来的诱惑，尤其是从前政治领域的新交旧宿带给他的种种鼓励与挑战，使得马英九很难永远安守在校园的讲台上。1998 年 12 月底，一个新的挑战摆在马英九面前：台北市的竞选活动开始了。马英九无法在平静的校园里执教。他终究是见过世面的政治人物，一个区区法律系的副教授，又岂能让一个雄心勃勃的政坛菁英得到满足并从此安居？就在这一年的冬天，马英九参加了台北市市长的竞选。而且出人意料的是，他居然以高票在这场选战中胜出。12 月 25 日，马英九顺利成为台北民选的第二任市长；2002 年 12 月 22 日，他成为第三任由市民直选的市长，任期延至 2006 年 12 月 24 日。期间，2005 年 8 月，马英九当选为“中国国民党的第四任党主席”。至此，一个曾经厌恶政治、梦想疏离政治的律师和教授，竟开始了意想不到的漫长政治生涯，一直到 2015 年 11 月，他以台湾地区领导人的身份，在新加坡与中共中央总书记习近平实现了历史性的会面。11 月 7 日这一天，在新加坡香格里拉饭店，“习马会”如期举行。这一瞬间，终于穿越 66 年的漫长时空，完成了国共两党领导人的历史性握手。

主要参考资料

1. 陈淞山：《掌管台湾命运的30位政坛菁英》，台湾月旦出版社1980年版。

2. 曾一豪：《少年马英九》，台湾远方出版公司1983年版。

3. 黄旭初编：《台湾的天空——名人开讲选集》，台湾月旦出版社1987年版。

4. 许胜民：《决定接班动向的关键人物》，台湾风云论坛出版社1986年版。

5. 沈思：《国民党内的接班问题》，台湾风云论坛出版社1984年版。

6. 白金编：《连战其人》，华艺出版社1995年版。

7. 彭源于：《台湾未来的领袖》，华文出版社出版1991年版。

8. 佚名：《蒋经国在台湾》，时事出版社1980年版。

9. 李达编著：《台湾的权力核心》，香港广角镜出版社1986年版。

10. 李达编著：《台湾风云名人录》，香港广角镜出版社1986年版。

11. 刘鹏：《追踪马英九台北政坛之旅》，香港《亚洲周刊》2000年第9期。

12. 佚名：《马英九：英才继起，九思立身》，河南《名人传记》2004年5月号。

13. 苏敬：《马英九与三个女人》，《看天下》2005年第4期。

14. 李达编著：《台湾当权人物》，香港广角镜出版社1987年版。

15. 龙中天:《蒋经国的生前死后》，台湾天下出版公司 1988 年版。

16. 马英九:《纪念经国先生》，台湾《联合报》2003 年 1 月 13 日。

17. 陈思:《马英九悬念》，香港《凤凰周刊》2000 年第 8 期。

18. 周东方:《台湾市长选举“花边”》，香港《凤凰周刊》1998 年第 12 期。

19. 唐龙:《小马哥要光复台北市》，香港《明报月刊》1998 年第 12 期。

20. 赵英敏:《马英九：进退艰难》，香港《壹周刊》月刊 1998 年 11 月号。

21. 林林编:《总统府内幕》，华文出版社 1979 年版。

22. 张建旗:《蒋经国的健康与人事调动》，香港《广角镜》1987 年 9 月号。

23. 朱恺 :《连战升官图》，香港《广角镜》1994 年 5 月号。

24. 郭宏启:《警惕陈水扁推行和平“台独”》，香港《镜报》月刊 2006 年 1 月号。

25. 刘笑微:《从“小马哥”到“马主席”》，香港《凤凰周刊》2005 年 7 月号。

26. 马西屏:《谁识马英九》，台湾历史出版有限公司 2004 年版。

27. 马英九:《原乡精神——台湾的典范故事》，台湾天下文化出版公司 2007 年版。

28. 台湾《传记文学》第 46 卷第 2 期、第 71 卷第 4 期、第 77 卷第 1 期。

29. 台湾《新新闻》2007 年第 1 期、2009 年第 4 期、2012 年第 9 期、2014 年第 5 期。

30. 香港《明报月刊》1993 年 8 月号、2004 年 2 月号、2012 年

6 月号、2015 年 9 月号。

31. 刊载马英九历史与家史的报刊与网站，《参考消息》《环球时报》，台湾《联合报》《联合晚报》，海外《世界新闻报》等；华夏经纬网、中国网、新华网等。